伊藤塾
試験対策
問題集

ITO JUKU
SHIKENTAISAKU
MONDAISHU

予備
試験
論文

伊藤　真 [監修]　伊藤塾 [著]

憲　法

第2版

弘文堂

第2版　はしがき

　2021年で11回目となる予備試験は，年々受験者が増え，合格者数も初回の116人から2021年には467人と約4倍となった。そういう意味では合格しやすくなったといえるが，予備試験における天王山である論文式試験は，第3回目以降合格率が20％前後と変わっていない。この20％のなかに入れるかどうかは，学習の仕方次第であることは間違いない。

　そして，学習の初期段階で，自分にとって必要な情報をどう見つけ，どう活かせるかが大きく影響してくる。

　2020年に世界中に発生したCovid-19によるパンデミックによって人々の生活が一変した。さまざまな法律問題が生じたが，憲法関連においても，経済活動の自由，損失補償の要否，集会の自由，生存権，教育を受ける権利，勤労の権利，裁判を受ける権利，プライバシー権，平等権など各種人権に関わる問題が起こった。のみならず，国会による行政監視，法律による行政，委任立法，地方自治，財政民主主義，そして国家緊急権など検討すべき論点が目白押しであった。こうした危機的な状況になると，これを克服するために，国民・市民が主体的に行動する国と，為政者に従順になる国とその対応が分かれて興味深い。こうした問題はもちろん，試験対策として自分の頭で考える訓練の素材としても有効だが，憲法を単に試験科目としてだけ捉えるのではなく，主権者意識を滋養し，法律家，公務員として活躍するためのものとして実践的に捉えることができると，将来，確実に役に立つに違いない。

　伊藤塾は，25年にわたる司法試験受験指導の経験をもち，設立当初から圧倒的な合格実績をあげてきた。また，予備試験制度開始時から試験の傾向と対策について研究をしている。そして，そのノウハウを活かして，ちまたにあふれている膨大な情報から予備試験対策に必要なものを集約し，作成したのが本書である。

　第2版では，それらの成果として得たデータをベースに近年の試験傾向を精緻に分析し，刊行することとした。

　初版出版以降も予備試験合格者の司法試験合格率は，2017（平成29）年は72.5％，2018（平成30）年は77.6％，2019（令和元）年は81.8％，2020（令和2）年は89.36％，そして2021（令和3）年は93.5％と更に高くなっている。

　2022年からは，論文式試験において選択科目が追加される。これによって，更に1科目に割ける時間がかぎられてくるだろう。本書は，予備試験合格者および司法試験合格者が出題可能性を意識し議論を重ねて作成したオリジナル問題と，全年の過去問題を掲載しているため，無駄のない学習ができるような構成となっている。

　かぎりある時間を有効活用し，重要度に応じたメリハリをつけた学習をするためにも，まずは本シリーズを利用して論文式試験を突破し，その先へ着実に進んでほしい。

　最後に本書の改訂に際しては，多くの方のご助力を得た。特に，憲法という科目の特性から，弁護士近藤俊之氏（54期）と永野達也氏（新65期）には，実務家としての観点から細部にわたって目をとおしていただいた。また，2020年予備試験合格発表の僅か3か月後に実施された2021年司法試験に優秀な成績で合格された井手俊輔さん，小澤瑞生さん，佐藤良祐さん，廣瀬亮太さん，松本光資さんを中心とする伊藤塾の誇るスタッフ，そして，弘文堂のみなさんの協力を得てはじめて刊行

することができた。この場をお借りして，深く感謝を申し上げる次第である。

2021年11月

伊藤　真

はしがき

1 はじめに

　2011年から導入された予備試験も制度として定着し，合格者の数も，毎年大きく増えてきている。

　予備試験を受験する最大のメリットは，経済的・時間的負担がないことである。法科大学院に進学する道を選べば，少なからぬ経済的・時間的負担を強いられる。もちろん，法科大学院には独自の存在意義があるのだが，法科大学院に進学する経済的余裕がない学生や，法科大学院の講義を受ける時間的余裕がない社会人にとって，法科大学院を卒業することは法曹をめざすうえで大きな壁となって立ちはだかっていることだろう。しかし，法曹となるうえで各自の経済的事情や可処分時間の多さは本来関係ないはずである。予備試験は法曹を志すすべての者に門戸を開いている点で法曹の多様性を維持するために必要不可欠な制度であろう。

　予備試験受験のメリットは，経済的・時間的負担がないことだけではない。司法試験の合格率はおよそ20％程度であるが，予備試験合格者は司法試験において高い合格率を誇っている。予備試験合格者がはじめて司法試験を受験した2012（平成24）年の司法試験では全体合格率の約3倍である68.2％を記録し，2013（平成25）年は71.9％，2014（平成26）年は66.8％，2015（平成27）年は61.8％，2016（平成28）年は61.5％，2017（平成29）年は72.5％と圧倒的な合格率を維持している。もちろん，この合格率は予備試験合格者がはじめて司法試験を受験した2012年から2017年にいたるまで6年連続で全法科大学院を差しおいて1位の合格率である。

　このように，予備試験にはいくつものメリットがあり，予備試験に合格することは，みずからの可能性を広げることにほかならない。そして，本書は，その予備試験合格への道を切り開くものである。本書を通して，法科大学院卒業生に勝るとも劣らぬ実力を身につけ，ひとりでも多くの受験生が予備試験に合格されることを切に望んでいる。

2 本書の特色

【1】問題の厳選

　予備試験に合格するためには，短答式試験，論文式試験，口述試験のすべてに合格しなければならない。そして，そのなかで最大の難関が論文式試験である。論文式試験では，憲法，行政法，民法，商法，民事訴訟法，刑法，刑事訴訟法，法律実務基礎科目として刑事実務基礎科目と民事実務基礎科目，一般教養*から出題される。したがって，論文式試験に合格するためには，これらの科目について十分な対策をしなければならない。*2022年より一般教養科目に代え選択科目となる。

　しかし，闇雲に勉強をしては，すべての科目に十分に目をとおすことはできない。本書は，かぎられた時間のなかで最大の成果をあげるために，予備試験合格に直結するよう最良の問題を選定している。

　本書では短期間で高い学習効果が得られるように，予備試験においても圧倒的な合格実績をだしている伊藤塾の『伊藤塾 試験対策問題集』（弘文堂）のなかから予備試験での出題可能性が高い問

題を選定して掲載している。また，予備試験実施からの全年度の問題のみならず，予備試験合格者が出題可能性を意識して議論を重ねて作成したオリジナル問題を登載している。オリジナル問題も予備試験と遜色ない練りに練られた良問であるので，厳選されたこれらの問題に取り組むことによって本試験でも通用する真の実力を身につけられるであろう。

【2】初学者への配慮

　初学者にとっては，本書のような問題集を用いて問題演習を行うことは，ハードルが高いと思われるかもしれない。しかし，本書は，そのような受験生であっても十分に問題演習の効果が得られるようにこれまでにない工夫をしている。

　「第2部　応用編」では，それぞれの問題に「思考過程」という項目を設けた。ここでは，予備試験合格者の思考過程を忠実に再現するのみならず，各問題についての基本的知識への言及や判例・学説の紹介などをできるだけ丁寧に説明をした。予備試験合格者の思考過程をここまで丁寧に再現した問題集はほかにはないと自負している。

【3】過去問の徹底的な分析

　予備試験の論文式試験対策において，もっとも重要な位置を占めるのが，過去の予備試験問題の分析である。過去問の分析なくして試験対策の完成はありえない。そこで，本書では，これまで実施されたすべての予備試験過去問に対して徹底した分析を加えた。

　たとえば，初版刊行時の2017（平成29）年予備試験論文問題のなかには，過去問と同様の論点が出題されている科目もある。この事実から過去問の徹底的な分析は合格のために非常に有意義であるといえる。

3 本書の構成

　本書は大きく分けて2部構成になっている。以下で詳しく述べる「第1部　基礎編」と「第2部　応用編」をこなすことによって，予備試験合格に必要な重要論点が網羅できるものとなっている。予備試験合格にとって重要な鍵のひとつは重要論点の網羅である。問題選定にあたっては，基礎編と応用編で論点の重複がなるべく生じないように配慮している。

　第1部の基礎編は，『伊藤塾　試験対策問題集』のなかから特に学習効果が高く予備試験対策に資する問題を厳選して収録している。基礎編は，予備試験において出題可能性が高い基本的論点を身につけてもらうことを意識して問題を選定している。基礎編の問題を通じて磐石な基礎を身につけてほしい。

　第2部の応用編は，今まで実施された予備試験論文問題をすべて収録している。また，予備試験合格者作成のオリジナル問題も収録している。

　予備試験合格のためには，過去問を深く吟味することが必要不可欠である。過去問を中心に，過去問と質，難易度の双方において遜色ないオリジナル問題もあわせて，繰り返し学習してほしい。

(1)　**問題**

　前述したように，第1部では『伊藤塾　試験対策問題集』のなかから特に学習効果が高く予備試験対策に資する問題を厳選して収録している。応用編とあわせて1冊で論点を網羅しているため，基本的知識の確認・論述の方法を基礎編で身につけて，応用編に進んでほしい。また，第1部では学習の便宜上分野別に問題を並べている。

　法律の学習において，メリハリづけはきわめて重要である。学習レベルや可処分時間に応じてマスターしておいたほうがよい問題は異なる。重要度は，論点の重要性，予備試験における出題可能性等を総合的に勘案して設定している。もっとも，問題を厳選しているため，重要度が低い問題はほとんどない。時間に余裕があれば，すべての問題に目をとおしておくべきであろう。ランクづけについては，以下の目安に従ってほしい。

　　　　必ずおさえるべき問題　　Aランク：予備試験に出題される可能性が十分に高い論点を含む問題。
　　　　　　　　　　　　　　　　　　　　　必ず論証をおさえておくべき問題である。

　　　　周囲と差をつける問題　　B⁺ランク：Aランクには及ばないものの，予備試験に出題される可能性がある問題。ここについてもマスターしておく必要がある。

　　　　一読しておくべき問題　　Bランク：他の問題と比較して，論点の重要性はやや下がる問題。余裕のある者は，論述の流れだけでもおさえておけるとよい。

(2)　**答案例**

ア　**論述部分**

　各問題について答案例を付した。各答案例には，伊藤塾がこれまで築きあげてきた答案作成のノウハウが詰まっている。各答案例を吟味して，答案作成のノウハウを学んでもらいたい。

　また，答案例は，理想の答案を示すと同時に現実的な答案となるように心掛けた。答案はかぎられた時間および紙面で作成されるものである。予備試験では4頁以内の答案を作成しなければならない。そこで，基礎編の答案例では，問われている内容の量からして，多くの受験生の標準であると思われる1行27字程度を目安に作成している。

　なお，答案例は数ある正解のなかのひとつでしかない。ここに掲載した答案例以外にも正解の道筋がある。答案例を分析するのみでなく，ほかにどのような正解の道筋があるかを考えてみることで，より問題に対する分析力や法的思考力が身につくことだろう。また，答案例以外の道筋については，優秀答案や答案作成上の注意点において言及している。ほかの道筋を考えるうえで参考にしてもらいたい。

　答案例の作成にあたって，心掛けている点を以下にまとめた。特に初学者は論述の参考にしてほしい。

(ア)　**流れのある答案となるように心掛けた**

　答案の善し悪しは流れで決まる。そこで，本書では接続詞を多用して，論理的な文章を心掛けている。合格答案のイメージづくりの参考にしてほしい。

　特に初学者は，初期からしっかりした答案のモデルに触れることが短期合格の秘けつである。おおいに参考にしてほしい。

　また，答案の論理の流れも，できるだけ単純なロジックを心掛けた。単純明快でわかりやすい答案ほどレベルが高いと考えられるからである。言い換えると，シンプルで読みやすい答案ほど評価

が高い。そこで，論理の流れは次のように単純化している。これにより，理解が容易になり，さらに，理解した後の記憶の負担が劇的に減少する。論理の流れがワンパターンとの批判もありうるであろうが，むしろパターン化したほうが，自分の考えを正確に伝えることができるし，問いに答えた答案を作りやすい。判決文のパターンをまねるべきである。たとえば，

「たしかに，しかし，したがって（そこで），……」

「この点，そうだとすれば，したがって，……」

「この点，そうだとすれば，もっとも，そこで，……」等

(イ)　積極的に改行して余白部分を作り，視覚的に読みやすい答案をめざした

答案は読んでもらうものである。採点者は 1 通にそれほど時間をかけられず，しかも，かなりの数の答案を読まなければならない。読み手の負担を軽減する方策をとることは，読み手に対する礼儀である。まず視覚的に読みやすい印象を与えることはきわめて重要なことだと考えている。

「たとえば，」「本来ならば，」「また，」「さらに，」で改行するのは，日本語の使い方としておかしいであろうが，採点者の便宜を考えて，積極的に改行している。

(ウ)　法的三段論法を意識したナンバリングにした

法律文書の基本は，法的三段論法である。そこで，大前提として規範を立てる部分と，小前提として事実認定をする部分と，あてはめによる結論部分とを意識的に改行して項目立てを分けている。

特に初学者は，このナンバリングを参考に法的三段論法の書き方をマスターしてほしい。

イ　右欄のコメントおよび該当する答案部分の作成方法

答案例の分析の手助けとして右欄にコメントを付した。右欄コメントでは論述の際の注意点や事実および事実に対する評価の部分などがわかるように記載している。答案例の分析に役立ててもらいたい。

以下は，コメントをするに際しての指針である。特に初学者であれば答案作成のノウハウとしてぜひ一読してほしい。

(ア)　問題文からの要件定立（オウム返し）

問題文：「……，甲は乙に対して売買代金の請求ができるか。」

書き方：「甲が乙に対して，売買代金の請求ができるためには，売買契約が成立していることが必要である。」など

よくないオウム返し（形式的オウム返し）の例：「甲は乙に対して売買代金の請求ができるか。まず，前提として，売買契約が成立しているかが問題となる。」

読み手（採点者）は，思わず「あなたに聞いているんですよ。」とツッコミたくなるであろう。

(イ)　問題点の抽出

事実から入り，問題点を抽出する。

答案を作るにあたって，事案を解決するために論点を書くという姿勢が不可欠である。つまり，なぜ論点となるのか，という思考過程を示すのである。問題文を見てはじめて現場で考えて書くべき部分なので，書き手の実力がそのまま現れることになる。事実から離れて論点を展開すると，いかにも論点主義的な印象を与え，さらに思いつきでしか論点を抽出しないため，論点落としや論点外しの危険を伴うことになる。これらを避けるという点で大きなメリットとなる。

しかし他方で，文章が長くなる，あてはめと重複する可能性があるなどの短所もあるので，答案構成の段階でしっかりと考えてから書くべきである。

㈦　**事案の問題提起**

問題点の抽出をした後，事案の問題提起（当該事案固有の問題提起を伊藤塾ではそうよんでいる）をしてから，論点の問題提起（抽象論）を展開するのが理想である。

また，事案の問題提起に対応させて，三段論法の帰結を書くのが理想である。

㈢　**論点の問題提起**

論点自体の問題提起のことで普遍的なものを伊藤塾ではこうよんでいる。これは事前に準備できる部分である。この問題提起のところを読んだだけで，何の論点について論じるのかが明らかになるよう心掛けた（抽象的な問題提起を避けた）。

また，できるだけ中立的な問題提起にした。つまり，問題提起部分のみを読んで特定の立場に立つことがわかってしまう表現は避けた。

そして，条文解釈の姿勢を示すことを心掛けている。できるだけ条文の文言に引きつけて問題提起することが重要である。

こうした点を意識して，普段から典型論点については事前の準備を怠らないようにしたい。

㈣　**原則**

多くの場合，論証は原則から入って例外の必要性と許容性を論じることになる。この場合の原則をできるだけ示した。この原則には気を遣ってほしい。原則を間違えると法律がわかっていないと思われ，致命的な結果を招くことがある。

また，例外とは，あくまで例外であるから，「……の場合には」，「……のときには」という留保が付くことに注意すべきである。

原則の後には，必要性や不都合性などの価値判断が入る。なぜなら，原則の結論が正しいのであれば，例外や修正を示す必要がないからである。

㈤　**論証**

できるかぎり，趣旨，本質，根拠，保護法益などの根本からの論証を心掛けた。そのほうが論証に厚みがでるからであるが，より根本的には，法律家の命ともいうべき説得力がこの部分で試されることになるからである。本書では，その場での思いつきのような，場あたり的な理由づけは避けるようにしている。

学説については，司法試験・予備試験が実務家登用試験であることを考慮して，判例・通説をベースにしている。さらに，試験対策という実践的な要請から書きやすさという点にも配慮している。そのため，大学の学部試験においても有用であろう。

基礎編では，特に初学者の学習効果を高めるために，答案例中の論証部分を色枠で囲んだ。この囲み内の論証は，今後，自分なりの論証を書くうえにおいて基礎となるものである。ベーシックな論証がどのように答案で使われているかを学び，応用編へ進んでほしい。

基礎がしっかりしていないと応用ができないのはいうまでもない。そのため，この囲み内の論証を覚えて試験会場で答案に書き写すのではなく，応用編に進むころには，この論証部分の構造を理解し，本書で学習をし終わるころには，自分なりの論証を書けるようになってほしい。

また，論証は，かぎられた試験時間内に答案を仕上げるにあたり，便利なツールである。1つの論点において，論証が1つということはないから，いくつか作成してみて，試験会場ですんなりと書けるものを用意しておくと更によいだろう。最初は難しいかもしれないが，答案例ばかりでなく

優秀答案も参考にして，自分の論証を考えてみよう。

　なお，応用編の答練例においては，画一した論証がないことを意識してもらうためにも，論証部分を色枠で囲んでいない。

(キ)　規範

　論点の問題提起に対応させたかたちで書く。

　　問題提起：「……が許されるかが問題となる。」

　　書き方：「……は許されると解する。」または「……は許されないと解する。」

　　悪い例：問題提起は「許されるか。」なのに，「……は認められると解する。」「否定すべきである。」

　問題提起に対応していないものが悪い書き方の典型である。自分の立てた問題提起に対応させないで規範を定立するのは，日本語の文章としておかしいという感覚をもつことが大切である。

　基礎編の答案例においては，規範を定立している部分を色文字で目立つようにした。上記を意識しながら，読んでほしい。

(ク)　あてはめ

　伊藤塾では創立当初から，あてはめの重要性を訴えてきた。具体的な問題を解決するために法律を使いこなすのだから，このあてはめ部分の重要性は明らかである。また，本試験では，問題文を見なければこの部分は書けないのだから，具体的に考えることができるかという本人の実力がそのまま反映される部分でもある。

　まず，問題文の事実の引用を省略しないことである。これは事案を解決するために規範を定立したのであるから当然である。

　次に，問題文の事実に評価を加えて認定するのが理想である（事実→評価→認定）。法的三段論法の特長は，このように小前提たる事実認定にも評価が入る点である。事実を自分がどうみるのかを指摘できれば，採点者にアピールできる。ただ，紙面（＝答案用紙）のスペースの関係で評価を加えながら事実を認定した答案例もある。なお，問題文にない事実を付け加えるのは厳禁である。

　あてはめを規範に対応させることも大切である。規範定立したのに，それに対応させないのはあまりにもお粗末である。自分の定立した規範に従ってきちんとあてはめをすることである。これは自分の書いた文章に責任をもてということでもある。

(ケ)　三段論法の帰結

　あてはめの後，事案の問題提起に対応させて，三段論法の帰結を書くのが理想である。ただし，本書ではスペースの関係でできなかったものが多い点はご容赦いただきたい。

(コ)　形式的に問いに答える

　問題文の問い掛けに形式的に答えることは答案の基本であるが，意外とできていない人が多い。この点は各自の答案ですぐに検証できる部分なので，早い時期から気を遣い，問いに答えられるようにしたい。

　　問題文：「……は適法か。」

　　書き方：「以上より，……は適法である。」「違法である。」

　　悪い例：「以上より，……は許される。」「……は認められない。」など問いに答えていないもの

ウ　条文・定義・趣旨の重要性

(ア)　条文

　あたり前のこととして軽視されがちであるが，すべての出発点は条文である。条文を正確に示す

ことも実力のうちということを認識してほしい。法令名や条文番号だけでなく，項や号，前段・後段・本文・ただし書まで正確に引用する方法を参考にしてほしい。

たとえば，憲法でいうと，平等原則（憲法14条），生存権（憲法25条）などの引用は不正確である。それぞれ，平等原則（憲法14条1項），生存権（憲法25条1項）などと，正確に引用する必要がある。不正確な条文引用は減点事由となることを認識しておくべきであろう。

⑷ 定義

定義が不正確だと，採点者に対して，マイナスの印象を与えてしまう。いわば不合格推定がはたらくといってもよいだろう。ただ，無闇に丸暗記するのではなく，定義のなかのどの言葉が本質的で重要なのかを意識して記憶するようにしてほしい。

⑼ 趣旨

定義と並んで，あるいはそれ以上に重要である。法律の解釈は趣旨に始まり趣旨に終わるといってもよいほどよく使うので，理解して正確に表現しなければいけない要素である。

論点を論述する際には，趣旨から論証できると説得的になり高い評価が得られるであろう。

⑶ 優秀答案

まわりの受験生のレベルを知るひとつの手段として優秀答案を付した。優秀答案であるからもちろんよく論述できている部分もあるが，完璧な答案を試験時間内に作成することは至難の業であり，どのような答案でもミスや論述が不足している部分は存在する。優秀答案からはよい部分はそのまま自己の糧とし，悪い部分は反面教師として学ぶ必要がある。

また，そのための一助として優秀答案にも右欄にコメントを付し，よい部分，悪い部分を明確に指摘した。これによってより深く優秀答案の分析ができることだろう。

なお，予備試験の場合，論述は4頁（1頁22行目安）以内に収めなければならない。書くスピードは人によってさまざまであるから，試験時間内に自分がどれだけの分量を書くことができるかを知っておくことも重要である。

⑷ 答案作成上の注意点

受験生が誤りがちなポイントや高得点をとるためのポイントについて記載している。答案例とは異なる見解からの論述についても言及している。

合格者が作成しているため，合格者であればどのように答案を作成するのかという視点も知ることができる。

⑸ 答案構成例

答案構成にも2種類のものがある。実際に答案を書く際に，15分から20分くらいで作成するメモ書きとしての答案構成と，ある問題を学習した後に復習として作る答案構成である。本書の答案構成は後者にあたる。これは試験直前に，それまで勉強したことを総復習する際に，手軽に記憶を喚起できるように作成したものである。

【2】第2部 応用編

⑴ 問題

前述したように，第2部では，予備試験過去問を中心に収録している。

⑵ 思考過程

思考過程では，実際の予備試験合格者の思考過程をできるかぎり丁寧に記述した。実際の答案は，多くの思考を経たうえで作成されている。しかし，通常の問題集にはその思考過程が十分示される

ことはなく，どのような思考過程を経て答案例が作成されているのか不明であることが多い。また，実際の予備試験合格者の思考過程を知る機会はほとんどないが，予備試験合格者が，問題を見てどのような思考過程を経たうえで答案を作成しているのかを学ぶことは，予備試験対策としても非常に有意義である。

そこで，本書ではできるかぎり丁寧に思考過程を記述することで，予備試験合格者の思考過程を追体験してもらうことを試みた。この思考過程を徹底的に分析することで，予備試験合格者の思考過程を身につけてもらいたい。

(3) 答案例

応用編は，問題の難易度も比較的高度なものとなっており，答案例は，いちおうの完全解を想定しているが，合格レベルに達するには，ここまで書ける必要はない。答案例を目標にしつつ，自分であれば，いかなる答案を書くことができるのか，理想の答案を確立してほしい。

なお，応用編の答案例では，本試験における多くの受験生の標準であると思われる1行31字程度を目安に作成している。ただし，憲法は，特に論述することが多いため，1行34字とした答案例も多い。

(4) 優秀答案

優秀答案は，すべて予備試験合格者が書いた答案である。各年の予備試験に合格した者のA評価の答案を採用している。また，合格発表前の問題についても，予備試験合格者が，A評価相当であることと試験時間内に書ける答案であることを意識して作成している。オリジナル問題についても，予備試験合格者が作成した答案を優秀答案としている。

予備試験合格者といえども，時間内で完璧な答案を書くことは至難の業である。どの程度書ければA評価の答案に達するのかを知り，その感覚を養ってほしい。また，合格者でもこの程度かと自信をもってもらってもよいだろう。

(5) 出題趣旨

各問題に，問うている事柄や能力を明確にするために出題の趣旨を用意した。予備試験については，法務省が公表している出題の趣旨を掲載した。また，オリジナル問題については，当該問題を掲載した理由についても言及している。

(6) 優秀答案における採点実感

答案全体のよい部分や悪い部分，更には右欄のコメントでは説明しきれなかった部分を優秀答案における採点実感で説明した。答案の採点者が実際に答案を読んだときにどのように評価する可能性があるかを示している。この部分から採点者は，答案のどのような部分を評価し，どのような部分を評価しないのかを学びとってもらいたい。

(7) 再現答案からみる合格ライン[*]

予備試験の論文式試験に合格するためには，すべての科目においてA評価をとる必要はない。合格するためには，むしろE〜F評価をとらないことが重要である。今までの予備試験をみると合格ラインは，B〜C評価の答案といえる。この評価をとるためには，他の受験生が書いている論点に言及し，まわりに差をつけられない守りの姿勢が重要となる。

そこで，平成29年予備試験にかぎって，伊藤塾に集められた数多くの再現答案を読み，どれだけの水準に達していれば十分であるか受験生の相場の分析を試みた。

また，他の受験生が実際にかぎられた時間内で作成した答案がどのようなことを書いているかを知ることは非常に有意義なことである。「再現答案からみる合格ライン」を読んで，みずからの答

案を合格答案にしてほしい。

* 本項目は，本書の制作終了までに，法務省より予備試験論文式試験の講評が公布されていない場合に設けている。

【3】論点・論証一覧

本書の末尾には，実際に答案で用いた論証を一覧にしてまとめている。読者の復習の際の便宜を考え，答案例から実際に用いられた論証を抜粋して末尾に記載することとした。

ちまたに出版されている論証集は，冗長にすぎるものが散見される。長い論証では，理解の助けにはなるものの，実際に現場で答案を書くときには，そのすべてを吐きだすことはできない。予備試験はかぎられた時間内での戦いであるから，実際にそのまま貼り付けることのできる論証を事前に準備することが合格のための重要なポイントとなる。

本書の論証一覧は，実際に答案例で用いられている論証をまとめているため，そのまま自分の答案に表すことも可能である。また，本書の論点・論証一覧をベースとしつつ，現場で書きやすいように自分なりのアレンジを加え，よりよい論証を事前に準備して，本番にのぞんでほしい。

【4】条文の表記

本シリーズは，原則，書名にある法律名の記載を省略している。つまり，「民法」の本であれば，民法以外の法律名が表示されないかぎり「民法」と表記していない。

しかし，本書においては，憲法のほか，地方公務員災害補償法，生活保護法，地方公務員法，国家賠償法などの個別法分野も多数掲載されている。そこで，答案例においては，原則としてすべて法律名を表記することとし，法令名を誤るおそれがないときは，法令名の記載を省略することとした。

答案例においては，実際に答案を書く際に利用できるような表記としている。

4 本書の使い方

【1】初学者（まだ答案を書いたことがないか，書き方がわからない人）

まずは，ここまでに示した答案のノウハウを熟読し，しっかりと理解・記憶してほしい。そのうえで，Aランクの問題を先に解いてみてほしい。

その際，いきなり答案構成をしたり，答案を書いたりすることは，非効率的で，およそ不可能である。まず，問題文と答案例を対照して，どのように書いたらよいのかを分析してみよう。そのときには，右欄のコメントを参考にするとよいだろう。

また，条文，定義，趣旨などの基本事項がいかに重要であるかを認識してほしい。もちろん重要性を認識したら，カードを作るなどして繰り返し覚える努力を惜しまないでほしい。

答案作成の方法がわかったら，実際に答案構成をしてみるか，答案を書いてみるとよい。わかったつもりでいたところが，いざ書いてみようとすると記憶が曖昧で書けないなど，自分の弱点が見えてくるはずである。弱点を突きつけられたとしてもそれに負けずに，一歩一歩確実にしていくことが今後の力となる。

そして，一度答案構成をしたり答案を書いた問題でも，何度か繰り返してやってみてほしい。そ

れによってその問題が解けるだけではなく知識や答案の書き方が身についてくる。問題文の右上に
CHECK欄を作ったのは，何回勉強したか自分で記録するためのものである。

【2】中級者以上（答案を書いたことがあるが，本試験や答練でよい評価を得られない人など）
　まずは，問題を見て，答案を作成してほしい。少なくとも答案構成をしてほしい。問題文を読ん
で即座に思考過程や答案例を読むことはお勧めしない。実際に答案構成をして答案を作成するなど
各問題と深く向き合うことで，はじめて真の実力が身につく。したがって，時間があるかぎり，答
案を実際に作成するのがよいだろう。特に，過去問については実際に答案を作成してほしい。
　次に，自分の答案を答案例や優秀答案と見比べて，どこが違っているかを確認する。たとえば，
事実を引用せずに，いきなり「それでは，……であろうか。」などと問題提起をしていないか。つ
まり，「それでは」は，前の文章を受けていないので，論理が飛躍し，読み手に論述の流れが伝わ
らない危険性が高い。「まず，前提として」も同じ。もちろん，これらを使ってはいけないという
ことではない。本当に「それでは」でつながるのか，本当に「まず，前提」なのかを自分でチェッ
クしてみることである。
　また，抽象的な問題提起をしている，定義が不正確である，あてはめと規範が対応していない，
問いに答えていない，など自分の欠点を見つけ，改善すべきところを探る。こうして自分の書いた
答案を添削するつもりで比較検討するのである。欠点のない人はいないのだから，それを謙虚に認
めることができるかどうかで成長が決まる。
　そして，答案例や優秀答案から基本事項の大切さを読みとってほしい。この点の再認識だけでも
おおいに意味があると思う。答案作成にあたって，特別なことを書く必要はないということが具体
的に実感できるであろう。ぜひ，基本事項の大切さを知ってほしい。人と違うことを書くと，大成
功することもあるが，大失敗する危険もある。そのリスクに配慮して書かない勇気というものもあ
る。また，たとえ加点事由でもあっても，基本事項を抜きにして突然書いてみてもほとんど意味が
ない。基礎点のないところに加えるべき点数などないことを知るべきである。
　また，答案例・思考過程を読み過去問を分析することは予備試験合格にとって重要なことである。
過去問の分析をすることにより，予備試験ではどのような問題が出題されるのか，ある問題に対し
てどこまで論述できなければならないのか，合格ラインに達する論述を行うためにはどのような学
習をする必要があるのかということが明確になるだろう。ゴール（過去問＝本試験問題）から逆算
して，どのような学習を行えばよいのかを考えることで，合格に直結する最短距離での学習ができ
るはずである。本書を有効に活用し，過去問を徹底的に分析してもらいたい。
　最後に，自分の答案の表現の不適切さなどは，自分自身では気づかない場合が多い。本書の問題
を使って答案を作成した後に，できれば合格者に答案を見てもらう機会をもてるとよい。また，受
験生同士で答案の回し読みをすることも一定の効果があるので，ゼミを組んで議論するのもひとつ
の手であろう。ほかの人に答案を読んでもらうことによって，独りよがりの部分に気がつくことも
しばしばある。ただし，ゼミの目的と終わりの時間をしっかりと決めて参加者で共有しておかない
と，中途半端なものとなり時間の無駄に終わることがあるので注意してほしい。

5 おわりに

　本書は，予備試験論文式試験における合格答案を書くためのノウハウが詰まっているテキストである。冒頭でも述べたが，本書は予備試験合格への道を切り開くものである。本書を十分に学習すれば，問題分析の仕方や予備試験合格者の思考，論述作成の方法などを知ることができ，憲法はもちろん他の科目にもよい影響を与えることができるだろう。そういった意味では，本書はすべての科目に共通する分析の仕方，考え方，論述の仕方を示しているといってよい。

　本書に収録されている問題と深く向き合い，本書を有効に活用することでひとりでも多くの受験生が予備試験に合格することを切に望んでいる。

　なお，本書の制作に際して，多くの方のご助力を得た。特に2016年に予備試験に合格し，翌2017年に司法試験に合格した青木祐也さん，秋元勇研さん，田中貴大さん，野口智之さん，武藤敏之さん，山田智裕さんの6名には，優秀な成績で合格した力をもって，彼らのノウハウを惜しみなく注いでいただいた。また，伊藤塾の書籍出版において従前から貢献していただいている近藤俊之氏（54期）と永野達也氏（新65期）には，実務家としての必要な視点をもってして内容をチェックしていただいた。そして，伊藤塾の誇る優秀なスタッフと弘文堂のみなさんの協力を得て，はじめて刊行することができた。ここに改めて感謝する。

　2017年11月

伊藤　真

★参考文献一覧

本書をまとめるにあたり多くの文献を参照させていただきました。そのすべてを記すことはできませんが主なものを下に掲げておきます。なお，本書はいわゆる学術書ではなく，学習用の教材ですので，その性質上，学習において必要な部分以外は引用した文献名を逐一明記することはしませんでした。ここに記して感謝申し上げる次第です。

芦部信喜（高橋和之補訂）・憲法［第7版］（岩波書店・2019）

芦部信喜・憲法学Ⅰ・Ⅱ・Ⅲ［増補版］（有斐閣・1992・1994・2000）

芦部信喜・演習憲法［新版］（有斐閣・1988）

安西文雄＝巻美矢紀＝宍戸常寿・憲法学読本［第3版］（有斐閣・2018）

内野正幸・憲法解釈の論点［第4版］（日本評論社・2005）

浦部法穂・憲法学教室［第3版］（日本評論社・2016）

大石眞＝石川健治編・憲法の争点（有斐閣・2008）

大島義則・憲法ガールⅠ・Ⅱ（法律文化社・2013・2018）

大島義則・憲法の地図──条文と判例から学ぶ（法律文化社・2016）

木下智史＝伊藤建・基本憲法Ⅰ（日本評論社・2017）

木下智史＝村田尚紀＝渡辺康行編・事例研究　憲法［第2版］（日本評論社・2013）

木村草太・憲法の急所──権利論を組み立てる［第2版］（羽鳥書店・2017）

駒村圭吾・憲法訴訟の現代的転回──憲法的論証を求めて（日本評論社・2013）

小山剛＝畑尻剛＝土屋武編・判例から考える憲法（法学書院・2014）

小山　剛・「憲法上の権利」の作法［第3版］（尚学社・2016）

宍戸常寿・憲法　解釈論の応用と展開［第2版］（日本評論社・2014）

曽我部真裕＝赤坂幸一＝新井誠＝尾形健編・憲法論点教室［第2版］（日本評論社・2020）

辻村みよ子・憲法［第7版］（日本評論社・2021）

戸波江二・憲法［新版］（ぎょうせい・1998）

野中俊彦＝中村睦男＝高橋和之＝高見勝利・憲法Ⅰ・Ⅱ［第5版］（有斐閣・2012）

【その他】

原田尚彦・行政法要論［全訂第7版補訂2版］（学陽書房・2012）

塩野　宏・行政法Ⅱ［第6版］（有斐閣・2019）

憲法判例百選Ⅰ・Ⅱ［第7版］（有斐閣・2019）

重要判例解説（有斐閣）

法学教室（有斐閣）

ジュリスト（有斐閣）

法学セミナー（日本評論社）

判例時報（判例時報社）

判例タイムズ（判例タイムズ社）

最高裁判所判例解説民事篇・刑事篇（法曹会）

目　次

【 伊藤塾合格エッセンス 】

　試験対策問題集シリーズに掲載されている問題やここで記載したような学習方法は，伊藤真塾長や伊藤塾で研究・開発した数多いテキストや講義のうちの一部を紹介したにすぎません。「伊藤塾の講義を体験してみたい」，「直近合格者の勉強方法をもっと知りたい」，「伊藤塾テキストを見たい」，「伊藤真塾長ってどんな人かな」……。そう思ったら，伊藤塾ホームページにアクセスしてください。無料でお得な情報が溢れています。

　　パソコン・スマホより → https://www.itojuku.co.jp/index.html

┌─────────────────────────────────┐
│　　　伊藤塾ホームページにある情報の一例　　　│
└─────────────────────────────────┘

　　塾長雑感（塾長エッセイ）
　　無料体験講座
　　合格者の声―合格体験記・合格者メッセージ―
　　合格後の活躍―実務家レポート―
　　講師メッセージ
　　伊藤塾の書籍紹介

　講座は，受験生のライフスタイルに合わせ，在宅（通信）受講と通学（校舎）受講，インターネット受講を用意しています。どの受講形態でも学習フォローシステムが充実しています。

第1部

基礎編

憲法人権マニュアル

① はじめに

　これから憲法を学ぼうとする人の多くは，「憲法は学説が数多くあり，どのような書き方がよいかわからない」などと考えるかもしれない。本マニュアルは「予備試験論文式試験合格のための憲法答案の書き方」を効率よく身につけてもらうべく作成したものである。この説は○○先生が言っていた内容とは違う，などという混乱を避けるために，本書では，使用する用語，人権処理の考え方，違憲審査基準の考え方など，よって立つ立場を明確にしている。各自の基本書とは用語の使い方，考え方が異なるところがあるかもしれないが，対応関係を確認し，うまく使ってほしい。

　本書のよって立つ立場はいずれも，実際に答案で書く場合により書きやすいかどうかという観点から選択している。各自が書きやすいと思う立場に決定する際のひとつの参考としてほしい。

② 三段階審査論

　近時有力になりつつある理論として，三段階審査論というものがある。これは，ドイツ（旧西ドイツ）の判例・学説を参考にして，その体系化を図ったものである。

　この理論は，まず，当該行為が憲法上保障されているかを審査し（保護領域，保護範囲），次に，当該権利が国家によって制約されているかを審査し（制約），その制約が正当化されるかを審査する（正当化）という3つのステップをふむものである。このように3つのステップをふむことから，三段階審査論という言い方をする。

　また，正当化の点については，(a)形式的正当化と(b)実質的正当化という2つの段階を経る。(a)形式的正当化では，国家行為がルールにのっとって制限をしているか否かということが審査され（明確性，検閲，委任立法，措置法，条例と法律の範囲など），(b)実質的正当化では，国家行為による行為が比例原則の範囲内か否かということが審査されることになる。

　この流れを答案上に表現するのであれば，以下のようになる。

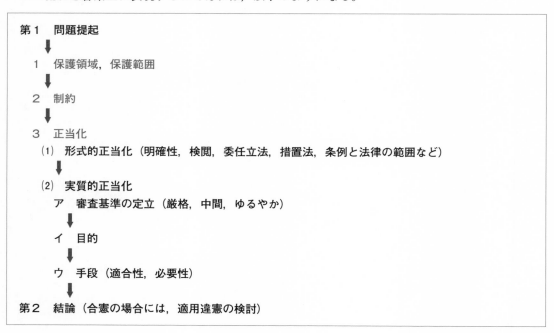

第1　問題提起
　↓
1　保護領域，保護範囲
　↓
2　制約
　↓
3　正当化
　(1)　形式的正当化（明確性，検閲，委任立法，措置法，条例と法律の範囲など）
　↓
　(2)　実質的正当化
　　ア　審査基準の定立（厳格，中間，ゆるやか）
　　↓
　　イ　目的
　　↓
　　ウ　手段（適合性，必要性）
　↓
第2　結論（合憲の場合には，適用違憲の検討）

③ 魅力ある答案を作成する術

1 予備試験を見据えた処理パターン

　司法試験では，約２頁以上にわたる問題文や参考資料を読んだうえで，約２時間以内に答案を作成することが求められるため，時間的制約がきわめて大きい。これは，予備試験においても同様である。どの論点をどのような順序で書くかという論点整理に時間を費やしてしまうと，途中答案となってしまうおそれがある。そこで，処理パターンに慣れていれば，論点整理に時間を費やしたりせずに，答案作成上の効率をあげることができるであろう。

2 予備試験で求められているポイント

⑴ 法令違憲について

　ア　保護範囲

　　まず，主張する権利がどの人権により保障されているといえるかを論ずる必要がある。その際には，保護範囲を画定し，主張する人権がそれに含まれることを示すという段階をふむことになる。人権の保護範囲を画定する際は，その趣旨にさかのぼって論ずると説得的である。特に検討する実益が高いのは，①請求権的側面，②第三者のために役立つ権利，③新しい人権（13条後段）である。これらについては，なぜその人権規定によって保護されているのかを，丁寧に論じることが求められるであろう。

　　そして，問題文に応じて，適切な人権を選択することに注意しよう。原告となる人物のどのような権利・利益が制約されているのかという点を慎重に考慮しつつ，憲法上の権利としてどのような条文を適用するのか，答案構成段階で的確に判断しておく必要がある。

　イ　制約

　　主張する人権が保護範囲に含まれることを認定したら，次は，制約の有無を検討することになる。制約は，後述の違憲審査基準の定立に影響があるため，具体的に認定する必要がある。参照条文等のどの部分がいかなる権利を制約しているかを特定して指摘することができれば，違憲審査基準の定立段階の論述もより説得的なものとなろう。

　ウ　違憲審査基準の定立（実質的正当化）

　　主張する人権が保護範囲に含まれ，かつ，制約が認められる場合，その制約が正当化されるかを論ずることになる。具体的には，違憲審査基準を定立し，個別具体的検討を行う。ただし，「公共の福祉」などの制約原理について，あまり大々的に検討しないように注意しなければならない。2011（平成23）年司法試験論文式試験公法系第１問の採点実感においても，「『自由ないし権利は憲法上保障されている，しかしそれも絶対無制限のものではなく，公共の福祉による制限がある，そこで問題はその制約の違憲審査基準だ。』式のステレオタイプ的なものが，依然として目に付く。このような観念的でパターン化した答案は，考えることを放棄しているに等しく，『有害』である。」とされており，現在の司法試験においては，制約原理を大展開する必要はないことがわかる。違憲審査基準の定立にあたっては，主に権利の性質（権利の重要性）と規制態様を考慮する。権利が重要であれば，また，規制態様が強度であれば，違憲審査基準は厳格なものとなる。規制態様の例としては，表現内容規制・表現内容中立規制，届出制・許可制などがあげられる。代表的なものの議論をおさえたうえで，個別の事案をそれに引きつけることができれば説得的な議論ができるであろう。

　　使用する違憲審査基準としては，基本的には次の３つで足りると思われる。

○厳格審査基準	：①必要不可欠な目的で，②手段が必要最小限度
	または，
	①やむにやまれぬ目的で，②手段が必要不可欠かつ必要最小限
○中間審査基準	：①目的が重要で，②手段が効果的かつ過度でない
○ゆるやかな審査基準	：①目的が正当で，②手段が合理的関連性を有する

エ　あてはめ

　　目的の認定は反対利益の認定となることが多い。この目的の重要性を肯定するためには，憲法上の権利と結びつけると説得的である。近年の問題は，目的が記載されていることが多いので，詳細に認定することが高得点につながるであろう。

　　手段の認定において，使える事情は問題文に多くちりばめられているため，適合性と必要性の観点から振り分けると整理して論ずることができるだろう。適合性の判断では，目的と手段の関係性を明示し，必要性の判断では，厳しすぎないか，より制限的でない他の選びうる手段があるかを示すと説得的である。

(2)　適用違憲について

　かりに，法令が合憲だとしても，法を具体的事例において適用することにより，違憲となる場合がある。その場合の処理パターンとしては，①条文の文言解釈，②やりすぎか否かのいずれかで検討するとよいだろう。③目的手段審査を用いることも不可能ではないが，問題文中にちりばめられた司法事実を用いて，説得的なあてはめをするためには，①または②の手段によるべきであろう。本書答案例も，①または②の処理パターンを採用している。

3　更に答案をよくする方法

(1)　対比の視点を入れる

　設問が，前段・後段に分かれている場合や，登場人物が2名いて，それぞれに異なる事情がある場合には，それらの対比が出題意図とされている可能性がある。このように，対比の視点が問われる場合においては，それぞれの事実の違いを意識し，丁寧に評価を加えることが求められる。対比の視点を意識することなく，一様に検討してしまうと，出題者の意図に気づいていないと判断され，高い評価を得られないであろう。

(2)　法令違憲・適用違憲の区別

　法令違憲と適用違憲の区別ができない答案は，憲法の基礎・基本を理解していないものとされ，低い評価にとどまるであろう。2014（平成26）年司法試験論文式試験公法系第1問の採点実感においても，「本年の問題では，問題文から条例自体の違憲性を論じることが求められており，かつ，内容的にも適用違憲（処分違憲）を論じるべきではないと考えられるにもかかわらず，漫然と適用違憲（処分違憲）を論じているものが少なくなかった。」と指摘されているように，法令違憲と適用違憲を適切に区別できていない受験生が多いと思われる。問題文中，法令違憲の検討が求められているのか，あるいは適用違憲の検討が求められているのかについて，注意する必要がある。たとえば，2014（平成26）年予備試験論文式試験憲法の問題文には，最後に「C社は，A市を被告として，本条例が違憲であると主張して，国家賠償請求訴訟を提起した。」との一文がある。この一文から，法令違憲の検討のみが求められており，適用違憲の検討は求められていないことは明らかである。また，問題文中にこのような一文がない場合には，問題文中の立法事実と司法事実の割合から，法令違憲と適用違憲のいずれが求められているのかを判断することもできるであろう。立法事実が問題文中の大半を占めるのであれば，法令違憲の検討をメインで問うているものと考えられるし，司法事実が問題文中に多数記載されているのであれば，適用違憲の検討が求められていることになろう。また，法令違憲と適用違憲の双方の検討が求められている場合には，問題文中の立法事実と司法事実の割合を考慮して，法令違憲と適用違憲の配分に注意するべきである。

　法令違憲の検討にあたっては，立法事実について論述することになるが，司法事実について論述することはできない。司法事実を引用しつつ論述する場合においても，あくまでも立法事実の検討のための資料として考慮するにとどめるべきであろう。立法事実と司法事実を混同しないように注意してほしい。

【参考文献】

小山剛「憲法上の権利の作法［第3版］」（尚学社・2016）

木村草太「憲法の急所—権利論を組み立てる［第2版］」（羽鳥書店・2017）

宍戸常寿「憲法　解釈論の応用と展開［第2版］」（日本評論社・2014）

第1問 A 外国人の人権と公務就任権

　地方公共団体が，職員の採用について，日本国籍を有することを受験資格の1つとした場合の憲法上の問題点について論ぜよ。
　また，日本国籍を有することを管理職登用資格の1つとした場合についても論ぜよ。

【論　点】
1　外国人の人権享有主体性
2　公務就任権の憲法上の根拠
3　日本国籍を有することを地方公共団体職員採用試験の受験資格のひとつとすることの可否
4　日本国籍を有することを管理職登用資格のひとつとすることの可否

答案構成用紙

答案例

第1　本問前段について

1　地方公共団体が職員採用について，日本国籍を有する
　ことを受験資格とすることは，外国人が公務員たる地方
　公共団体職員になるという公務就任権を侵害し，違憲で
　はないか。　　　　　　　　　　　　　　　　　　　　5

→問題点の抽出

2　まず，公務就任権は，職業の選択にとどまらず，政策
　遂行に関わるものである点で参政権的側面をも有する。
　したがって，憲法15条1項（以下法名省略）により保障
　されると解する。

→保護範囲

　　もっとも，憲法は「国民の」と定めていることから，10
　外国人にも公務就任権が保障されるかが問題となる。

　　この点について，人権の前国家的性格（11条，97条参
　照）や，憲法が国際協調主義をとっている（前文3段，
　98条2項）ことから，権利の性質上日本国民のみを対象
　としていると解されるものを除き，外国人にも人権保障　15
　が及ぶと解する。

→規範定立（最大判昭和53年10月4日〔判例シリーズ1事件〕）

　　これを公務就任権について検討する。

→あてはめ
⇨判例（東京高判平成9年11月26日〔判時1639号30頁〕，最大判平成17年1月26日〔判例シリーズ4事件〕）

　　たしかに，憲法は国民主権原理（前文1段，1条）を
　採用している。また，地方公共団体はわが国の統治機構
　の不可欠の要素をなすものであるから，地方公共団体に　20
　よる統治のあり方については日本国民が最終的な責任を
　負うべきである。

　　しかし，補佐的・技術的職務を行う公務員は，国の統
　治作用や公の意思の形成に関わって，公権力の行使等を
　行うものではないから，外国人がこれに就任しても国民　25
　主権原理に抵触するものではない。

　　したがって，補佐的・技術的職務を行う公務員につい
　ての公務就任権は，権利の性質上日本国民のみを対象と
　しているものとは解されず，外国人にも保障されると解
　する。　　　　　　　　　　　　　　　　　　　　　　30

3　そして，日本国籍を受験資格の要件とし外国人の地方
　公務員試験の受験を不可能とすることは，公務就任権へ
　の制約となる。

→制約

4　外国人の公務就任権は，国民主権原理との関係から，
　国民と同様の保障にまで及ぶものではない。そのため，35
　規制の目的が重要で，その手段が効果的でありかつ過度
　でないことが必要である。

→正当化

　　そして，本件での規制の目的は，国民主権原理との抵
　触を避けることにある。これは民主主義の根幹を支える
　ものとして重要である。しかし，職種に関わりなく一律　40
　に資格の要件とすることは，補佐的・技術的職務を行う
　公務員についても規制を及ぼす点で過度である。

→目的

→手段

5　よって，地方公共団体の採用試験の受験資格として一
　律に国籍要件を設けることは，15条1項に反し，違憲で

→結論

ある。　　　　　　　　　　　　　　　　　　　　　45

第2　本問後段について

1　日本国籍を管理職登用資格とすることは，外国人が地
　方公共団体の管理職に就くという公務就任権を侵害し，
　違憲ではないか。 ➡問題提起

2　まず，管理職であっても公権力の行使等を行わないも　50
　のであれば国民主権原理には抵触しないから，その限度
　では管理職についての公務就任権も外国人に保障されう
　ると解する。

3　そして，日本国籍を管理職登用の受験資格とすること
　は，外国人公務員の管理職登用をいっさい不可能とする　55
　ことから，公務就任権への制約となる。

4　たしかに，いかなる管理職制度を設けるかは，地方公
　共団体の行政組織権に基づく判断に委ねられるといえる。

　　しかし，公権力行使等を行う公務員に該当しない公務
　員の管理職就任権は，日本国民と同様の保障が及んでい　60
　る。

　　そこで，規制の目的が重要であり，その手段が効果的 ➡規範定立
　であり，かつ，過度ではない場合には合憲であると解す
　る。

　　まず，その目的は前段と同様に国民主権原理との抵触　65 ➡あてはめ，目的
　を回避することにあり，民主主義の根幹を支えるうえで
　重要といえる。

　　もっとも，管理職の公務員であっても，技術職の公務 ➡手段
　員は管理職でも公権力行使には関わらないことをふまえ
　ると，職種にかかわらず一律に日本国籍を要件とするこ　70
　とは過度といえる。

5　よって，公権力行使等を伴わない管理職についても一 ➡結論
　律に日本国籍を登用資格とすることは，15条1項に反し，
　違憲である。

　　　　　　　　　　　　　　　　　　　　　　以上　75

優秀答案

1 前段について
　地方公務員の職員採用について，日本国籍を有すること
を受験資格のひとつとすることは，日本国籍を有しない者
の職業選択の自由を侵害するものとして22条1項違反とな
るのかが問題となる。　　　　　　　　　　　　　　　　5

⇦△「憲法22条1項（以下法名省略）」のほうが望ましい

(1)　まず，日本国籍を有しない者つまり外国人であっても，
権利の性質上，日本人を対象としているものを除き，人
権の保障は原則として外国人にも及ぶものといえる。そ
して，職業選択の自由は，日本人のみを対象としたもの
ではない以上，外国人にもその保障が及ぶものといえる。10

⇦△なぜ外国人にも人権享有主体性が認められるのかについて，理由づけがほしい
⇦×国民主権原理との対立を考慮することができておらず，保護範囲論の論述が不十分である

(2)　そして，日本国籍を有することを受験資格とすること
は，外国人に対し，地方公務員となることを不可能とす
るものであり，公務就任権への制約として観念できる。

⇦×問題提起と対応していない

(3)　その合憲性について検討する。

ア　外国人の公務就任権は，国民主権原理に抵触しない　15
限度において保障されるものであり，日本人とは異な
る規制がはたらくといえる。もっとも地方公務員であ
っても，運転手などの民間の職業と何ら変わりのない
ものも存することから，それらいっさいの職種にかか
わらず，例外なく外国人の公務員就任を禁ずるもので　20
ある以上，その制約態様は重大なものといえる。その
ため，本件規定は目的が重要でその手段が目的との間
で実質的関連性を有するか否かで判断されるものとい
える。

⇦○参政権的性格について言及できている
⇦△一文がやや長い

イ　本件について検討する。　　　　　　　　　　　25
　日本国籍を受験資格のひとつとすることの目的は，
日本国籍を有する者のみに限定することで住民自治
（92条，93条）を貫徹することにある。そして，地方
公共団体の運営を担う地方公務員は，住民自治に不可
欠な要素である以上，当該地方公共団体に住所を有す　30
る日本国民つまり「住民」（93条2項）により構成す
る必要がある。よってその目的は重要なものといえる。
　その手段として，日本国籍を受験資格の要件のひと
つとしている。しかし，日本国籍を有することを受験
資格の要件とすることは，公権力の行使に関わらない　35
地方公務員の就任までも妨げるものといえ，その目的
との関係で過大といえ実質的関連性を欠くものといえ
る。

⇦△保護範囲で論じるべき事情である

(4)　以上のことから，本件規定は外国人の公務就任権を侵
害するものとして，22条1項に違反する。　　　　　40

2 後段について
　日本国籍を有することを管理職登用資格のひとつとする
ことは外国人公務員と日本人公務員との間で差別が生ずる
ものとして，14条1項に反しないのかが問題となる。

⇦△法の下の平等については，問題となりうるものの，大展開するべきではない
⇦△公務就任権を侵害しないのかが問題となることに注意したい

(1)　まず，日本国籍を管理職登用資格のひとつとすること　45
は，同じ能力を有する外国人公務員と日本人公務員との
間で管理職登用の機会の有無について差異があるので，
区別が生じているものといえる。
(2)　そのことが差別にあたるのかを検討する。
ア　そして，国籍は個人のアイデンティティーに関わる　50
ものであり，管理職登用において日本国籍の取得を要
求することはその外国人に対し，強度の制約を加える
ものであるといえる以上，本件における合理的理由の
有無についてはより厳格に判断すべきものといえる。
そのため，その目的が重要で，その手段が目的との間　55
で実質的関連性を有するか否かで判断される。
イ　本件について検討する。
その目的としては，管理職への就任を日本国籍を有　←×あてはめが不十分である
するものに限定し，住民自治（92条，93条2項）を貫
徹することにあるから，その目的は重要といえる。　60
その手段として，日本国籍を管理職登用試験の資格
のひとつとしている。しかし，管理職の公務員であっ
ても，公権力の行使等に関わらない公務員も存するの
にそれを考慮せずに一律排除とすることは，その目的
に照らし過大といえ，実質的関連性を欠く。　65
(3)　以上のことから，日本国籍を管理職登用資格のひとつ
とするとすることは差別にあたり14条1項に反するもの
といえる。

以上

答案作成上の注意点

　本間は，旧司法試験平成9年第1問であるが，外国人の人権および公務就任権について理解を深めるには有益な題材であると考えて出題した。

　本間前段は，地方公共団体が，職員の採用上日本国籍を受験資格とすることの合憲性について問うものである。外国人の人権保障については，マクリーン事件判決（最大判昭和53年10月4日〔百選Ⅰ1事件〕）を参考に，性質説の立場から論じることとなろう。そのうえで，国民主権原理との抵触を問題の所在として指摘して，裁判例（東京高判平成9年11月26日〔判時1639号30頁〕）を参考にしつつ，検討するとよいであろう。なお，外国人の公務就任権の憲法上の根拠については15条説，22条1項説，13条後段説に分かれている。答案例では，15条説によった。また，平等原則違反についても検討することが考えられるが，平等原則の問題は，外国人の公務就任権の侵害に対する合理化の可否の問題に解消することができる。そのため，平等原則違反について別途検討する必要はない。

　本間後段は，日本国籍を管理職登用資格とすることの合憲性について問うものである。東京都管理職試験事件（最大判平成17年1月26日〔百選Ⅰ4事件〕）をもとに，一体的な管理職任用制度を設けることの合憲性を検討することとなる。

答案構成

第1　本間前段
1　地方公共団体が職員採用について，日本国籍を有することを受験資格とすることは，外国人の公務就任権を侵害し，違憲ではないか
2　まず，公務就任権は，15条1項により保障
　　もっとも，外国人にも保障されるか
　　この点，権利の性質上日本国民のみを対象としていると解されるものを除き，保障
　　これを公務就任権について検討
　　たしかに，憲法は国民主権原理を採用
　　また，地方公共団体はわが国の統治機構の不可欠の要素。しかし，補佐的・技術的職務を行う公務員の職務は，外国人が就任しても国民主権原理に抵触しない
　　したがって，補佐的・技術的職務を行う公務員についての公務就任権は，権利の性質上外国人にも保障
3　そして，日本国籍を受験資格の要件とし外国人の地方公務員試験の受験を不可能とすることは，公務就任権への制約
4　外国人の公務就任権は，国民主権原理との関係から，国民と同様の保障にまで及ぶものではない
　　そこで，規制の目的が重要で，その手段が効果的かつ過度でない場合にかぎり合憲

　　そして，本件の目的は，国民主権原理との抵触を避けることにある。これは，民主主義の根幹を支えるものとして重要
5　しかし，一律に国籍要件を設けることは，過度の制約といえ，15条1項に反し，違憲
第2　本間後段
1　日本国籍を管理職登用資格とすることは，外国人の公務就任権を侵害し，違憲ではないか
2　まず，管理職であっても公権力の行使等を行わない職への就任権は，外国人に保障
3　そして，日本国籍を管理職登用の受験資格とすることは，外国人公務員の管理職登用をいっさい不可能とすることから，制約となる
4　たしかに，いかなる管理職制度を設けるかは，行政組織権に基づく判断に委ねられる。しかし，非公権力行使等公務員への就任権は，保障される
　　そこで，規制の目的が重要で，その手段が効果的かつ過度でない場合にかぎり合憲
　　まず，目的は前段と同様に重要
　　もっとも，一律に日本国籍を登用資格とすることは，手段として過度
5　よって，15条1項に反し，違憲
　　　　　　　　　　　　　　　　　　　以上

【参考文献】
試験対策講座5章4節④。判例シリーズ1事件，4事件。条文シリーズ3章■序説④3。

第2問 A 公務員の人権

(1) 郵便局で機械的な事務作業に従事しているAが，その勤務時間外に，B党を支持する目的をもって，同党公認候補者の選挙用ポスター6枚を公営掲示場に掲示した行為が，国家公務員法第102条第1項の禁止する「政治的行為」にあたるとして，Aを処罰することは，憲法第21条第1項に反しないか。

(2) 地方裁判所で保全，執行と刑事裁判を担当している判事補Cが，その勤務時間外に，組織犯罪対策三法案に反対する集会に一般客として出席し，みずからの身分を明らかにしたうえ，「パネリストとして参加する予定であったが，所長から警告を受けたので取りやめる」と発言した行為が，裁判所法第52条第1号の禁止する「積極的に政治運動をすること」にあたるとして，Cを懲戒することは，憲法第21条第1項に反しないか。

【参考条文】
○国家公務員法（昭和22年法律第120号）（抄録）
第102条
1 職員は，……人事院規則で定める政治的行為をしてはならない。

○裁判所法（昭和22年法律第59号）
第52条 裁判官は，在任中，左の行為をすることができない。
一 国会若しくは地方公共団体の議会の議員となり，又は積極的に政治運動をすること。
（以下略）

【論 点】
1 公務員の人権の制約根拠
2 公務員の政治活動の限界

答案例

第1　設問(1)について

1　国家公務員法102条1項は，Aが選挙用ポスターを公営掲示場に掲示する自由を侵害し，違憲でないか。　　　⇒法令違憲の検討

(1)　まず，公営掲示場において選挙用ポスターを掲示することは，自己の政治的意見を外部に流通させる行為 5 であるから，「表現」にあたる。したがって，選挙用ポスターを公営掲示場に掲示する自由は，表現の自由（憲法21条1項）として保障される。　　　⇒保護範囲

(2)　そして，国家公務員法102条1項は，「政治的行為」を処罰対象としており，表現の自由を制約している。 10 　　　⇒制約

(3)　もっとも，憲法が公務員関係の存在と自律性を憲法秩序の構成要素として認めていること（憲法15条，73条4号等）を根拠に，公務員の人権は必要最小限度の制約を受ける。　　　⇒正当化

ア　選挙用ポスターの掲示は，政治的意見を外部へと 15 流通させて民主制の過程に参与するものであり，自己統治の価値を有する。そのため，営利的表現に比べても権利の重要性が高いといえる。それにもかかわらず，国家公務員法102条1項は，違反者に罰則を設けており，規制態様は強度といえる。 20

そこで，①目的が必要不可欠で，②手段が必要最小限度と認められる場合にかぎり，上記制約は正当化されるものと解する。　　　⇒規範定立

イ　目的は，行政の中立的運営の確保である。公務員関係の自律性を維持するうえで，このような目的は 25 必要不可欠であるといえる（①）。　　　⇒あてはめ，目的
⇨判例（最判平成24年12月7日〔百選I 13事件〕）

そして，国家公務員法102条1項の文言，趣旨，目的や権利の重要性などを考慮すると，「政治的行為」とは，公務員の職務の遂行の政治的中立性を損なうおそれが，観念的なものにとどまらず，現実的 30 に起こりうるものとして実質的に認められるものにかぎられると解される。そのため，不当に処罰範囲が広がりすぎるおそれは小さいといえるから，必要最小限度の制約であるといえる（②）。　　　⇒「政治的行為」の解釈
⇒手段

以上より，国家公務員法102条1項は，憲法21条 35 1項に反しない。　　　⇒結論

2　もっとも，Aは非管理職の現業公務員で，勤務外で国の施設を利用せずに本件行為を行ったことからすれば，政治的中立性を損なうおそれが現実的に起こりうるものとして実質的に認められるものとはいえない。 40 　　　⇒適用違憲の検討

よって，本件行為は「政治的行為」にあたらない。　　　⇒結論

3　以上より，Aを処罰することは憲法21条1項に反する。

第2　設問(2)について　　　⇒法令違憲の検討

1　政治集会で発言する自由は，「表現の自由」（憲法21条　　　⇒保護範囲

1項）として保障される。 45

⇨制約

　それにもかかわらず，「積極的に政治運動をすること」（裁判所法52条1号）にあたるとして，Cを処罰すれば，Cの表現の自由が制約されることになる。

　そこで，裁判所法52条1号が憲法21条1項に反しないか。 50

⇨正当化

(1)　この点について，設問(1)と異なり，裁判官は職権行使において独立しており（憲法76条3項），公務員関係の存在と自律性維持という制約根拠が妥当しない。

　もっとも，個々の裁判官の行為のもたらす直接，具 55
体的な弊害を防止するため，必要最小限度の規制は許されると解する。そして，表現内容中立規制であることから，①目的が重要で，②手段が効果的かつ過度でない場合にかぎり，正当化されるものと解する。

⇨規範定立

(2)　まず，その目的は司法権の独立（憲法76条3項）および中立・公正を確保し，裁判に対する国民の信頼を 60
維持するとともに，三権分立主義（憲法41条，65条，76条1項）のもとにおける司法と立法，行政とのあるべき関係を規律することにあり，①の目的は重要である。

⇨あてはめ，目的
⇨判例（最大決平成10年12月1日〔判例シリーズ87事件〕）

(3)　次に，裁判官は，設問(1)の非管理職である現業公務 65
員と異なり，強い身分保障（憲法78条，79条6項，80条2項）のもと，特別な地位にある。

⇨手段

　そして，裁判所法52条1号は，国家公務員法102条1項と異なり，「積極的に政治運動をすること」，すなわち組織的，計画的または継続的な政治上の活動を能 70
動的に行う行為であって，裁判官の独立および中立・公正を害するおそれのあるものに限定して禁止しているにすぎず，②効果的かつ過度でない手段である。

(4)　したがって，裁判所法52条1号は，憲法21条1項に反しない。 75

⇨結論

2　そうだとしても，Cの発言行為は，「積極的に政治運動をすること」にあたらないのではないか。

⇨適用違憲の検討

(1)　この点，Cは，集会に裁判官としてではなく，一般客として参加しており，また，その発言もパネリストとしての参加を取りやめる経緯を説明するにとどまり， 80
組織犯罪対策三法案の内容に触れていない。

⇨あてはめ

　そうだとすれば，Cの発言行為は，組織的，計画的または継続的な政治上の独立および中立・公正を害するおそれのあるものとまではいえないから，「積極的に政治運動をすること」にあたらない。 85

(2)　よって，本件行為が，裁判所法52条1号の禁止する「積極的に政治運動をすること」にあたるとして，Cを懲戒することは，憲法21条1項に反する。　　　以上

⇨結論

第1　設問(1)

1　国家公務員法102条1項はAの選挙用のポスターを公
営掲示場で掲示する自由を侵害し違憲ではないか。

(1)　まず，上記自由は媒体物を通じて特定の政治的思想
を外部に表明するものであるから「表現」の自由とし
て憲法21条1項（以下「憲法」法名省略）により保障
される。

⇦○保護範囲OK

(2)　次に，国家公務員法102条1項は，政治的行為を行
うことを禁止し，これに違反した場合には処罰される
ことがあるから上記自由は事実上制約されている。

⇦○制約OK

(3)　もっとも，上記自由も無制約ではなく，憲法が公務
員関係の存在と自律性を憲法秩序として予定している
（15条）ことから一定の制約を受ける。

⇦○制約原理を公務員関係の存在
と自律性に求めることができて
いる

(4)　では，本件制約はいかなる場合に正当化されるか。
まず，本件自由は言論活動を通じて人格を形成する
という自己実現の価値と，言論活動を通じて民主制の
過程に関与するという自己統治の価値を有する。また，
ポスターを掲示することは，便利かつ効果的な表現手
段である。そうだとすれば，このような自由は重要で
ある。

⇦○権利の重要性について，評価
を加えつつ論じられている

さらに，本件制約は政治的な内容に着目した規制で
あり，かつ，違反した場合には処罰されるから制約態
様も強度である。

そこで，①目的がやむにやまれぬもので，②手段が
必要不可欠かつ必要最小限度と認められる場合にかぎ
り，上記制約は正当化されると考える。

(5)　本件についてみると，国家公務員法102条1項の目
的は，公務員の政治的中立性を確保することにある。
そして，行政の中立的運営と国民の信頼を確保するた
め，公務員の政治的中立性を確保することはやむにや
まれぬ目的といえる。

次に，「政治的行為」とは，21条の重要性にかんが
み，実質的にみて政治的中立性を損なうおそれがある
行為をいうところ，このような行為を禁止することは
公務員の政治的中立性を確保するために必要不可欠で
あるし必要最小限といえる。

⇦○限定解釈の姿勢を見せること
ができている

(6)　したがって，本件制約は正当化され，国家公務員法
102条1項は合憲である。

2　次に，Aの行為は「政治的行為」にあたらず，Aを処
罰することは違憲とならないか。

⇦○適用違憲OK

まず，Aは郵便局で機械的な事務作業という影響力が
弱い業務に従事していた。次に，Aは勤務時間外に選挙
用ポスターわずか6枚を公営掲示場に掲示したにすぎな
い。そうだとすれば，Aの行為は実質的にみて政治的中

立性を損なうおそれがある行為といえず「政治的行為」　45
にあたらない。
　　　したがって，Aの行為を処罰することは違憲である。
第2　設問(2)
　1　裁判所法52条1号はCの集会で発言をする自由を侵害
　　し違憲ではないか。　50
　(1)　まず，上記自由は「表現」の自由として21条1項に
　　　より保障される。

⬅○保護範囲OK

　(2)　次に，裁判所法52条1号は「積極的に政治運動」を
　　　することを禁止し，違反した場合には懲戒される可能
　　　性があるから上記自由は事実上制約されている。　55

⬅○制約OK

　(3)　もっとも，上記自由も無制約ではなく，前述と同様
　　　一定の制約を受ける。そこで，本件制約が正当化され
　　　るか。
　　　　まず，上記自由は自己実現自己統治の価値を有する。
　　　次に，集会での発言により思想内容を多数のものに効　60
　　　果的に伝達することができる。そうだとすれば，上記
　　　自由は重要である。さらに，本件制約は内容に着目し
　　　たものであるし，違反した場合には処罰される可能性
　　　があるから規制態様も強度である。そこで，前述の①
　　　②の場合にかぎり制約は正当化される。　65

⬅○権利の重要性，規制態様について，具体的に論じることができている

　(4)　本件についてみると，裁判所法52条1項の目的は，
　　　司法権の独立を図ることにあるところ，これは憲法上
　　　の要請（76条3項）であるためやむにやまれぬ目的で
　　　ある。

⬅△設問(1)との対比の姿勢を見せたい

　　　　次に，「政治運動」とは，実質的にみて司法権の独　70
　　　立を害する行為をいうところ，このような行為を禁止
　　　することは司法権の独立を図るうえで必要不可欠かつ
　　　必要最小限といえる。
　(5)　したがって，本件制約は正当化され，裁判所法52条
　　　1号は合憲である。　75
　2　次に，Cの行為は「政治運動」にあたらず，処罰する
　　ことは違法ではないか。
　　　　たしかに，Cは一般客として出席し，具体的な政治的
　　　な発言もしていないことから，政治的中立性は損なわれ
　　　ないとも思える。しかし，刑事裁判を担当している判事　80
　　　補がみずからの身分を明かしたうえで，組織犯罪対策三
　　　法案に反対する集会に出席したこと，および，「所長か
　　　ら警告を受けたので取りやめる」との意味深な発言をし
　　　たという事情に照らせば，実質的にみて司法権の独立を
　　　害する行為といえる。　85
　　　　したがって，Cの行為は「政治運動」にあたり，処罰
　　　することは適法である。

⬅△正しくは「合憲」である

　　　　　　　　　　　　　　　　　　　　　　　　　　以上

答案作成上の注意点

　本問は，公務員の政治活動の自由に関する問題である。設問(1)は，堀越事件判決（最判平成24年12月7日〔百選Ⅰ13事件〕）をベースに解答することが考えられるが，猿払事件上告審（最大判昭和49年11月6日〔百選Ⅰ12事件〕）をベースに論じてもよいであろう。堀越事件判決は，「政治的行為」とは，公務員の職務の遂行の政治的中立性を損なう現実的かつ実質的なおそれの認められるものをいうとして，文言の限定解釈を行うことにより，法令を合憲としている。

　なお，国家公務員法102条1項を合憲とした場合には，適用違憲についても論じることとなるため，注意が必要である。立法事実と司法事実とを明確に区別することが求められる。

　設問(2)は寺西判事補戒告事件（最大決平成10年12月1日〔百選Ⅱ177事件〕）をベースにした問題である。ポイントは，設問(1)で言及した公務員の人権制約原理が，裁判官の場合には妥当しないのではないかという点である。

答案構成

第1　設問(1)
1　国家公務員法102条1項は，憲法21条に反し，違憲でないか
　(1)　まず，選挙用ポスターを掲示することは，「表現」にあたる
　(2)　そして，「政治的行為」を処罰対象としており，表現の自由を制約
　(3)　もっとも，憲法が公務員関係の自律性を憲法秩序の構成要素としていることを根拠に，必要最小限度の制約を受ける
　　ア　権利の重要性，規制態様から，厳格審査基準
　　イ　目的は，公務員関係の自律性を維持するうえで，必要不可欠
　　　しかし，「政治的行為」とは，政治的中立性を損なう現実的かつ実質的なおそれの認められるもの
　　　そのため，目的達成において必要最小限度
　　　よって，合憲
　2　もっとも，Aの本件行為は，「政治的行為」にあたらない
　3　以上より，21条1項に違反する
第2　設問(2)
　1　政治集会で発言する自由は，「表現の自由」（21条1項）として保障

　　そこで，裁判所法52条1号は憲法21条1項違反か
　(1)　この点，裁判官は公務員関係の存在と自律性維持という制約根拠が妥当しない
　　　もっとも，必要最小限度の規制は許される
　　　そして，表現内容中立規制だから中間審査基準
　(2)　まず，司法権の独立・裁判への国民の信頼を維持する等の目的は重要
　(3)　次に，裁判官は，強い身分保障（78条等）のもと，特別の地位にある
　　　そして，裁判所法52条1号は「積極的に政治運動」をすることのみを禁止
　　　とすると，効果的かつ過度でない手段
　(4)　よって，裁判所法52条1号は合憲
　2　としても，Cの発言行為は，「積極的に政治運動をすること」にあたらないか
　(1)　この点，Cは一般客として参加し，組織犯罪対策三法案には触れていないから「積極的に政治運動をすること」にあたらない
　(2)　よって，Cを懲戒することは，21条1項に違反

　　　　　　　　　　　　　　　　　　　以上

【参考文献】
試験対策講座6章2節②【1】，19章2節③【2】。判例シリーズ8-1事件，8-2事件，87事件。条文シリーズ3章■序説⑤3(1)。

第3問 A　私人間効力，団体の構成員の信教の自由

　特定の宗教の信者であるXは，居住する地区の住民等で組織する地域自治会Yの構成員である。Yの一般会計からは町内にあるA神社に関する費用が支出されており，Yはこれらの費用の分も含めて自治会費を一括して各世帯から徴収していた。

　Xは，このような徴収方法はXの信教の自由を侵害するとして，A神社に関する費用を控除した額の自治会費を支払う旨の申入れをしたところ，Yは，Xから自治会費を徴収しない旨回答し，以後Xを構成員として扱わなくなった。そこで，Xは，Yに対して，Yの行為はXの信教の自由を侵害するものであると主張し，不法行為に基づく損害賠償請求訴訟を提起した。上記事案に含まれる憲法上の問題について論ぜよ。

　なお，Yは地縁による団体として地方自治法第260条の2に基づき法人格を取得しており，事実上全戸加入制の運用がなされている。

【論　点】
1　私人間効力
2　団体の構成員の信教の自由

答案構成用紙

答案例

1　本問では、Xは、A神社に関する費用を控除した額の自治会費を支払う旨の申入れをしたにもかかわらず、Yは、これを拒否し、以後Xを構成員として扱わなくなっている。 ➡問題点の抽出

　　そこで、Yの行為は、Xの信教の自由を侵害し、違憲ではないか。　5

2　まず、信教の自由の内容として、信仰の自由が含まれる。 ➡保護範囲
そのため、Xの特定の宗教を信仰する自由は、信教の自由（憲法20条1項前段。以下「憲法」法名省略）として保障される。

　　そして、Yの行為は、特定の宗教の信者であることを理　10 ➡制約
由にXを不利益に扱うものであり、Xの信教の自由を制約するものである。

3　Yは、地方自治会という私人であるところ、憲法の人権 ➡問題点の抽出
規定は、伝統的には、公権力との関係で国民の権利・自由を保護するものと捉えられてきた。　15

　　そこで、憲法の人権規定は私人間にどのように適用され ➡論点の問題提起
るかが問題となる。

(1)　この点について、現代社会においては、社会的権力による人権侵害から人権を保護する必要性があり、かつ、憲法は公法・私法を包括した全法秩序の基本原則である。　20

　　そうだとすれば、憲法の人権規定は私人間にもなんらかのかたちで適用されるべきである。

　　もっとも、人権規定の直接適用を認めると、市民社会の原則である私的自治が広く害されるおそれがある。

　　そこで、私法の一般条項を媒介にして、憲法の人権規　25 ➡規範定立（間接適用説）
定は間接的に適用されると考える（間接適用説、三菱樹脂事件に同旨）。

(2)　そうすると、本問では、Yの行為が違法なものとして不法行為（民法709条）にあたるかが問題となる。

4　そこで、Yの行為はXの信教の自由を侵害し違法なもの　30 ➡問題提起
として、不法行為にあたるか、私的団体の行為が構成員の信教の自由を侵害するか否かを検討する。

(1)　たしかに、信仰は、人間の人格的生存にとって重要な意味をもつものであることから、私人間においても法的に保護される利益というべきである。　35

　　しかし、私的団体は、あくまで任意の「結社」（21条1項）である以上、その構成員に対して特定の宗教上の行為への参加等を強制したとしても、それがただちに構成員の信教の自由を侵害するものとはいえない。

　　そこで、私的団体の行為が構成員の信教の自由を侵害　40 ➡規範定立
するか否かは、比較衡量によって決すべきである。

　　具体的には、①団体の性質、②構成員に要請される協力義務の性質、および③構成員の被る不利益等を総合的に考慮して判断すべきと解する。

(2) これを本件について検討する。　　　　　　　　　　　　45　➡️あてはめ

　ア　まず，事実上全戸加入制の運用により住民等の加入
　　するか否かの自由は制限されている。

　　　そして，地方自治法260条の2に基づき法人格を取
　　得した団体は，「正当な理由がない限り，その区域に
　　住所を有する個人の加入を拒んではならない」（地方　50
　　自治法260条の2第7項）ことから公共的性格も有す
　　る。

　　　そうであれば，①Yは，任意加入団体とはいえ，強
　　制加入団体に準ずる性質を有するといえるから，その
　　構成員には，さまざまの思想・信条を有する者が存在　55
　　することは当然に予定されており，構成員の協力義務
　　には限界がある。

　イ　次に，神社は神道と密接に関連する宗教施設であっ
　　て，これに対して費用を支出することは，間接的にで
　　はあっても，神道を援助する趣旨であるといえる。　　60

　　　そして，自治会費の徴収とA神社に関する支出との
　　間には具体的な関連性が認められる。

　　　そうであれば，②Xに要請される協力義務の性質は，
　　事実上宗教上の行為への参加を強制するものといえる。

　ウ　さらに，Yは，地域自治会であって，通常，当該地　65
　　区における住民の地域生活に密着した共同活動やサー
　　ビスを行っている。

　　　そうであれば，③Xの被る不利益は，地域自治会の
　　構成員として扱われずこれらの便宜を受けないという
　　重大なものといえる。　　　　　　　　　　　　　　　70

　エ　以上を総合的に考慮して判断すると，Yの行為は，
　　Xの信教の自由を侵害し違法なものとして，不法行為
　　にあたるといえる。

(3) よって，Yの行為は，Xの信教の自由を侵害し，違憲　　➡️結論
　である。　　　　　　　　　　　　　　　　　　　　　　75

　　　　　　　　　　　　　　　　　　　　　　　　以上

1　本問において，自治会Yの措置は，宗教上の主張を理由
にXを不利益に扱うものといえる。
　　そこで，Xの信教の自由の侵害を理由とする不法行為に
基づく損害賠償請求が認められないかが憲法上問題となる。
2　まず，信教の自由は20条1項によって保障される。　　　5
3(1)　としても，Yは私人であることから，信教の自由を主
　　張しうるか，憲法規定が私人間にも適用されるかが問題
　　となる。
(2)　思うに，私的自治を尊重しつつ人権保障を図るため，
　　私法の一般条項に憲法の趣旨を取り込んで解釈していく
　　べきである（間接適用説，判例に同旨）。　　　　　　10
(3)　本問においては，不法行為（民法709条）の解釈に憲
　　法20条1項の趣旨を取り込んでいくことになる。
4(1)　では，Yの措置は違法性を有するか。
(2)ア　この点，法人たる自治会Yも性質上可能な限り人権　15
　　享有主体性が認められる（地方自治法260条の2第1
　　項）。
　　　とすれば，自治会Yにも，性質上結社の自由（憲法
　　21条1項）に基づいて構成員に対する統制権が認めら
　　れる。　　　　　　　　　　　　　　　　　　　　　20
　　　一方，構成員たるXにも，信教の自由が認められて
　　いる。
　イ　そこで，両者とも個人の尊厳（13条前段）に由来す
　　る重要な人権である以上，等価値的な比較衡量によっ
　　て決すべきである。　　　　　　　　　　　　　　　25
　　　具体的には，①団体の性質・目的，②構成員の制約
　　される権利の性質・程度を考慮し，構成員の被る不利
　　益が団体の利益を上回る場合には，違法性を有すると
　　解すべきである。
(3)ア　①団体の性質・目的　　　　　　　　　　　　　　30
　　　この点，自治会Yは，その地域住民の相互扶助を図
　　るべく認められた任意的団体に過ぎないとも思われる
　　（地方自治法260条の2第6項参照）。
　　　しかし，かかる地域自治会は自治体が住民への行政
　　サービスを提供する手段として機能する側面が否定　　35
　　しえず，単純に任意的団体と割り切ることはできない。
　　　そして，そのことは「事実上全戸加入制の運用」が
　　なされていることからも推察される。
　　　とすれば，自治会Yは実質的に強制加入団体と同視
　　することができる。　　　　　　　　　　　　　　　40
　　　そして，かかる団体の性質上，さまざまな思想・信
　　条を有する構成員が加入することが予測され，各構成
　　員の利益に配慮した団体運営が求められる。
　イ　②構成員の制約される権利の性質・程度

←○問題点の抽出OK

←○少しくどいが，問題の所在
OK

←△正しくは「憲法20条1項前段」
である
←○問題点の抽出・問題の所在
OK

←○コンパクトな論証である

←○間接適用説の位置づけをよく
理解している

←△結社の自由で「統制権」とい
う用語を用いるのは疑問（cf.
組合の統制権）

←○規範・等価値的比較（利益）
衡量論OK
←△「憲法13条前段」のほうが望
ましい
←○具体的な判断要素が示されて
おり，好印象

←○以下，丁寧なあてはめがなさ
れている

←△論旨不明瞭

←○問題文の事実を使っている

←○団体の性質OK

この点，自治会Yは自治会費を徴収しない旨回答しており，Xの信教の自由は直接的には侵害されていないとも思える。 45

⬅△正しくは「回答しているにすぎず」である

しかし，Xは自治会費を徴収されない代わりに自治会Yから除外されるという不利益を被っている。

⬅×規範と対応していない。制約される権利の性質・程度についてあてはめをすべき

そして，この結果として，地域住民としての生活に何らかの支障が出るおそれがあり，特に「事実上全戸加入制の運用」がなされている場合にはそのおそれは切実なものとなる。 50

とすれば，かかる措置は，Xの宗教上の主張を理由にXに不利益を課すものであり，Xの信教の自由を侵害するものと評価できる。 55

ウ 以上より，A神社に関する費用とその他の自治会費用を区別し徴収する等の代替的手段が考えられるにもかかわらず，自治会Yは構成員への配慮を怠り，その結果Xの信教の自由が侵害されている。 60

⬅△規範と対応していない

よって，構成員の不利益が団体の利益を上回る場合といえ，自治会Yの措置は違法性を有する。

5 したがって，Xの信教の自由への侵害を理由とする不法行為に基づく損害賠償請求は認められる。

⬅○問いに応える姿勢OK

以上 65

答案作成上の注意点

　本問は，佐賀地判平成14年4月12日（判時1789号113頁）を題材とする問題である。

　解答にあたっては，いきなり私人間効力の論点に飛びついてしまわないように注意する必要がある。Yはあくまで自治会費不払を理由にXを構成員として扱わなかっただけで，直接Xの信教の自由を妨げてはいない。一言でよいので，問題文の事実からXの自由への制約があることを認定してほしい。

　私人間効力については，あくまで前提論点にすぎないので，キーワードと判例を端的に指摘すれば十分である。ただし，民法709条の指摘は忘れないでほしい。

　判断基準については，比較衡量を用いることとなろうが，具体的判断基準を示さないままに答案を作成すると，あてはめにおいて説得的な答案とならない。そのため，裸の比較衡量を行うのではなく，具体的判断基準や判断要素を的確に指摘するほうがよいであろう。

答案構成

1　Yの行為はXの信教の自由を侵害し違憲ではないか

2　まず，Xの特定の宗教を信仰する自由は，信教の自由（20条1項前段）として保障される

　　また，Yの行為はXの信教の自由に対する制約

3　Yは私人であるため，私人間効力が問題
　(1)　現代社会では，社会的権力による人権侵害から人権を保護する必要性があり，かつ，憲法は全法秩序の基本原則

　　　とすれば，なんらかのかたちで適用

　　　もっとも，直接適用を認めると，私的自治が広く害されるおそれ

　　　そこで，私法の一般条項を媒介にして，憲法の人権規定を間接的に適用
　(2)　すると，Yの行為が違法なものとして不法行為（民法709条）にあたるかが問題

4　そこで，Yの行為は違法なものとして不法行為にあたるか，私的団体の行為が構成員の信教の自由を侵害するかを検討
　(1)　たしかに，信仰は，人間の人格的生存に重要だから，私人間でも法的に保護される利益

　　　しかし，私的団体は，あくまで任意の「結社」である以上，構成員に特定の宗教上の行為への参加等を強制しても，ただち

に信教の自由を侵害するものとはいえない
　　　そこで，比較衡量によって決すべき

　　　具体的には，①団体の性質，②構成員に要請される協力義務の性質，③構成員の被る不利益等を総合的に考慮
　(2)　あてはめ
　ア　まず，Yでは事実上全戸加入制の運用により加入するか否かの自由は制限

　　　そして，地方自治法260条の2の法人格を取得した団体は公共的性格

　　　すると，①Yは，強制加入団体に準ずるため，協力義務には限界あり
　イ　次に，神社は神道と密接に関連する宗教施設であって，これに費用を支出することは，神道を援助する趣旨

　　　そして，自治会費の徴収とA神社に関する支出との間には具体的な関連性

　　　すると，②要請される協力義務の性質は，事実上宗教上の行為への参加強制
　ウ　さらに，Yは，住民の地域生活に密着した共同活動やサービスを行っている

　　　すると，③Xの不利益は，重大
　エ　以上を総合的に考慮すると，Yの行為はXの信教の自由を侵害し違法なものとして，不法行為にあたる
　(3)　よって，Yの行為は，Xの信教の自由を侵害し，違憲　　　　　　　　　以上

【参考文献】

試験対策講座6章3節，8章2節②。判例シリーズ5事件，6事件，7事件。条文シリーズ3章■序説④2(2)(b)(ii)・⑥。

第4問 B⁺ プライバシー権

> 　私立A女子高校は，教員としてBを採用するか否かを決定するにあたり，Bの未成年者に対する性犯罪の前科を調査することとし，犯罪歴に関する記録を保管するC官庁に対して，Bの上記前科を開示するよう求めたところ，C官庁はこれに応じ，Bの前科を開示した。
> 　この事案に含まれる憲法上の問題点について論ぜよ。

【論　点】
1　前科をみだりに公表されない権利（プライバシー権）
2　プライバシー権と知る権利との調整

答案構成用紙

答案例

1　C官庁によるBの性犯罪の前科の開示は，Bのプライバシー権を不当に制約するものとして，違憲ではないか。	➡事案の問題提起
2　まず，プライバシー権のような新しい人権は，憲法14条以下（以下法名省略）に列挙されていない。	➡問題の所在
そこで，プライバシー権が保障される憲法上の根拠が問題となる。	➡論点の問題提起

(1)　この点について，13条後段の幸福追求権は，個人の人格的生存に不可欠な利益を内容とする権利の総称をいうと解する。 ➡大前提（人格的利益説・芦部121頁）

　　そして，情報化の進んだ現代においては，自己に関する情報が自己の関与しないところで用いられると，人格的自律が害される。 ➡小前提

　　そうだとすると，プライバシー権は，自己に関する情報をコントロールする権利として，個人の人格的生存に不可欠な利益といえる。 ➡大前提のフレーズを使う

　　したがって，プライバシー権は，13条後段を根拠として保障されると解する。 ➡三段論法の帰結・論点の結論（論点の問題提起に対応させる）

(2)　そうだとしても，犯罪の前科をみだりに公開されない利益が，プライバシー権に含まれるかが問題となる。 ➡論点の問題提起

　　たしかに，犯罪の前科は，訴訟記録としていったんは公開されるため，私的な事柄とはいいにくいものである。 ➡対立利益

　　しかし，前述のように，プライバシー権は，私的な事柄の秘匿にとどまらず，広く自己に関する情報をコントロールする権利である。 ➡情報プライバシー権の内容

　　そうであれば，犯罪の前科は，その者の過去の経歴の一内容であるから，自己に関する情報としてコントロールすべき要請がはたらくといえる。 ➡犯罪の前科の内容

　　したがって，犯罪の前科をみだりに公開されない利益は，プライバシー権に含まれると解する。 ➡論点の結論（論点の問題提起に対応させる）

3　そして，私立A女子高校が，C官庁に対して，Bの未成年者に対する性犯罪の前科を開示するように求めたところ，C官庁はこれに応じ，Bの前科を開示している。そのため，Bのプライバシー権が制約されている。 ➡制約

4　もっとも，上記制約は「公共の福祉」（12条後段，13条後段）によるものとして正当化されないか。プライバシー権に対する制約の違憲審査基準が問題となる。 ➡問題提起

(1)　たしかに，プライバシー権は，個人の尊厳（13条前段）に直結する重要な意義をもつものである。 ➡プライバシー権の価値

　　しかし，プライバシーに関する情報であっても，公の情報という側面を有することもあるから，国民の知る権利（21条1項参照）の充足という観点からの制約を受ける。 ➡知る権利の価値

　　そして，情報の受け手と送り手が分離・固定化している現代社会においては，「表現の自由」（21条1項）を受け手の側から再構成した知る権利は，できるかぎり尊重 ➡知る権利の位置づけ

されるべきである。

　　そうだとすれば，プライバシー権と知る権利との間で
は，容易にその優劣を決することはできない。

　　そこで，①プライバシーに関する情報が開示されるこ
とによって得られる利益と，②失われる利益とを比較衡
量して決すべきであると解する。

（2）これを本件について検討する。

　ア　まず，高校の教員は，多数の未成年者の生徒を指
　　導・教育する職業である。

　　　そして，Aのような私立学校においては，その教育
　　方針を維持するため，独自の採用基準を設けて，教員
　　に対して高い廉潔性を求めることも合理的である。

　　　そうすると，Aは，就職希望者が生徒に対して健全
　　な対応ができるか否か，という教員としての適性を有
　　しているかを見極める必要がある。

　　　さらに，Aが就職希望者の未成年者に対する性犯罪
　　の前科を知ることは，Bに教員としての適性があるか
　　の判断をするうえできわめて有益である。

　　　そうだとすれば，①Bの性犯罪の前科が開示される
　　ことによって得られる利益はきわめて大きい。

　イ　他方で，たしかに，犯罪の前科は，プライバシーに
　　関する情報のうちでももっとも他人に知られたくない
　　もののひとつである。

　　　しかし，Bは，みずから女子高校に教員としての採
　　用を希望する者であるし，しかも，開示されたのは，
　　その判断材料となる未成年者に対する性犯罪歴にかぎ
　　られている。

　　　そうだとすれば，このようなきわめて限定された範
　　囲にかぎってAに前科を知られることも，やむをえな
　　いということができる。

　　　そのため，②Bの性犯罪の前科が開示されることに
　　よって失われる利益は，必ずしも大きいとはいえない。

　ウ　以上より，①Bの性犯罪の前科が開示されることに
　　よって得られる利益は，②失われる利益を上回るもの
　　であるといえる。

（3）したがって，C官庁の処分は，「公共の福祉」（12条後
　段，13条後段）による制約として正当化される。

5　よって，C官庁の処分は，Bのプライバシー権（13条後
　段）を不当に制約するものではなく，合憲である。

　　　　　　　　　　　　　　　　　　　　　　　以上

→両価値の調整

→規範・比較衡量論（論点の問題提起に対応させる）

→あてはめ
→①得られる利益について

→私立学校の特殊性

→②失われる利益について

→比較衡量の結論

→三段論法の帰結（事案の問題提起に対応させる）

→問いに答える（1行目の問題提起に対応させる）

第1　CがBの前科を開示したことはBの前科を開示されない権利を侵害し違憲違法か以下検討する。

1　まず，前科を開示されない自由が憲法上保障されるか検討するに，人権の固有性および人権のインフレ化防止という観点から人格的生存に不可欠な権利は13条により保障されると考えられるところ，情報がすぐに流通してしまう現代社会において，自己の前科が開示されないという権利は人格的生存に不可欠といえる。

したがって，前科を開示されない権利は13条により保障される。

2　次に，前科は他人に知られたくない事柄であるし，Bの前科は一般人が知らないものであるところ，CはこれをA女子高校に開示しているから，Bの上記権利に対する制約もある。

3　では，このような制約は「公共の福祉」（13条）によるものとして正当化されるか。

この点，前科もちであると認識されると，多くの人から偏見の目でみられ人格的自律が著しく害されることになる。そうだとすれば，前科を開示されない権利は重要な権利である。また，情報がすぐに流通する現代社会において，前科が開示されてしまうと多くの人に知られてしまうおそれがあるうえ，Bの許可なく開示しているから制約の態様も強度である。そこで，①目的がやむにやまれぬもので，②手段が必要不可欠かつ必要最小限度と認められる場合にかぎり，上記制約は正当化されるものと解する。

4　本件についてみると，本件開示の目的は性犯罪の前科のある者が女子高校の教員となることを防止することで女子高生の安全を確保することにある。そして，高校生は一般的に精神的に未熟であるため，性犯罪に遭遇するとその後の人生が大きく害されてしまう。そうだとすれば，性犯罪の前科のある者が女子高校の教員となることを防止することで女子高生の安全を確保する目的はやむにやまれぬものといえる。

次に，たしかに，性犯罪の前科があるBが改めて性犯罪を行うとはかぎらない以上，Bの前科を開示することは女子高生の安全を確保するという目的との関係で適合せず，必要不可欠な手段ではないとも思える。

しかし，性犯罪の再犯率が類型的に高いことおよび教員が女子高生を支配できる立場にあることを考慮すると，Bが教員としての適性を判断させるため，前科を開示することは女子高生の安全を確保するために必要不可欠な手段といえる。

さらに，たしかに，前科を開示しなくても，Bに毎日

――

5

10

15

20

25

30

35

40

――

← ○13条後段の権利の保護範囲が明確に定義されている

← △「憲法13条後段（以下法名省略）」のほうが望ましい
← △プライバシー権との関係の言及がほしい

← △正確には「12条後段，13条後段」である

← ○情報開示による事後回復の困難性を言及できている

← ○開示による利益を自分なりに評価できている

← △正確には「Bが教員として適性があるか否かを判断するため」である

の高校での行動を報告させ，また，教員が相互に日頃の　45
行動を監視していれば，女子高生の安全を確保すること
ができるため，必要最小限の手段ではないとも思える。

　しかし，Bが日頃の行動を正確に報告するとはかぎら
ないし，また，性犯罪は体育倉庫のような密室で行われ
るため教員の相互監視だけでは女子高生の安全を確保で　50
きない。そうだとすれば，事前にBの前科を開示して，
教員としての適性を判断させることは女子高生の安全を
確保するために必要最小限の手段といえる。

　したがって，本件制約は「公共の福祉」による制約と
して正当化される。　55
第2　よって，CがBの前科を開示したことは13条に違反せ
　ず，合憲適法である。

以上

答案作成上の注意点 ▐▐▐

　本問は，Bの前科をみだりに公開されない利益とAの知る権利が衝突する事案である。前科は訴訟記録としていったんは公開される性質のものであるから，Bの主張する上記利益が13条によって保障されるか否かについて，しっかりと検討すべきである。保護範囲の部分を十分に検討することなく，憲法上の権利として保障されていると論じがちであるから，注意が必要である。これを論じるにあたっては，前科照会事件（最判昭和56年4月14日〔百選Ⅰ17事件〕）が参考になる。

　違憲審査基準を定立するにあたっては，Bは私立学校であるため，本問の実質的な対立状況は私人対国の構図ではなく，私人対私人の構図であることを意識すべきである。このことに気づくことができれば，Cの側の主張の背景にも憲法上の権利である知る権利が存在するため，比較衡量の枠組みで論じるべきことを思いつくであろう。なお，本問の事案に類似した判例として，三菱樹脂事件（最大判昭和48年12月12日〔百選Ⅰ9事件〕）がある。

答案構成 ▐▐▐

1　C官庁によるBの前科の開示は，Bのプライバシーを不当に制約し，違憲ではないか
2　まず，プライバシー権が憲法上保障されるか
　(1)　この点について，プライバシー権は，自己に関する情報をコントロールする権利として，個人の人格的生存に不可欠な利益
　　　したがって，プライバシー権は，13条後段を根拠として保障される
　(2)　としても，犯罪の前科を公開されない利益が，プライバシー権に含まれるか
　　　たしかに，犯罪の前科は，私的な事柄とはいいにくい
　　　しかし，プライバシー権は，広く自己に関する情報をコントロールする権利
　　　すると，犯罪の前科は自己に関する情報としてコントロールすべき要請がはたらく
　　　したがって，犯罪の前科を公開されない利益は，プライバシー権に含まれる
3　そして，CはAによるBの未成年者に対する性犯罪の前科の開示の求めに応じ，開示
4　もっとも「公共の福祉」を根拠に，上記制約は正当化されないか
　(1)　たしかに，プライバシー権は，個人の尊厳に直結する重要な意義
　　　しかし，プライバシー権は，国民の知る権利の充足の観点からの制約を受ける
　　　そして，現代社会では「表現の自由」を受け手の側から再構成した知る権利は，で

きるかぎり尊重されるべき
　　　とすれば，両者に優劣なし
　　　そこで，①プライバシーに関する情報が開示されることによって得られる利益と，②失われる利益とを比較衡量
　(2)　あてはめ
　ア　まず，教員は多数の未成年者の生徒を指導・教育する職業
　　　そして，私立高校では，教育方針維持のため，独自の採用基準を設けて，教員に高い廉潔性を求めることも合理的
　　　すると，Aとしては，Bの適性を見極める必要
　　　そして，就職希望者の未成年者に対する性犯罪の前科を知ることは，教員適性を判断するうえできわめて有益
　　　とすれば，①得られる利益は大きい
　イ　他方で，たしかに，犯罪の前科は，もっとも他人に知られたくないもの
　　　しかし，Bは，採用を希望する者であるから，未成年者に対する性犯罪歴にかぎり，知られることもやむをえない
　　　とすれば，②失われる利益は小さい
　ウ　以上より，①得られる利益は，②失われる利益を上回る
　(3)　したがって，Cの処分は，「公共の福祉」による制約として正当化
5　よって，Cの処分は合憲
　　　　　　　　　　　　　　　　　　　　以上

【参考文献】
試験対策講座7章1節①・②【4】，9章1節②。判例シリーズ6事件，11事件。条文シリーズ13条。

X男は，地方公務員であるA女と昭和63年に婚姻し，B市において生活をともにしていた。

　Aが公務により精神障害を発症し，令和2年7月4日に自殺した。同様の事情で地方公務員である夫を亡くした知り合いのC女が遺族補償年金の給付を受けたことを聞いていたXは，地方公務員災害補償基金D支部長Yに対し，地方公務員災害補償法（以下「法」という）32条1項に基づき，遺族補償年金，遺族特別支給金等の支給申請をした。法32条1項は，遺族補償年金の第一順位の受給権者である配偶者の受給要件を定めている。この規定によれば，夫についてのみ，60歳以上でなければならないとの年齢要件が課されることになる。

　Yは，Aが死亡した当時，Xが54歳であり，上述の年齢要件をみたさないとして，Xの支給申請に対し，いずれも不支給とする処分を行った。

　Xは，法32条1項が，妻には年齢要件が課されないのに夫にのみ年齢要件を課することに不満を抱き，法の規定自体が違憲であると考え，Yの不支給処分の取消訴訟を提起した。

　Yが行った不支給処分の憲法上の問題について，論じなさい。

○地方公務員災害補償法（昭和42年法律第121号）（抄録）
（目的）
第1条　この法律は，地方公務員等の公務上の災害（負傷，疾病，障害又は死亡をいう。以下同じ。）又は通勤による災害に対する補償（以下「補償」という。）の迅速かつ公正な実施を確保するため，地方公共団体等に代わつて補償を行う基金の制度を設け，その行う事業に関して必要な事項を定めるとともに，その他地方公務員等の補償に関して必要な事項を定め，もつて地方公務員等及びその遺族の生活の安定と福祉の向上に寄与することを目的とする。
（遺族補償年金）
第32条　遺族補償年金を受けることができる遺族は，職員の配偶者（婚姻の届出をしていないが，職員の死亡の当時事実上婚姻関係と同様の事情にあつた者を含む。以下同じ。），子，父母，孫，祖父母及び兄弟姉妹であつて，職員の死亡の当時その収入によつて生計を維持していたものとする。ただし，妻（婚姻の届出をしていないが，事実上婚姻関係と同様の事情にあつた者を含む。次条において同じ。）以外の者にあつては，職員の死亡の当時次に掲げる要件に該当した場合に限るものとする。
　一　夫（婚姻の届出をしていないが，事実上婚姻関係と同様の事情にあつた者を含む。以下同じ。），父母又は祖父母については，六十歳以上であること。
　　二から四まで　（略）
　2，3　（略）

【資料】（昨今の社会情勢）
　地方公務員災害補償法制定当時，女性の就労は困難であることが多く，特に妻には家庭責任が重くかかっていた。また，男女間の賃金格差も大きいという事情もあった。

　今日でも，女性は男性に比べて労働力率が相当程度低いものとされ，女性は，雇用者数に占める非正規雇用の割合が54パーセントを超えている。これは，男性における非正規雇用の割合の2.5倍近い値である。また，男女間の賃金格差も依然として大きく，女性の賃金額は男性のそれのおおむね74パーセント程度である。さらに，今日では，571万世帯が専業主婦世帯であり，専業主夫世帯数よりはるかに多い。そのため，夫が死亡した場合，専業主婦世帯のみならず共働き世帯においても，妻が独立で生計を維持することができなくなる可能性が高い。他方で，妻が死亡した場合に，夫が独立で生計を維持することができなくなる可能性は，妻が独立で生計を維持することができなくなる可能性と比較して著しく低いものと考えられている。

　他方で，共働き世帯は令和2年時点において1240万世帯であり，専業主婦世帯数を上回って

いる。そのため，今日では，必ずしも専業主婦世帯数が一般的な世帯モデルであるとまではいえない状況にある。また，平成10年以後は男性のほうが女性よりも完全失業率が高い状態が続いているほか，母子家庭であっても，81.8パーセントが就業できている。反面，父子家庭と比較すると，母子家庭の収入は低い水準にとどまっており，男女間の就労状況や賃金格差等は相対的なものになりつつあるとの指摘がある。

【論　点】
1　「法の下」の「平等」の意義
2　14条１項後段該当性
3　社会変遷論

答案構成用紙

答案例

1　YのXに対する遺族補償年金不支給処分は，法32条１項が，女性には課されない年齢要件を男性に課していることによるものである。

　　そこで，法32条１項は，「性別」により，遺族補償年金等の受給権を差別するものであり，「法の下」の「平等」（憲法14条１項。以下「憲法」法名省略）に反し，違憲でないか。

(1)　まず，「法の下」の「平等」とは，どのような意義を有するのかが問題となる。

　　ア　この点について，「法の下」とは，法適用の平等を意味すると解する見解がある（法適用平等説）。

　　　　しかし，法の適用が平等であったとしても，法内容が不平等であるならば，14条１項は空文化してしまう。

　　　　そこで，「法の下」とは，法適用の平等のみならず，法内容の平等をも意味すると解する（法内容平等説）。

　　イ　そして，個々人には，おのずから事実上の差異があることからすれば，「平等」とは，相対的平等を意味し，同一条件・同一事情のもとでは平等的取扱いを要求するものにとどまるものと解する。

　　　　そこで，事柄の性質上，区別取扱いが合理的区別であると認められる場合にかぎり，「法の下」の「平等」に違反せず，合憲となるものと解する。

(2)　では，法32条１項による区別は，合理的区別か。

　　ア　この点について，遺族補償年金・遺族特別支給金の受給権は，公務員たる扶養者を失った遺族の生存権（25条１項）や財産権（29条１項）を保護するものであり，重要である。

　　　　また，法32条１項は，男性にのみ年齢要件を課するものであり，「性別」（14条１項後段）によって，受給要件の区別をしている。そして，「性別」のような14条１項後段列挙事由による区別は，歴史的にみて，不合理な差別事由にあたるものとして規定されたことからすれば，民主主義の理念に照らし，不合理であることが推定される。

　　　　もっとも，遺族補償年金等のような社会保障制度においては，25条の趣旨を実現するために，受給権者の範囲，支給要件，支給金額などに関する区別の設定等について，立法府の広い裁量に委ねられている。このような立法裁量の認められる事柄については，その性質上，立法府の判断を尊重すべきである。

　　　　そこで，①目的が重要であり，②目的を達するうえで区別取扱いが効果的かつ過度でない場合には，法32条１項による区別は，事柄の性質上，合理的区別として許容されると解する。

■問題点の抽出

■問題提起

■論点の問題提起

■「法の下」の意義

■「平等」の意義

■権利の重要性

■14条１項後段列挙事由該当性の指摘

■立法裁量の指摘

■規範定立

イ　これを本件について検討する。　　　　　　　　45　➡あてはめ

　　まず，法32条１項が，男性にのみ年齢要件を課すと　➡目的
いう区別を設けている目的は，受給権を有する遺族の
範囲を，公務員たる職員の死亡の当時その収入によっ
て生計を維持していた者に限定し，さらに，死亡職員
の収入によって生計を維持していた者のうち，一般に　50
独力で生計を維持することが困難であるものに対して
遺族補償年金等を支給することにより，喪失した被扶
養利益を填補してその生活を保護することにある。

　　このような目的は，福祉主義（25条参照）に適合す
るものといえるから，①重要な目的といえる。　　　55

　　次に，区別の態様についてみると，妻に対して年齢　➡別異取扱い
要件を課さないのに対し，夫には60歳以上という年齢
要件を課している。

　　参考資料によれば，法の制定当時，女性の就労が困　➡社会変遷論
難であることが多く，妻に家庭責任がより重くかかっ　60
ていたことに加えて，女性は男性と比べて著しく賃金
が低いという事情があったとされる。そのため，男性
職員が死亡すれば，一般に女性は扶養者を失うことで
経済的に困窮する状況に陥るおそれがあると考えられ
る。したがって，法の制定当時は，一般に独力で生計　65
を維持することが困難であるのは，女性や定年後の男
性にかぎられたと考えられる。

　　しかし，今日では，女性の社会進出が進み，共働き
の世帯数が専業主婦世帯数を上回ったほか，男女間の
就労状況等での格差は相対的なものとなりつつある。　70

　　もっとも，参考資料によれば，女性は男性に比べて
労働力率が相当程度低く，非正規雇用の割合が男性に
比べて多いことに加えて，女性と男性の賃金格差が依
然として存在するといえる。そのうえ，専業主婦世帯
数が専業主夫世帯数に比べてもはるかに多く，夫が死　75
亡した場合，妻が独力で生計を維持することができる
可能性は低い。他方，妻が死亡した場合，夫が独力で
生計を維持することができなくなる可能性は，妻が生
計を維持できなくなる可能性に比べて，圧倒的に低い
ものと考えられる。そのため，一般に独力で生計を維　80
持することが困難であるのは，今日でも女性や定年後
の男性にかぎられるといえる。そうすると，今日でも，
男性にのみ年齢要件を課すことは，②目的を達するう
えで効果的かつ過度ではない。

　　よって，法32条１項による区別は，事柄の性質に照　85
らし，合理的区別として許容される。

2　以上より，法32条１項は，「法の下」の「平等」に反す　➡結論
るとはいえず，合憲である。　　　　　　　　　以上

1　Yが行った不支給処分の根拠となった法32条1項1号は，配偶者の受給要件について夫にのみ年齢要件を課しており，夫と妻を別異に取り扱うものである。

　　そこで法32条1項1号は平等原則（憲法14条1項。以下「憲法」法名省略）に反し違憲であり，このような法律に基づいて行われた処分も違法でないか。　　　　　　　5

2(1)　まず，「法の下」という文言から法適用の平等が導き出される。もっとも，法内容が不平等であってはこれを平等に適用しても平等は実現されないことから，法適用の平等のみならず，法内容の平等をも要求していると考える。　　　　　　　　　　　　　　　　　　　　　10

(2)　また，事実上の差異を無視して均一に取り扱うことはかえって不合理な結果をもたらすことから，「平等」とは相対的平等をいうと考える。

(3)　したがって，恣意的な差別は許されず，法律上の差異　　15　と事実上の差異との関係が，社会通念上合理的でない場合には，「法の下の平等」に反すると考える。

3(1)　では，いかなる基準で区別の合理性を判断すべきか。

(2)　思うに，区別から生じる不利益と区別の基礎に着目して判断すべきであるから，①区別が重要な法的地位に関　　20　係し，②区別の基礎が自己の意思や努力によって変えることができないものである場合には，慎重な検討を要すると考える。

(3)ア　法32条1項1号により，60歳未満の夫は遺族補償年金を受け取ることができない。遺族補償年金は死亡し　　25　た職員の収入によって生計を維持していた者の生活の安定を目的としたものであるところ（法1条），これを受け取ることができなければ遺族は生活に困窮することとなる。したがって，重要な法的地位に関係する（①）。　　　　　　　　　　　　　　　　　　　　　　30

イ　また，夫と妻の区別は性別に基づくものであるところ，今日，性転換は不可能ではないものの，日本では同性婚は認められておらず，既婚の者は自己の意思や努力によって性別を変えることはできない（②）。

ウ　したがって，慎重な検討を要し，㋐目的が重要であ　　35　り，㋑手段が効果的でありかつ過度でない場合には，合理的理由に基づく区別として許容されると考える。

4(1)　法32条1項1号の目的は，遺族の生活の安定を図る点にある。家計を支えていた職員が死亡した場合，その家族の経済状況は急変する。収入は人格的存立の基盤をな　　40　すものであり，これを欠くこととなれば生存権（25条）をも揺るがしかねない。遺族補償年金はこのような事態を防止することを目的としており，このような目的は重要であるといえる（㋐）。

⬅○問題点の抽出OK

⬅○「法の下」の「平等」について解釈ができている

⬅△正しくは「法の下に平等」である

⬅○国籍法違憲判決を意識できている

⬅△立法裁量に言及がない

(2)ア　配偶者の受給要件につき，夫のみに年齢要件を課し
　　妻には年齢要件を課さないことにより，独力で生計を
　　維持することが困難であるものについて遺族補償年金
　　を支給することができる。たしかに，専業主婦世帯数
　　は減少し続け，共働き世帯数を下回っている。そして，
　　共働き世帯は1240万世帯にも達している。もっとも，
　　571万世帯が専業主婦世帯である。また，女性の非正
　　規雇用の割合が54パーセントを超え，男性のそれの
　　2.5倍近い割合にあること，その結果として男女の賃
　　金格差も大きいことに照らせば，現在もなお夫にのみ
　　年齢要件を課し，妻には課さないことは合理性を有す
　　る。したがって，目的達成のためにかかる手段は効果
　　的であるとも思える。

　イ　また，たしかに，母子家庭であっても81.8パーセン
　　トが就業できているものの，これは，若い世代を含ん
　　だ割合であり，専業主婦を続けてきた妻に直接妥当す
　　るものではない。一方で，60歳未満であれば男性はな
　　んらかの職に就き生計を立てることが一般に困難であ
　　るとはいえず，妻が死亡した場合に，夫が独立で生計
　　を維持できなくなる可能性は，妻が独立で生計を維持
　　することができなくなる可能性と比較して著しく低い
　　ものと考えられている。したがって，過度な規制であ
　　るとはいえない。

　　　したがって，手段が効果的であり，過度ではない
　　（イ）。

5　よって，合憲である。

以上

←○問題文の事情を数多く拾えて
　いる

←△事実に対する評価がやや少な
　い

←△一文がやや長い

答案作成上の注意点

　本問は，近年注目を浴びている判例（最判平成29年3月21日〔判時2341号65頁〕）を題材とした問題である。

　平等原則をめぐっては，近時多くの判例や裁判例がでており，実務においても重要なテーマであると考えられる。また，司法試験や予備試験においては，資料を読み解き，答案を作成することが求められる。本問においても，問題文中に別途参考資料を掲げることで，このような形式について練習することができるように配慮している。このような参考資料中には，解答にあたって重要な事実がちりばめられていることが多い。そのため，このような出題形式に慣れつつ，参考資料の使い方を学習していただくべく，出題した。

　平等原則の答案では，自由権型においてみられる三段階審査を用いることはできないとされている。そのため，答案を作成するにあたっては，まず「法の下」の「平等」の意義について解釈を行い，当該区別が合理的区別であるとして許容されるかという二段階の審査を行うことになる。

　本問の題材となった最判平成29年3月21日は，法32条1項は平等原則に違反しないものと判示している。また，原審（大阪高判平成27年6月19日〔判時2280号21頁〕）も，合憲判決をだしている。そのため，答案例においても，合憲の立場によった。もっとも，第一審判決（大阪地判平成25年11月25日〔判時2216号122頁〕）は，法32条1項は平等原則に違反し，違憲であると判示している。そのため，説得的に論じられれば，違憲であるとの結論を採用することもよいであろう。

答案構成

1　法32条1項は，「性別」による差別であり，憲法14条1項に違反しないか
　⑴　まず，「法の下」の「平等」とは，どのような意義を有するのかが問題となる
　　ア　この点について，「法の下」とは，法適用の平等とも
　　　　しかし，不平等の結果となる
　　　　そこで，「法の下」とは法内容の平等
　　イ　そして，個々人には，おのずから事実上の差異があることからすれば，「平等」とは，相対的平等
　　　　そこで，事柄の性質上，区別取扱いが合理的区別であると認められる場合にかぎり，合憲
　⑵　では，法32条1項は，合理的区別か
　　ア　この点について，遺族補償年金等の受給権は，権利として重要
　　　　また，「性別」による区別は，歴史的にみて不合理
　　　　他方，社会保障分野に関する立法裁量
　　　　そこで，①目的が重要で，②手段が効

果的かつ過度でない場合にかぎり，正当化
　　イ　これを法32条1項について検討
　　　　目的は，一般に独力で生計を維持することが困難であるものを保護すること
　　　　このような目的は，福祉主義（25条参照）に適合し，①重要
　　　　参考資料によれば，立法当時における一般に独力で生計を維持することが困難な者とは，主に女性や定年後の男性
　　　　これは，今日までに多少の社会状況の変遷があるとしても，なおあてはまる
　　　　そのため，今日においても区別取扱いの合理性は失われているものとはいえないから，②区別取扱いが効果的かつ過度でないといえる
　　　　よって，法32条1項による区別は，事柄の性質に照らし，合理的区別として許容
2　以上より，法32条1項は，憲法14条1項に違反せず，合憲である　　　　　　　　　以上

【参考文献】
試験対策講座7章2節②・③【1】⑶。条文シリーズ14条。

Xは，東京都A市立B小学校に勤務する音楽専科の教諭である。Xは，ⓐ「君が代」が過去の日本のアジア侵略と結びついており，これを公然と歌ったり，伴奏したりすることはできない，ⓑ子どもに「君が代」がアジア侵略で果たしてきた役割等の正確な歴史的事実を教えず，子どもの思想および良心の自由を実質的に保障する措置をとらないまま「君が代」を歌わせるという人権侵害に加担することはできないという考えを有している。

　XがB小学校に転任してきた令和3年4月1日当時，公立小学校における卒業式および入学式において，国家斉唱として「君が代」が斉唱されることが広く行われていた。B小学校でも，かつて卒業式および入学式において，「君が代」の斉唱がテープ伴奏によって行われ，平成29年3月以降は音楽専科の教諭によるピアノ伴奏で「君が代」の斉唱が行われていた。B小学校の校長（以下「校長」という）は，令和3年4月6日に行われる入学式（以下「本件入学式」という）においても，式次第に「国歌斉唱」を入れて音楽専科の教諭によるピアノ伴奏で「君が代」を斉唱することとした。

　同月5日，本件入学式の最終打合せのための職員会議が開かれた際，Xは事前に校長から国歌斉唱の際にピアノ伴奏を行うよう言われた。しかし，Xは，上記ⓐおよびⓑの考えを有していることから，自分の思想，信条上，これを行うことはできない旨発言した。B小学校には「君が代」のピアノ伴奏ができる他教科の教諭が複数いるため，Xは他の教諭がピアノ伴奏を行うことを提案したが，校長はXに対し本件入学式の国歌斉唱の際にピアノ伴奏を行うよう命じたため，Xは，これに応じない旨を返答した。

　校長は，同月6日午前8時20分過ぎころ，校長室において，Xに対し改めて本件入学式の国歌斉唱の際にピアノ伴奏を行うよう命じた（以下，校長の上記2度の命令を「本件職務命令」という）が，Xはこれに応じない旨を返答した。

　同日午前10時，本件入学式が開始され，Xは新入生の入場に合わせて入場曲のピアノ伴奏を行った。司会者は，開式の言葉を述べ，続いて「国歌斉唱」と言ったが，Xはピアノの椅子に座ったままであった。校長は，Xがピアノを弾き始める様子がなかったことから，約10秒間待った後，あらかじめ用意しておいた「君が代」の録音テープにより伴奏を行うよう指示し，これによって国歌斉唱が行われた。

　Y（東京都教育委員会）は，Xに対し，同年6月11日付けで，Xが本件職務命令に従わなかったことが地方公務員法32条に違反するとして，地方公務員法29条1項1号および3号に基づき，戒告処分をした。

〔設問〕

校長のXに対する本件職務命令の憲法上の問題点について論じなさい。

【資料1】地方公務員法（昭和25年法律第261号）（抄録）

第1章　総則

（この法律の目的）

第1条　この法律は，（中略）地方公共団体の行政の民主的かつ能率的な運営並びに特定地方独立行政法人の事務及び事業の確実な実施を保障し，もって地方自治の本旨の実現に資することを目的とする。

第5節　分限及び懲戒

（懲戒）

第29条　職員が次の各号の一に該当する場合においては，これに対し懲戒処分として戒告，減給，停職又は免職の処分をすることができる。

　一　この法律若しくは第57条に規定する特例を定めた法律又はこれに基く条例，地方公共団

体の規則若しくは地方公共団体の機関の定める規程に違反した場合
　二　職務上の義務に違反し，又は職務を怠った場合
　三　全体の奉仕者たるにふさわしくない非行のあった場合
2〜4　（略）
第6節　服務
（服務の根本基準）
第30条　すべて職員は，全体の奉仕者として公共の利益のために勤務し，且つ，職務の遂行に
　当っては，全力を挙げてこれに専念しなければならない。
（法令等及び上司の職務上の命令に従う義務）
第32条　職員は，その職務を遂行するに当って，法令，条例，地方公共団体の規則及び地方公
　共団体の機関の定める規程に従い，且つ，上司の職務上の命令に忠実に従わなければならな
　い。

【資料2】学校教育法施行規則（抄録）
第52条　小学校の教育課程については，この節に定めるもののほか，教育課程の基準として文
　部科学大臣が別に公示する小学校学習指導要領によるものとする。

【資料3】小学校学習指導要領（平成29年文部科学省告示第93号）（抄録）
第6章　特別活動
第3　指導計画の作成と内容の取扱い
1，2　（略）
3　入学式や卒業式などにおいては，その意義を踏まえ，国旗を掲揚するとともに，国歌を斉
　唱するよう指導するものとする。

【論　点】
1　「思想」（19条）の意義
2　思想・良心の自由に対する制約

答案構成用紙

答案例

1　校長によるXに対する本件職務命令は，Xの内心に反して「君が代」の伴奏を強制されない自由（以下「本件自由」という）を侵害し，憲法19条（以下「憲法」法名省略）違反し，違憲とならないか。

(1)「思想」とは，個人の世界観や歴史観およびこれに由　　5 来する社会通念上の信念をいうところ，Xの@，ⓑという考え方は，「君が代」が過去の日本において果たした役割に関わるX自身の歴史観・世界観であるから，「思想」にあたる。したがって，本件自由は，思想・良心の自由の性質を有し，19条により保障される。　　　　10

(2)ア　もっとも，小学校の入学式において，「君が代」の斉唱を行うことは周知の事実であって，音楽専科の教諭が「君が代」のピアノを伴奏する行為は職務上，当然に期待されるものである。また，客観的にみて，「君が代」のピアノ伴奏は，それ自体授業等で職務上　　15 行っている行為と外形的に異ならないうえに，外部からもそのように認識される。そうだとすると，「君が代」のピアノ伴奏は特定の思想またはこれに反する思想の表明として外部から認識されるものと評価することは困難であり，職務上の命令に従って同行為が行わ　　20 れる場合にはこのような評価はよりいっそう困難であるというべきである。したがって，「君が代」のピアノ伴奏行為がXの有する@，ⓑの思想を否定することと不可分に結びつくとはいえない。

　　　以上から，本件職務命令は，特定の思想をもつこと　　25 を強制したり，これに反する思想をもつことを禁止したりするものではなく，特定の思想の有無について告白することを強要したりするものでもないので，本件自由に対する直接的制約にはあたらない。

イ　しかし，Xは「君が代」の伴奏に対して否定的な思　　30 想をもっている。それにもかかわらず，Xに君が代のピアノ伴奏を求めることはXの歴史観・世界観に由来する行動と異なる外部的行為を求めることになる。そして，本件職務命令に背けばYから懲戒処分が下される可能性が高く，Xは本件職務命令に従わざるをえな　　35 い。そうだとすると，本件職務命令は，本件自由に対する間接的な制約にあたる。

(3)　もっとも，本件自由も「公共の福祉」（12条後段，13条後段）による制約に服する。そこで，上記制約が公共の福祉によるものとして正当化されるか，違憲審査基準　　40 が問題となる。

ア　この点，思想・良心の自由は内面的精神活動のなかでももっとも根本的なものとして重要である。

　　　しかし，先述したように本件自由に対する制約は間

接的制約にとどまるので制約が強いとはいえない。また、Xは公務員なので、「全体の奉仕者」（15条2項）であり、職務に公共性がある。さらに、職務の遂行にあたっては、全力をあげてこれに専念し（地方公務員法30条）、法令等に従い、かつ、上司の職務上の命令に忠実に従わなければならない（地方公務員法32条）。したがって、Xの人権もこのような地位の特殊性および職務の公共性に由来する内在的制約を受けるので、ある程度ゆるやかに審査すべきである。

イ　そこで、①本件職務命令の目的が重要で、②手段が効果的かつ過度でないと認められる場合にかぎり、正当化されるものと解する。　➡規範定立

(4)　本件職務命令の目的は、本件入学式において「君が代」の斉唱を行う点にあるところ、学校の入学式という教育上特に重要な行事においては、教育上の行事にふさわしい秩序を確保して式典の円滑な進行を図る必要がある。そして、小学校の入学式では国家を斉唱するよう指導するものと小学校学習指導要領第6章第3の3で求められていることから、「君が代」の斉唱は入学式を円滑に遂行するうえで不可欠といえる。したがって、本件職務命令の目的は重要といえる（①充足）。　➡目的

次に、手段はXにピアノを伴奏するよう命じることであるが、本件職務命令に従わなければ下される懲戒処分を避けるためにはピアノを伴奏するほかないところ、ピアノの伴奏があれば「君が代」の斉唱という目的を達成できるので、手段は効果的といえる。　➡手段

また、入場曲のピアノ伴奏をXが行っているので、そのままXが「君が代」のピアノの伴奏も行うことが自然な流れであり、手段として過度でないとも考えられる。

しかし、B小学校ではかつてはテープ伴奏によって国歌斉唱を行っていたが、特に問題が生じたなどの事情はなかった。そうだとすれば、テープ伴奏にしても、「君が代」の斉唱という目的を達成できる。加えて、B小学校にはX以外にも「君が代」のピアノ伴奏ができる他教科の教諭が複数おり、ピアノ伴奏者の個性は国家斉唱においてそれほど問題とはならない以上、他の教科の教諭がピアノ伴奏をしても、本件入学式において「君が代」の斉唱を行うことは十分に可能である。そして、このような措置のほうがXに自己の信条に反する行為を求めない点で、よりゆるやかであるといえる。そうだとすれば、より制限的でない手段で目的を達成できるため、本件職務命令は手段として過度である（②不充足）。

2　以上より、本件職務命令は19条に違反し、違憲である。　➡結論

以上

本件職務命令は，Xの思想・良心の自由（憲法19条。以下「憲法」法名省略）を侵害し，違憲とならないか。

1　思想とは，個人の世界観や人生観に関わる内心的作用であり，人格的核心に関わるものをいう。

　　Xの@，ⓑの考えは，君が代が戦前の帝国主義の象徴であるという世界観にかかわる内心的作用であり，Xが教諭であることからすれば，Xの人格的核心に関わるものといえる。

　　よって，Xの@，ⓑの考えは，思想・良心の自由として保障される。

2　この点，思想・良心は，内面的精神作用であるから，これとは異なる外部的行為を強制されたとしても，思想・良心の自由に対する制約は観念できないとも思える。しかし，思想・良心と密接不可分の関係にある外部的行為を強制されれば，思想・良心の自由そのものを制約するものと同視できる。

　　したがって，思想・良心とは異なる外部的行為を強制すれば，思想・良心の自由を制約したといえる。

3　たしかに，君が代の伴奏が，一般には，初等教育における音楽家教諭に通常期待される職務であり，特定の思想とただちに結びつくものではない。そうすると，思想・良心の自由と密接不可分の関係にあるとは評価できず，思想・良心を制約したとはいえないとも思える。しかし，国歌斉唱の際に起立斉唱するのと同様に，ピアノの伴奏も敬意の表明としての側面を有することは否定できない。このような敬意の表明によっても，特定の思想を有する者に対する精神的苦痛を与えることは経験則上十分に想定されるか，思想・良心の自由を間接的に制約しうる。

　　本件職務命令は君が代の伴奏を通じて，国家への敬意の表明を強制することによって，Xの思想・良心の自由を間接的に制約している。

4　もっとも，本件職務命令は，「公共の福祉」（12条後段，13条後段）により正当化されないか。

(1)　この点，思想・良心の自由は，歴史的にみて弾圧されてきた背景があることを加味すると，特に保護すべき重要な人権である。さらに，本件職務命令によって，Xはみずからの思想・良心とは異なる外部的行為を強制されることになり，規制態様は強いので，厳格に審査すべきとも思える。

　　しかし，君が代の伴奏は，Xの思想・良心と密接不可分の関係にあるとはいえず，事柄の性質上，敬意の表明の域を出ないし，「全体の奉仕者」たる職務の性質上，地方公共団体の民主的かつ能率的な運営（地方

5

10

15

20

25

30

35

40

←○思想の定義OK

←○自説をしっかりと展開できている

←○最判平成19年2月27日（判例シリーズ17事件）の認定をふまえたうえの自己の見解OK

←○規制態様の強度まで検討がなされている

←○地方公務員法への言及OK

公務員法1条）を確保する目的でなされる命令である 45
ことからすれば，間接的制約にとどまる。

　(2)　そこで，ややゆるやかに，目的が重要で，手段が効
　　果的かつ過度でないと認められる場合には，「公共の
　　福祉」により正当化されると解する。

5　これを本件についてみると，目的は，本件入学式の円 50
滑な遂行にあるところ，これは，公務の円滑な遂行上不
可欠な目的であるから，重要な目的であるといえる。

　　もっとも，B小学校では，かつて君が代斉唱をテープ
伴奏で行っていたことや，ほかに君が代の伴奏を行うこ
とができる他教諭が複数いたことを考慮すれば，Xに対 55
しピアノ伴奏を命ずる必要性はない。そのため，本件職
務命令は過度な手段であったとも思える。

　　しかし，Xが入場曲の演奏を行ったことからすれば，
Xがピアノ伴奏を行うことが自然であり，テープ伴奏や
他の教諭に伴奏を行わせるという手段では，上記目的を 60
十分に達成できない。また，前述のとおり，本件職務命
令による制約は間接的制約にとどまることからすると，
過度の制約とも評価できない。

6　よって，本件職務命令は合憲である。

以上 65

◁△本件命令の目的を問題文中の
事実を用いて説明してほしい

◁△なぜ，十分に達成できないの
かが十分に説明できていない

答案作成上の注意点

　本問は，君が代ピアノ伴奏職務命令拒否事件（最判平成19年2月27日〔民集61巻1号291頁〕）を題材として，本件職務命令がXの思想・良心の自由を侵害し，違憲といえるかどうかを問うものである。

　本問は，まずXのピアノを伴奏しない自由が思想・良心の自由（19条）として保障されるかを論じたうえで，本件職務命令がXの上記自由を制約するかを検討することになる。その際には，上記判例を意識した答案の作成が求められる。この判例は，ピアノの伴奏に関して，音楽専科の教諭等にとって通常想定され期待されるものであり，思想と不可分に結びつくとはいえず，特定の思想を有するということを外部に表明する行為であると評価することは困難なものであり，特に，職務上の命令に従ってこのような行為が行われる場合には，上記のように評価することはいっそう困難であるとして，直接的制約だけでなく，間接的制約すら認められないとしている。もっとも，Xは君が代のピアノ伴奏をすることはできないという意思があるので，この意思と異なる外部的行為を強制されるといえ，間接的制約を認めることはできる。

　制約が認められるとしたら，次は制約が正当化されるかを検討していくことになる。違憲審査基準については，制約が間接的であること，Xが公務員であることを意識しながら，定立することが求められる。

　あてはめに関しては，Xが入場曲をピアノで伴奏していたことや，以前はテープ伴奏を採用していたこと，X以外にも伴奏できる教諭がいたことを意識した論述が求められる。

答案構成

1　本件職務命令は，Xの思想・良心の自由を侵害するものとして，19条に違反し違憲か
(1)　「思想」とは，個人の世界観や歴史観およびこれに由来する社会通念上の信念をいう

　　　Xの⒜，⒝の思想はX自身の歴史観・世界観であるから，19条により保障される
(2)ア　「君が代」のピアノ伴奏は，特定の思想の表明として外部から認識されない

　　　ピアノ伴奏行為は⒜，⒝の思想の否定と不可分に結びつくとはいえず，本件職務命令は直接的な制約にはあたらない

　イ　しかし，Xは「君が代」の伴奏に対して否定的な思想をもつから，ピアノ伴奏はXの思想に由来する行動と異なる外部的行為

　　　そして，本件職務命令には懲戒処分を背景とした強制力がある

　　　本件自由に対する間接的制約にあたる
(3)　もっとも，上記制約は正当化されるか

　ア　思想・良心の自由は内面的精神活動の

なかでもっとも根本的であり，重要

　　　しかし，間接的制約にすぎない

　　　また，公務員であるXの人権は，地位の特殊性や職務の公共性に由来する内在的制約を受ける

　イ　そこで，①目的が重要で，②手段が効果的かつ過度でない場合にかぎり正当化
(4)　あてはめ

　　　目的は「君が代」の斉唱

　　　学校行事では式典の円滑な進行を図る必要があるところ，国歌の斉唱が求められる入学式では，「君が代」の斉唱が不可欠

　　　よって，目的は重要（①充足）

　　　「君が代」のピアノ伴奏を命じれば目的を達成できるので，手段は効果的

　　　しかし，テープ伴奏や他の教科の教諭による伴奏という，より制限的でない手段でも達成可能

　　　したがって，手段は過度（②不充足）

2　以上より，本件職務命令は違憲

以上

【参考文献】
試験対策講座8章1節①【3】・②【1】⑵⒝。判例シリーズ17事件。条文シリーズ19条②4⑴⒝⒤。

第7問 A　政教分離原則

　　A市長Xは，同市予算から福祉団体に補助金を交付していたが，その一環として同市戦没者遺族会に45万円の補助金を交付した。
　　上記遺族会は，戦没者遺族の相互扶助・福祉向上と英霊の顕彰を主たる目的として設立され，かつ現に活動している団体である。そして，靖国神社の参拝の実施等の宗教的色彩を帯びた行為もその活動の一環としてなしていた。
　　この場合の憲法上の問題点について論ぜよ。

【論　点】
1　「宗教団体」（20条1項後段），「宗教上の組織若しくは団体」（89条前段）の意義
2　「宗教的活動」（20条3項）の意義

答案構成用紙

答案例

1 本件において，A市長Xは，同市予算から，同市戦没者
遺族会に対して，45万円の補助金を交付している。　　　　　　　→問題点の抽出

　そうすると，同遺族会が「宗教団体」（憲法20条1項後
段。以下法名省略），「宗教上の組織若しくは団体」（89条
前段）に該当すれば，本件補助金の交付は，特権の付与，　　5
公金の支出となり，20条1項後段，89条前段違反になる。

　そこで，「宗教団体」（20条1項後段），「宗教上の組織若　　　→論点の問題提起
しくは団体」（89条前段）の意義が問題となる。

(1) この点について，なんらかの宗教的色彩をもつ行為を
　行う団体がすべて宗教団体であるとすると，仲間・同僚　　10
　の親睦団体などもすべて宗教団体ということになり，不
　都合である。

　　そうだとすれば，「宗教団体」，「宗教上の組織若しく
　は団体」の意義は，狭く解するべきである。

　　そこで，「宗教団体」，「宗教上の組織若しくは団体」　　15　　→規範定立（論点の問題提起に対
　の意義は，特定の宗教の信仰，礼拝，普及等の宗教的活　　　　　応させる，狭義説）
　動を行うことを本来の目的とする組織または団体をさす　　　　⇨最判平成5年2月16日（判例シ
　ものと解する（判例に同旨）。　　　　　　　　　　　　　　　　　リーズ26事件）

(2) これを本件について検討する。　　　　　　　　　　　　　　→あてはめ
　　たしかに，同遺族会の活動のなかには，靖国神社の参　　20　　→反対利益
　拝の実施等の宗教的色彩を帯びた行為があり，同遺族会
　のなかには神道信仰から参加している者もいる可能性が
　ある。

　　しかし，そのような例だけで，団体の目的を特定宗教　　　　→批判
　の普及とみるのは，早急である。　　　　　　　　　　　25

　　むしろ，同遺族会は戦没者遺族の相互扶助・福祉向上　　　　→問題文の事実から
　と英霊の顕彰を主たる目的として設立され，かつ活動し
　ている団体である。

　　そうだとすれば，同遺族会は，遺族の要望である戦没
　者の慰霊，追悼，顕彰のための行事等を行っていること　　30
　が明らかといえる。

　　したがって，同遺族会は，特定の宗教の信仰，礼拝，　　　　→規範に対応させる
　普及等の宗教的活動を行うことを本来の目的とする組織
　または団体とはいえない。

　　よって，同遺族会は，「宗教団体」，「宗教上の組織若　　35　　→三段論法の帰結
　しくは団体」に該当しない。

(3) 以上より，本件補助金の交付は，20条1項後段，89条　　　　→問いに答える
　前段違反にはならない。

2 そうだとしても，同遺族会は，前述のように，靖国神社　　　　→問題点の抽出
　の参拝の実施等の宗教的色彩を帯びた行為をなしている。　　40

　そうすると，これに対する補助金の交付が「宗教的活
動」に該当すれば，20条3項違反になる。

　そこで，「宗教的活動」（20条3項）の意義が問題となる。　　　→論点の問題提起

(1) この点について，政教分離の原則の趣旨は，国家の非　　　　→趣旨

宗教性および宗教的中立性を確保する点にある。 45

そうだとすれば，国家と宗教との完全な分離を実現することが理想である。

もっとも，福祉国家理念（25条以下）のもと，国などは，他の団体と同様に，宗教団体に対しても，平等の社会的給付を行わなければならない場合も否定できない。 50 ➡反対利益 ➡必要性 ➡法的性格

また，元来，政教分離規定は，国家と宗教との分離を制度として保障することにより，間接的に信教の自由（20条1項前段，2項）の保障を確保しようとするものにすぎない（制度的保障説）。

そうだとすれば，現実の国家制度として，国家と宗教との完全な分離を実現することは実際上不可能であるから，国家と宗教の分離にもおのずから一定の限界がある。 55 ➡許容性

そこで，「宗教的活動」とは，①当該行為の目的が宗教的意義をもち，②その効果が宗教に対する援助，助長，促進または圧迫，干渉等になるような行為をいうと解する（津地鎮祭事件に同旨）。 60 ➡規範定立 ➡最大判昭和52年7月13日（判例シリーズ24事件）

(2) これを本件について検討する。 ➡あてはめ

ア　まず，本件補助金の交付が，福祉団体に対する補助金の交付の一環としてなされたものである。 ➡目的

そうであれば，本件補助金の交付の目的は，遺族の福祉増進という世俗的なものといえるから，①宗教的意義をもつとはいえない。 65

イ　次に，たしかに，同遺族会は靖国神社の参拝の実施等の宗教的色彩を帯びた行為をなしている。そのため，本件補助金の交付は，結果として同遺族会の宗教的色彩を帯びた行為に対する援助となる面を否定できない。 70 ➡手段 ➡反対利益

しかし，同遺族会の宗教に関わる活動は，宗教的活動そのものを目的とするものではなく，あくまで戦没者遺族の相互扶助・福祉向上と英霊の顕彰の一環としてなしていたものである。 75 ➡26行目とリンク

そうであれば，本件補助金の交付による援助の効果は，なお間接的，付随的なものにとどまっているといえる。 ⇨最判平成11年10月21日（集民194号51頁）のフレーズ

したがって，本件補助金の交付は，②特定の宗教に対する援助，助長，促進，または他の宗教への圧迫，干渉等になるような行為とは認められない。 80 ➡規範に対応させる

ウ　よって，本件補助金の交付は，「宗教的活動」に該当しない。 ➡三段論法の帰結

(3) 以上より，本件補助金の交付は，20条3項違反にはあたらない。 85 ➡問いに答える

以上

第1　20条1項後段および89条前段について
　1　A市長Xは，A市戦没者遺族会に対し，45万円の補助
　　金を交付しているところ，同遺族会が「宗教団体」また
　　は「宗教上の組織若しくは団体」にあたれば，政教分離
　　原則に違反する（20条1項後段，89条前段）。　　　　　　5
　　　そこで，同遺族会が「宗教団体」または「宗教上の組
　　織若しくは団体」にあたり，政教分離原則に違反しない
　　かが問題となる。
　　(1)　この点，「宗教」とは，超自然的・人間的なものに
　　　対する崇拝畏敬の念を示すことをいう。　　　　　　　　10
　　　　そこで，「宗教団体」「宗教上の組織若しくは団体」
　　　とは，これら超自然的・人間的なものに対する崇拝畏
　　　敬の行為を，団体として行うものをいうと解する。
　　(2)　A遺族会についてみると，A遺族会は，靖国神社の
　　　参拝の実施等，超自然的・人間的なものに対する崇拝　15
　　　畏敬行為を団体として行っていたことがうかがえる。
　　　　しかし，靖国神社の参拝の実施等は，あくまでA遺
　　　族会の活動の一環として行われていたにとどまり，主
　　　要な活動であったとまでは断定できない。
　　　　また，A遺族会は，戦没者遺族の相互扶助・福祉向　20
　　　上と英霊の顕彰を主たる目的として設立され，活動し
　　　ているものにすぎない。
　　　　そして，戦没者遺族の相互扶助・福祉向上と英霊の
　　　顕彰は，現代においては世俗的側面が強く，超自然
　　　的・人間的なものに対する崇拝畏敬行為であるとまで　25
　　　は評価できない。
　　(3)　よって，A遺族会は「宗教団体」および「宗教上の
　　　組織若しくは団体」にはあたらない。
　2　以上より，A市長Xが，A遺族会に対して45万円の補
　　助金を交付したことは，政教分離原則（20条1項後段，　30
　　89条前段）に違反するとまではいえず，合憲である。
第2　20条3項違反について
　1　もっとも，A市長XによるA市戦没者遺族会に対する
　　補助金の交付は，「宗教的活動」（20条3項）にあたり，
　　違憲とならないか。「宗教的活動」の意義が問題となる。　35
　　(1)　政教分離原則とは，国家の宗教的中立性をいう。
　　　　この政教分離原則は，国家の宗教的中立性を制度と
　　　して保障することによって，国民の信教の自由（20条
　　　1項）を保護するための規定である。
　　　　このような趣旨からすれば，国家の宗教的中立性は　40
　　　厳格に貫徹されるべきであり，厳格な政教分離が要請
　　　されるとも思える。
　　　　もっとも，宗教団体と非宗教団体とで差別的取扱い
　　　をすることによって，平等原則（14条1項前段）に違

⇐○項目を立てて論じられており，
論理の流れがわかりやすい

⇐△「（憲法20条1項後段，89条前
段。以下法名省略）」のほうが
望ましい

⇐△「宗教団体」・「宗教上の組織
若しくは団体」の意義について
OK。なお，判例の見解を示し
てほしい
⇐○問題文の事実を自分なりに的
確に評価できている

⇐○問いに答えられている

⇐○項目を立てて論じられており，
論理の流れがわかりやすい

⇐○反対説にも配慮しつつ，自説
を論じることができている

反することもありうるうえ，福祉主義（25条1項参 45
照）の理念に照らしても，厳格な政教分離を要求する
べきではない。

　　そこで，国家と宗教との関わり合いが，相当と認め
られる限度を超えると認められる場合にかぎり，国家
の活動が「宗教的活動」にあたり，政教分離原則に違 50
反するものと解する。

　　そして，国家と宗教との関わり合いが相当と認めら
れる限度を超えるのは，①行為の目的が宗教的意義を
有し，かつ②効果が特定の宗教に対する援助・助長・
促進または圧迫・干渉となる場合であると解する。 55

⑵　これを本件について検討する。

　ア　A市長XがA遺族会に対して補助金45万円を交付
　　した目的は，これまでA市が，予算から福祉団体に
　　対して補助金を交付していたことから，その一環と
　　してA遺族会に対しても補助金を交付する点にある。60
　　そのため，特定の宗教を特別視して補助金を交付す
　　る意図を有するものとは認められず，いまだ世俗的
　　目的の限度にとどまると評価できる。

　　　よって，①行為の目的が宗教的意義を有するとは
　　認定できない。 65

　イ　また，補助金の額は45万円であるところ，福祉団
　　体に対する補助金として多額であるとまでは考えに
　　くい。そのうえ，あくまでもA市長Xは，福祉団体
　　への補助金交付の一環としてA遺族会に補助金を交
　　付したものであることからすれば，一般人の観点か 70
　　らしても，特定の宗教に対する援助・助長・促進ま
　　たは圧迫・干渉となるものとまでは評価できない。

　ウ　よって，A市長Xの補助金の交付は，「宗教的活
　　動」にはあたらない。

2　以上より，A市長Xが補助金をA遺族会に交付したこ 75
とは，政教分離原則（20条3項）に違反せず，合憲であ
る。

　　　　　　　　　　　　　　　　　　　　　　以上

⬅○判例をふまえた規範定立OK

⬅○自分なりに問題文の事実を引用し，評価を加えることができている

⬅○金額に着目することができている

⬅○規範とあてはめとが対応している

⬅○問いに答えられている

答案作成上の注意点

　本問は，政教分離原則に関する問題である。Xの補助金交付の政教分離原則違反を検討するにあたって，A市遺族会が「宗教団体」「宗教上の……団体」にあたるかを，20条1項後段や89条前段の問題として位置づけることになろう。また，補助金の交付が「宗教的活動」にあたるかどうかについても，20条3項の問題として位置づけ，検討することになる。

　政教分離原則の答案においては，自由権型の三段階審査を行うことができないとされている。そのため，保護範囲，制約，正当化というステップで答案を作成することは妥当でないことについて，注意してほしい。

　政教分離原則の検討の手順としては，政教分離原則の定義を述べたうえで，津地鎮祭事件（最大判昭和52年7月13日〔百選Ｉ4事件事件〕）を参考に，目的効果基準を定立することとなるであろう。政教分離原則の問題では，ある程度検討手順が確立していることから，論証をコンパクトにしつつ，あてはめを充実させることを意識してほしい。なお，政教分離原則については，司法試験2012（平成24）年公法系第1問，予備試験2019（平成31）年に出題されている。今後も出題が予想される。

答案構成

1　本問では，A市遺族会が「宗教団体」「宗教上の……団体」にあたれば，A市長Xの補助金交付は，20条1項後段，89条前段違反となりうる
　⑴　「宗教団体」「宗教上の……団体」とは，特定の宗教の信仰等の宗教的活動を行うことを本来の目的とする組織・団体をさす
　⑵　本件について
　　　たしかに，遺族会は靖国神社の参拝等の宗教的行為を行っている
　　　しかし，遺族の相互扶助・福祉向上と英霊の顕彰を目的として設立
　　　とすれば，遺族会は，慰霊・追悼等の行事を行っていることが明らか
　　　したがって，遺族会は，特定の宗教の信仰等の宗教的活動を行うことを本来の目的としていない
　　　よって，「宗教団体」「宗教上の……団体」にあたらない
　⑶　以上より，本件補助金の交付は，20条1項後段，89条前段に違反しない
2　としても，補助金の交付が「宗教的活動」にあたれば，20条3項違反
　　　そこで，「宗教的活動」の意義が問題
　⑴　この点について，政教分離原則の趣旨は，国家の非宗教性および宗教的中立性の確保

　　　もっとも，完全分離は実際上不可能，かつ，制度的保障説，国家と宗教の分離にも一定の限界あり
　　　そこで，「宗教的活動」とは，①行為の目的が宗教的意義をもち，②効果が宗教に対する援助，助長，促進または圧迫，干渉等になるような行為
　⑵　本件について
　ア　まず，福祉団体への補助金の交付の一環としてなされており，遺族の福祉増進という世俗的な目的だから，①目的は宗教的意義をもたない
　イ　次に，たしかに補助金の交付は，遺族会の宗教的行為に対する援助となる
　　　しかし，遺族会の宗教活動は，遺族の相互扶助・福祉向上と英霊の顕彰の一環
　　　とすると，補助金の交付による援助の効果は間接的，付随的にとどまる
　　　したがって，本件補助金の交付は，②特定の宗教に対する援助，助長，促進または圧迫，干渉等にならない
　ウ　よって，本件補助金の交付は，「宗教的活動」にあたらない
　⑶　以上より，本件補助金の交付は，20条3項違反にはあたらない

以上

【参考文献】

試験対策講座8章2節③【2】・【3】・【4】，20章1節④【2】。判例シリーズ24事件，26事件，27事件。条文シリーズ20条②2(2)(a)，②3(4)(c)(ii)。

第8問 B+ 教育内容決定権

　Xは高等学校用教科書『新日本史』を執筆し，教科書検定の申請を行った。それに対し，文部科学大臣は，当該教科書に「日本軍は，731部隊と称する細菌戦部隊を設け，捕虜に生体実験を加えて殺すという残虐な作業を数年にわたって続けた」という記述があったことから，合格の条件として，731部隊のことは，現時点では信用に耐えうる学問的研究が発表されていないので，これを教科書に取り上げるのは時期尚早であるとの理由により，このような記述は全部削除する必要がある旨の検定意見を付した。

　なお，731部隊の全容が必ずしも解明されていたとはいえない面があるにしても，細菌戦を行うことを目的とした「731部隊」と称する軍隊が存在し，生体実験をして多数の捕虜を殺害したとの大筋は，本件検定当時の学会において否定する者はないほどに定説化していたものとする。

　この事例において，憲法第26条との関係で憲法上問題となる点を論ぜよ。

【論　点】
1　教育内容決定権の所在
2　教科書検定制度の合憲性
3　教科書検定における文部科学大臣の裁量権の範囲

答案構成用紙

答案例

1　教科書検定制度は，教科書の内容につき国家が介入する　　　→問題提起
制度であるところ，教科書の内容に従った授業がなされる
ことが求められている今日では，これは教科書内容の決定
を通じて国家が教育内容に介入するものといえる。

　そこで，このような国家の介入は憲法26条1項（以下法　　5
名省略）に反しないか。教育内容を決定する権能の所在と
関係して問題となる。

(1)　この点について，同条の背後には，国民各自が独立の
　人格として成長するために必要な学習をする権利（学習
　権）を有すること，特にみずから学習することのできな　　10
　い子どもは教育を自己に施すことを大人一般に対し要求
　する権利を有するとの観念が存在していると考えられる。

　　そうだとすれば，教育内容決定権の所在についても，
　この学習権の保障を充足するような解釈をするのが妥当
　である。　　　　　　　　　　　　　　　　　　　　　　15

　　このような観点から考えると，直接子どもに接する教
　師等の国民の側に一定の範囲で教育内容決定権を認める
　べきではあるが，それ以外の領域においては，国が適切
　な教育政策を実施しうるものとして，①子どもが自由か　　→規範定立
　つ独立の人格として成長することを妨げるものでなく，　　20
　②必要かつ相当と認められる範囲において教育内容決定
　権を有すると解する。

(2)　これを教科書検定について検討する。　　　　　　　　　→あてはめ
　　　　　　　　　　　　　　　　　　　　　　　　　　　　→②について
　ア　まず，普通教育の場においては，児童・生徒の側の
　　批判能力が乏しく，教育の機会均等を図る必要もある　　25
　　ことから，教育内容が正確かつ中立・公正で，全国的
　　に一定の水準であることが要請される。このことは，
　　程度の差こそあれ，高等学校の場合においても，小学
　　校，中学校の場合と基本的には異ならないといえる。

　　　そして，このような要請を実現するためには，国家　　30
　　の側で教科書として不適切な書籍を選別する必要があ
　　る。また，教科書検定制度は，単に通説的立場に従っ
　　て記述の当否を判断するものであり，学問的介入を伴
　　うものではないから，その手段としても相当といえる。

　　　したがって，教科書検定制度を設けることは，教育　　35
　　内容に対する国家の介入として必要かつ相当と認めら
　　れる範囲内にあるといえる（②充足）。

　イ　また，教科書検定制度が，誤った知識や一方的な観　　→①について
　　念を子どもに植えつけるような内容の教育を施すこと
　　を強制するものでなければ，それは子どもが自由かつ　　40
　　独立の人格として成長することを妨げるものともいえ
　　ない（①充足）。

(3)　したがって，教科書検定制度は，国家の教育内容決定　　→結論
　権の範囲内にあるといえ，26条1項に反しない。

2　教科書検定制度自体が26条1項に反しないとしても，本　45　　➡問題提起
　問の条件付き合格処分が，教育内容につき過度の国家的介
　入になるものとして26条1項に反し，違憲とならないか。

(1)　教科書の適格性の判断には，一般的に学術的・教育的
　　な専門技術的考慮を要するから，その判断は文部科学大
　　臣の合理的裁量に委ねられるものと解する。　　　　　　50
　　　もっとも，教科書の適格性は，通説的な立場に合致す
　　るものか，内容に過不足がないかなどの点について判断
　　するものであり，学問的介入を伴うものではないから，
　　裁量判断の余地は比較的小さい。
　　　そこで，その判断の過程に看過しがたい過誤があって，　55　　➡規範定立
　　文部科学大臣の判断がこれに依拠してなされたと認めら
　　れる場合には，当該判断は，裁量権の範囲を逸脱するも
　　のとして，許されないと解する。

(2)　これを本件についてみると，たしかに，「全容が必ず　　　➡あてはめ
　　しも解明されていたとはいえない」731部隊を教科書で　60
　　取り上げるとすると，その取り上げ方いかんによっては，
　　731部隊に関する誤った事実が記載されるおそれがある
　　ことは否定しえない。
　　　しかし，731部隊という細菌部隊が存在したこと，お
　　よび，多数の捕虜に生体実験を加えて殺害したことの2　65
　　点に関しては，「本件検定当時の学会において否定する
　　者はないほどに定説化していた」というのであるから，
　　これらの事実が誤ったものであるおそれはほとんどない。
　　　それにもかかわらず，本件で文部科学大臣は「信用に
　　耐えうる学問的研究が発表されていない」としているが，　70
　　このような判断には検定当時の学説状況の認識に対する
　　看過しがたい過誤が認められるというべきである。
　　　そして，文部科学大臣が「これを教科書に取り上げる
　　のは時期尚早」として「このような記述は全部削除する
　　必要がある」旨の検定意見を付したことは，上記看過し　75
　　がたい過誤に依拠してされたと認められるのであるから，
　　文部科学大臣の上記判断は，裁量権の範囲を逸脱するも
　　のと評価できる。

(3)　よって，本問の条件付き合格処分は，裁量権の範囲を　　　➡結論
　　逸脱するものとして，26条1項に反し違憲・違法となる。80
　　　　　　　　　　　　　　　　　　　　　　　　　　以上

第1　教科書検定制度について

　　教科書検定制度は，Xの教科書内容に対する過度の国家的介入であるから，憲法26条1項（以下「憲法」法名省略）に違反し，違憲である。

⟵×問題提起をするため「違憲でないか」とすべき

1　26条1項は，国民が教育を受ける権利を保障している。5　教育を受ける権利の背後には，人格形成の途上にある子どもの学習権がある。そして，子どもは自力では学習することができないから，子ども以外の者による教育内容の決定が必要不可欠となる。

2　そこで，教育内容決定権の所在が問題となる。　10

⟵○問題の所在OK

　(1)　この点について，教育内容決定権は，子どもの看護者である親にあるとする国民教育権説と，国家にあるとする国家教育権説がある。もっとも，これらはいずれも両極端であるため，妥当な見解とはいえない。むしろ，親と国家の双方が教育内容決定権を有すると解するべきである。　15

⟵△教員もこれに含まれることを示せるとなおよい

　　　そこで，親と国家の双方に教育内容決定権が帰属するものと解する。

　　　ただし，子どもの健全な人格的発展を図るためには，国家による相当程度の教育内容への介入を認めるべき　20　である。なぜなら，全国一律の学力水準を達成する必要があるし，子どもは批判能力に欠けるうえ，教員選択の余地がきわめて限定されるからである。

⟵△小学生や中学生と高校生の区別にまで言及できるとなおよい

　　　そこで，国家による教育内容への介入も，子どもの健全な人格的発展を図るうえで必要かつ相当と認めら　25　れるものにかぎり，26条に違反せず，許容されるものと解する。

⟵○自分なりに教育内容決定権の限界につき規範を定立できている

　(2)　これを教科書検定制度について検討する。

　　ア　教科書検定制度は，子どもに対し配布することを予定している教科書の内容について，もっぱら定説　30　化され虚偽の疑いのない事項に限定することで，子どもの健全な人格的発展を図ることを目的とする制度である。教科書の内容が，学術的に定説化されていない少数説までも反映するとすれば，偏向教育につながる危険が高い。そのため，教科書内容を定説　35　化されている立場に限定するべく，教科書検定を定める必要がある。また，教科書検定は，定説化されていない見解についてのみ限定的に行われ，該当記述の削除や変更がなされれば，教科書としての発行が認められるから，過度の教育内容への介入にあた　40　るとも評価できず，相当といえる。

⟵○みずからの立てた規範に説得的な評価を加えてあてはめられている

　　イ　よって，教科書検定制度は，子どもの健全な人格的発展を図るうえで必要かつ相当と認められるといえる。

3　以上より，教科書検定制度は，26条1項に違反せず，　45
　　　合憲である。
第2　文部科学大臣の判断について
　1　教科書検定制度が26条1項に違反しないとしても，
　　　『新日本史』への検定意見は，裁量権の逸脱・濫用（行
　　　政事件訴訟法30条参照）となり，違憲・違法でないか。　50
　　⑴　いかなる内容が教科書として適切であるかどうかの　　　⬅○行政裁量の認定OK
　　　　判断にあたっては，文部科学大臣の専門的判断の必要
　　　　がある。そこで，教科書内容の適切性の判断は，文部
　　　　科学大臣の裁量に委ねられるものと解する。
　　　　　もっとも，文部科学大臣の判断が不合理であれば，　55　⬅○判例の規範を意識できている
　　　　裁量権の逸脱・濫用となり，違憲・違法となる。具体
　　　　的には，文部科学大臣の判断に看過しがたい過誤があ
　　　　るものと認められる場合には，裁量権の逸脱・濫用と
　　　　なるものと解する。
　　⑵　これを文部科学大臣の検定意見についてみると，文　60　⬅○問題文の事実を多数引用し，
　　　　部科学大臣は，731部隊は，現時点では信用に耐えう　　　　それに評価を加えることがで
　　　　る学問的研究が発表されていないので，教科書に取り　　　　きている
　　　　上げるのは時期尚早であると判断している。
　　　　　たしかに，731部隊の全容は現時点でも必ずしも解
　　　　明されていない事項があることからすれば，いまだに　65
　　　　学問的対立のある事柄であることは否定できない。
　　　　　しかし，細菌戦を行うことを目的とした「731部
　　　　隊」と称する軍隊が存在し，生体実験をして多数の捕
　　　　虜を殺害したとの大筋は，本件検定当時の学会におい
　　　　て否定する者はないほどに定説化していたことからす　70
　　　　れば，少なくとも，731部隊が存在したことに加えて，
　　　　生体実験をして多数の捕虜を殺害したことについては，
　　　　学問的対立のない事項であると評価できる。そして，
　　　　Xの『新日本史』の記述も，「日本軍は，731部隊と称
　　　　する細菌戦部隊を設け，捕虜に生体実験を加えて殺す　75
　　　　という残虐な作業を数年にわたって続けた」というも
　　　　のであり，いずれも731部隊の存在・生体実験をして
　　　　多数の捕虜を殺害したという定説化された見解を採用
　　　　するものと評価できる。
　　　　　それにもかかわらず，現時点では信用に耐えうる学　80　⬅○規範に対応している
　　　　問的研究が発表されていないとした文部科学大臣の判
　　　　断は，『新日本史』がもっぱら731部隊における学問的
　　　　対立のない事項についてのみ記述しているにすぎない
　　　　という点を見落としたものと評価できるから，看過し
　　　　がたい過誤・欠落があると認定できる。　　　　　　　　85
　2　以上より，文部科学大臣の判断は，裁量権の逸脱・濫
　　　用にあたり，違憲・違法である。
　　　　　　　　　　　　　　　　　　　　　　　　　　以上

答案作成上の注意点

　本問は，教科書検定制度および検定の実施について26条との関係での問題点を問うものである。26条に関する問題はいまだ司法試験，予備試験において出題されておらず，今後出題されることが予想されるため，本問をとおしてその理解を深めてほしい。

　まず，本問では，教科書検定制度自体が国家の教育内容への介入を許すものとして，26条に反しないかを検討する必要がある。その際には，旭川学テ事件（最大判昭和51年５月21日〔百選Ⅱ136事件〕）を参考にして，教育内容決定権が国家に認められるか否かを論じる必要がある。かりに国家に一定の権利が認められるとした場合，その限界を画するために自分なりに規範を定立したうえで，本問の教科書検定制度についてあてはめることができれば合格水準に達するであろう。

　次に，教科書検定制度自体を合憲とした場合，本問の文部科学大臣の検定が国家の裁量権の範囲を逸脱するものとして，26条に反しないかを検討する必要がある。その際には，著名判例である教科書裁判第一次訴訟上告審（最判平成５年３月16日〔百選Ⅰ88事件〕）を参考に国家が裁量権を有することを認定したうえで，裁量権の逸脱の有無を本問の事情に即して検討してほしい。

答案構成

1　教科書検定制度は，国家が教育内容に介入するものといえ，26条１項に反しないか
　(1)　この点について，同条の背後には，学習権の観念が存在
　　　したがって，教育内容決定権の所在も学習権保障を充足するように解釈
　　　そこで，国民に一定の範囲で教育内容決定権を認めるべきではあるが，それ以外の領域は，①子どもが自由かつ独立の人格として成長することを妨げるものでなく，②必要かつ相当と認められる範囲において国が教育内容決定権を有する
　(2)　これを教科書検定について検討
　　ア　まず，普通教育の場では，教育内容が正確かつ中立・公正で，全国的に一定の水準であることが要請
　　　　そして，このような要請を実現するためには，国家が教科書として不適切な書籍を選別する必要
　　　　また，検定制度は，学問的介入を伴わず，手段としても相当（②充足）
　　イ　また，検定制度が，誤った知識などを子どもに植えつけるような内容の教育を強制するのでなければ，子どもが自由かつ独立の人格として成長することを妨げない（①充足）

　(3)　したがって，検定制度は，26条１項に反しない
2　本問の条件付き合格処分が，教育内容への過度の国家的介入として26条１項に反し，違憲か
　(1)　教科書の適格性判断は，文部科学大臣の合理的裁量に委ねられる
　　　もっとも，教科書の適格性判断には学問的介入が伴わず，裁量は小さい
　　　そこで，その判断の過程に看過しがたい過誤があって，文部科学大臣の判断がこれに依拠してなされたと認められる場合には，当該判断は，裁量権の範囲を逸脱
　(2)　本件では，731部隊の存在，多数の捕虜に生体実験を加え殺害したという２点は，学会で定説化
　　　にもかかわらず，文部科学大臣の判断には看過しがたい過誤
　　　そして，文部科学大臣の検定意見は，上記看過しがたい過誤に依拠してされたのであるから，上記判断は，裁量権の範囲を逸脱
　(3)　よって，本問条件付き合格処分は，裁量権の範囲を逸脱するものとして，26条１項に反し違憲・違法

以上

【参考文献】
試験対策講座９章３節②【１】(4)(c)，14章２節③。判例シリーズ48事件，68事件。条文シリーズ26条。

第9問 A　報道の自由・取材の自由

> 　会社社長Aは，国会議員Bに対し，高級料亭内の一室で，請託とともに多額の現金供与の申込みをした。報道機関Xはその現場をBの協力を得て撮影したところ，検察事務官は当該場面が映っているビデオテープの原本を差し押さえた。Xは，差押え当時においては放映のための編集を終えており，差押え当日までに編集済みテープを放映していた。なお，被疑者Aは，贈賄罪の被疑事実を否認しており，未放映部分に自己の供述が裏づけられる部分が含まれていると主張している。
> 　以上の状況における憲法上の問題点について述べよ。

【論　点】
1　法人の人権享有主体性
2　報道の自由
3　取材の自由
4　報道・取材の自由と公正な裁判の実現（適正迅速な捜査の遂行）

答案構成用紙

答案例

1　検察事務官によるビデオテープ（以下「本件ビデオテープ」という）の原本の差押え（以下「本件差押え」という）は、報道機関Xの報道の自由および取材の自由を不当に制約し、違憲ではないか。

そこでまず、報道機関Xには、報道の自由および取材の自由が保障されるか、明文の規定がなく問題となる。

(1)　まず、報道の自由は、国民の知る権利に奉仕するものとして重要な意義をもつから、「表現の自由」（憲法21条1項、以下法名省略）の保障に含まれると解する（判例に同旨）。

さらに、報道は取材・編集・発表という一連の行為により成立するものであり、取材は報道にとって不可欠の前提をなすから、取材の自由も報道の自由の一環として21条1項により保障されると解する。

(2)　次に、報道機関という法人も、自然人と同様、1個の社会的実体として活動しているから、権利の性質上可能なかぎり、人権保障が及ぶと解する（判例に同旨）。

そして、報道の自由および取材の自由という自由権は、権利の性質上、報道機関にも保障されると解される。

(3)　したがって、報道機関Xには、報道の自由および取材の自由が保障される。

2　本件では、検察事務官により本件ビデオテープの原本が差し押さえられているため、報道の自由および取材の自由が制約されている。

3　報道の自由および取材の自由も、憲法上の要請がある場合には、一定の制約を受けるため、本件差押えが一定の制約として許されるか、違憲審査基準が問題となる。

たしかに、報道の自由等は、国民の知る権利に奉仕するものとして重要な意義をもつといえる。

しかし、一方で、国家の基本的要請である公正な刑事裁判（37条1項）を実現するためには、適正迅速な捜査が不可欠の前提である。そうだとすれば、報道の自由および取材の自由と適正迅速な捜査との間では、その優劣を容易に決することはできず、個別的衡量を行う必要がある。

そこで、①捜査の対象である犯罪の性質、内容、軽重等および差し押さえるべき取材結果の証拠としての価値、ひいては適正迅速な捜査を遂げる必要性と、②取材結果を証拠として押収されることによって報道機関の報道の自由が妨げられる程度および将来の取材の自由が受ける影響、③その他諸般の事情を比較衡量することによって判断するべきである（判例に同旨）。

4　これを本件について検討する。

(1)　①について

ア　たしかに、贈賄罪の法定刑は3年以下の懲役または

→問題提起

→報道の自由について
⇒最大決昭和44年11月26日（判例シリーズ38事件）

→取材の自由について（なお、講評参照）

→法人の人権享有主体性について

⇒最大判昭和45年6月24日（判例シリーズ5事件）

→三段論法の帰結（事案の問題提起に対応させる）

→制約

→7行目とリンク

→比較衡量論

→規範定立（論点の問題提起に対応させる）
①は必要性、②は許容性

⇒最決平成元年1月30日（刑集43巻1号19頁）

→あてはめ

→犯罪の軽重について

250万円以下の罰金であって（刑法198条），必ずしも 45
刑が重いわけではない。

　　しかし，本件被疑事実は，会社社長Aが国会議員B
に対し請託とともに多額の現金供与の申込みをしたと
いう性質，内容のものである。

　　そうだとすれば，本件被疑事実は，国民が広く関心 50
を寄せる重大な事犯といえる。

　イ　また，本件被疑事実は高級料亭内の一室という密室
で行われているので，本件被疑事実の存否，内容等の
解明はAB両名の供述に負うところが大きい。

　　ところが，被疑者Aは本件被疑事実を否認しており， 55
その解明のために本件ビデオテープのほかに的確な証
拠を収集することが困難な状況にあったといえる。

　　また，被疑者Aは未放映部分に自己の供述が裏づけ
られている部分が含まれていると主張している。

　　そうだとすれば，本件ビデオテープは証拠上きわめ 60
て重要な価値を有し，事件の全貌を解明し犯罪の成否
を判断するうえで，必要不可欠のものといえる。

　ウ　したがって，①適正迅速な捜査を遂げる必要性は高
いといえる。

(2)　②について 65

　　他方，本件ビデオテープが原本のいわゆるマザーテ
ープであるとしても，報道機関Xは差押え当時においては
放映のための編集を終了し，差押え当日までにこれを放
映している。

　　そうだとすれば，報道機関Xの受ける不利益は，本件 70
ビデオテープの放映が不可能となり報道の機会が奪わ
れる不利益ではなく，将来の取材の自由が妨げられるおそ
れがあるという不利益にとどまる。

　　したがって，②本件ビデオテープを証拠として押収さ
れることによって報道機関の報道の自由が妨げられる程 75
度および将来の取材の自由が受ける影響は大きいとはい
えない。

(3)　そのほか，③報道機関Xは本件被疑事実の現場をBの
協力を得て撮影している。

　　これは，報道機関Xの取材経過が証拠の保全を意図し 80
た国会議員Bからの情報提供と依頼に基づくものであっ
て，将来の取材の自由への弊害を軽減する方向での特殊
事情といえる。

(4)　以上の諸般の事情を比較衡量すれば，報道機関Xの受
ける不利益は，適正迅速な捜査を遂げるためになお受忍 85
されなければならないものというべきである。

5　よって，本件差押えは，21条1項に反せず，合憲である。
　　　　　　　　　　　　　　　　　　　　　　　　以上

→犯罪の性質，内容について

→取材結果の証拠としての価値について

→適正迅速な捜査を遂げる必要性について
　以上①は国側（差し押さえる側）の事情
→以下②は人権側（差し押さえられる側）の事情

→規範に対応させる

→その他諸般の事情について

→問いに答える

第1　検察事務官によるビデオテープ原本の差押えは，Xの
　　報道の自由を侵害し，違憲でないか。
　1　報道の自由について，いかなる憲法上の根拠により保
　　障されるか。
　　(1)　この点，報道は事実の伝達活動としての性質を有す　　5　◀○保障根拠OK
　　　るものの，その過程には，編集という知的作業が介入　　　◀△取材の自由の保障の可否につ
　　　する。また，国民の知る権利に資するものである。そ　　　　いても触れるとなおよい
　　　のため，報道の自由は，憲法21条（以下「憲法」法名
　　　省略）1項によって保障されるものと解する。
　　(2)　よって，報道の自由は，21条1項により保障される。10　◀△法人の人権享有主体性につい
　2　そして，検察事務官によるビデオテープの原本の差押　　　　ても触れたい
　　えによって，番組を製作することや放送することが妨げ　　　◀○制約OK
　　られる。
　　　よって，報道の自由に対する制約がある。
　3　もっとも，「公正な裁判」（37条1項）の実現の要請か　15　◀×正確には「公平な裁判」
　　ら，正当化されないか。　　　　　　　　　　　　　　　　　　◀○反対利益を端的に指摘できて
　　(1)　報道の自由は，政治問題や社会問題といった，国民　　　　いる
　　　が民主制の過程に関与するうえで不可欠な情報を視聴
　　　者に提供し，国民の知る権利に資する重要な人権であ
　　　る。　　　　　　　　　　　　　　　　　　　　　　　　20
　　　　それにもかかわらず，ビデオテープの原本の差押え　　　◀△比較衡量の規範を定立するに
　　　は，報道を不可能なものとさせるものであり，規制態　　　　あたっては，規制態様について
　　　様は強い。　　　　　　　　　　　　　　　　　　　　　　　の言及は不要
　　　　もっとも，刑事裁判においては，実体的真実の発見
　　　（刑事訴訟法1条）を図る必要がある。そのため，こ　25
　　　のような必要性との調和を図る必要がある。
　　　　そこで，①差押えの対象となる証拠物のもつ証拠と　　　◀○比較衡量につき具体的な規範
　　　しての重要性と②報道の自由に対する制約の程度，③　　　　を定立
　　　将来の取材の自由に対する影響の程度などを考量し，
　　　差押えの必要性がなお報道の自由の利益を上回るもの　30
　　　であると認められないかぎり，差押えは違憲となると
　　　解する。
　　(2)　これを本件について検討する。
　　　ア　①差押えの対象となる証拠物のもつ証拠としての
　　　　重要性　　　　　　　　　　　　　　　　　　　　　　35
　　　　　本件は贈収賄事件である。一般に，贈収賄事件は
　　　　社会的関心が高いことに加えて，目撃者の少ない場
　　　　所で行われる性質がある。このことからすれば，A
　　　　が被疑事実を否認していることもあわせ考えると，
　　　　証拠数に乏しいものと考えられる。そして，本件テ　40　◀○本問の事情を網羅的に引用し
　　　　ープは，AがBに対し，現金を供与する場面を撮影　　　　つつ，適切に評価できている
　　　　したものであり，贈賄行為を高度に推認させる重要
　　　　証拠である。
　　　イ　②報道の自由に対する制約の程度

　　　　差押え当日までに放映を終えていることからすれ　45
　　ば，報道の機会が失われるものではない。したがっ
　　て，報道の自由に対する制約の程度が大きいものと
　　までは評価できない。
　ウ　③将来の取材の自由に対する影響の程度
　　　　さらに，Xは，Bの協力を得て撮影していること　50
　　からすれば，将来において取材の自由に対する悪影
　　響が生ずるものとは考えにくい。
⑶　これらを総合すれば，本件テープの差押えの必要性
　　がなお報道の自由の利益を上回ると認定できる。
第2　以上より，検察事務官が行った本件テープの差押えは，55
　　Xの報道の自由を侵害せず，合憲である。
　　　　　　　　　　　　　　　　　　　　　　　　以上

答案作成上の注意点

　本問は，報道の自由・取材の自由と公正な裁判の実現との緊張関係を扱う問題である。

　2020（令和2）年の予備試験において，報道の自由や取材の自由について出題された。そのため，司法試験においても，今後出題される可能性があると考えられるため，出題することとした。

　報道の自由や取材の自由については，明文の規定はないが，表現の自由として保障されることを論じてほしい。その際，「知る権利に奉仕する」というキーワードを使うよう心掛けるべきである。また，法人の人権享有主体性についても，コンパクトに論じてほしい。

　そのうえで，博多駅テレビフィルム提出命令事件（最大決昭和44年11月26日〔百選Ⅰ73事件〕）を引用しつつ，報道の自由と適正迅速な捜査との比較衡量論を規範として定立することになろう。問題文中の事実を網羅的に引用しつつ，評価を加えて丁寧に検討することが求められる。

　比較衡量論を用いる場合であっても，裸の比較衡量を行うのではなく，なんらかの考慮要素を示しつつ論じるほうが，より説得的な答案となるであろう。

答案構成

1　検察事務官によるビデオテープ原本の差押えはXの報道・取材の自由を制約し違憲か
(1)　まず，報道の自由は，知る権利に奉仕し，「表現の自由」（21条1項）に含まれる
　　　そして，取材は報道に不可欠であるから，取材の自由も，保障
(2)　次に，報道機関という法人も，自然人と同様に，1個の社会的実体として活動しているから，権利の性質上，これらの自由は保障
(3)　したがって，Xには，報道の自由および取材の自由が保障される
2　本件では，ビデオテープの原本が差し押さえられているため，報道の自由および取材の自由を制約
3　もっとも，公正な裁判の実現（37条1項）の要請から制約を受ける
　　たしかに，知る権利に奉仕
　　しかし一方，公正な裁判の実現には，適正迅速な捜査が不可欠の前提
　　そこで，①犯罪の性質，内容，軽重，取材結果の証拠価値，適正迅速な捜査を遂げる必要性と，②取材結果を押収されることにより報道の自由が妨げられる程度・将来の取材の自由が受ける影響，③その他諸般の事情を比較衡量

4　あてはめ
(1)　①について
　ア　たしかに，贈賄罪は重大犯罪とはいいきれない。しかし，国民の関心が高い
　イ　また，料亭内の一室という密室で行われ，事案の解明はABの供述に負う
　　　加えて，Aは未放映部分に自己の供述が裏づけられていると主張
　　　とすれば，テープは証拠上必要不可欠
　ウ　したがって，①適正迅速な捜査を遂げる必要性は高い
(2)　②について
　　　他方，Xは差押え当日までに放映
　　　とすれば，Xは将来の取材の自由が妨げられるにとどまる
　　　そのため②本件テープの押収により報道の自由が妨げられる程度・将来の取材の自由が受ける影響は大きくない
(3)　そのほか，③Xは現場をBの協力を得て撮影しており，これは将来の取材の自由への弊害を軽減する方向にはたらく
(4)　以上の事情を衡量すれば，不利益は受忍限度内
5　よって，本件差押えは合憲　　　　　　以上

【参考文献】
試験対策講座5章4節③【1】，9章2節①【1】【2】。判例シリーズ5事件，38事件，39事件。条文シリーズ3章■序説④2(1)，21条③2(1)。

第10問 B⁺ 人格権・プライバシー権に基づく差止請求

　　有名な文学賞を受賞した作家Aは，小説にAの個人的な知り合いB（大学院生）をモデルとした人物「C」を登場させ，Bの経歴やBが顔に重度の障害を負っていることなど具体的事実を織り交ぜて書き，出版した。同小説は進んで逆境に立ち向かっていく人間の姿を肯定的に描いた作品であったものの，Bは「勝手に小説のモデルに使われた」として，同小説の今後の出版の差止めを求めて訴えを提起した。この請求は認められるか。

【論　点】
1　人格権・プライバシー権
2　人格権・プライバシー権に基づく差止請求──人格権・プライバシー権と表現の自由

答案構成用紙

答案例

1 本問において，Bは，加害者Aに対し，本件小説の今後 の出版の差止めを求めて訴えを提起している。

→問題点の抽出

これは，Bの人格権に基づく出版の差止請求といえる。

ところが，このような新しい人権は，憲法14条以下（以 下法令名略）に列挙されていない。 5

→問題の所在

そこで，人格権が保障される憲法上の根拠が問題となる。

→論点の問題提起

(1) この点，13条後段の幸福追求権は，個人の人格的生存 に不可欠な利益を内容とする権利の総称をいうと解する。

→大前提（人格的利益説）
⇒芦部121頁

そして，個人の人格的価値に関わる利益を保護する人 格権は，個人の人格的生存に不可欠な利益といえる。 10

→小前提

したがって，人格権は，13条後段を根拠として保障さ れると解する。

→三段論法の帰結・論点の結論 （論点の問題提起に対応させ る）

(2) そして，人格的価値はきわめて重要な保護法益であり， 物権と同様の排他性を有する権利ということができる。

そこで，人格的価値を侵害された者は，人格権に基づ 15 き，加害者に対し，現に行われている侵害行為を排除し， または将来生ずべき侵害を予防するため，侵害行為の差 止めを求めることができると解する。

⇒最大判昭和61年6月11日（判例 シリーズ35事件）参照

(3) さらに，本件小説の出版により人格権は制約される。

→制約

2 そうだとしても，Bの人格権は，作家Aの「表現の自 20 由」（21条1項）という憲法上の権利と対立している。

→問題点の抽出

そこで，どのような場合に，人格権に基づく侵害行為の 差止めが認められるかが問題となる。

→論点の問題提起

たしかに，人格権は，個人の人格的価値に関わる利益を 保護するものであり，いったん傷つけられると容易に回復 25 しがたいという性格を有する権利である。

→人格権の価値

しかし，他方，表現の自由は，個人が言論活動を通じて 自己の人格を発展させるという自己実現の価値と，言論活 動によって国民が政治的意思決定に関与するという自己統 治の価値から，優越的地位を有する権利である。 30

→表現の自由の価値
⇒芦部180頁

そうだとすれば，人格権と表現の自由との間では，容易 にその優劣を決することはできない。

→両価値の調整

そこで，侵害行為の対象となった人物の社会的地位や侵 害行為の性質に留意しつつ，予想される侵害行為によって 受ける被害者側の不利益と侵害行為を差し止めることによ 35 って受ける侵害者側の不利益とを比較衡量して決すべきで ある。

→比較衡量論

そして，侵害行為が明らかに予想され，その侵害行為に よって被害者が重大な損失を受けるおそれがあり，かつ， その回復を事後に図るのが不可能または著しく困難になる 40 と認めるときは，侵害行為の差止めが認められると解する。 （判例に同旨）。

→規範定立

⇒最判平成14年9月24日（百選Ⅰ 62事件）

3 これを本件について検討する。

→あてはめ

(1) まず，Bは，一大学院生にすぎず，自己の業績，名声，

→侵害行為の対象となった人物の 社会的地位について

生活方法等によって公的存在（パブリック・フィギュア）となった者ではない。 45

（2）　次に，本件小説で問題とされている表現内容についてみると，本件小説は，進んで逆境に立ち向かっていく人間の姿を肯定的に描いた作品である。 ➡侵害行為の性質について
➡問題文の事実から

　　そうだとすれば，本件小説のテーマは，困難な人生を 50 ➡評価
いかに生き抜くかという人間にとって普遍的かつ重要な問題であり，社会の正当な関心事にあたり公共の利害に関する事項といえそうである。

　　しかし，ここで問題とされるのは，小説のテーマそれ自体ではなく，小説中の一部の具体的な記述である，Ｂ 55
の経歴やＢが顔に重度の障害を負っていることなどの具体的事実である。

　　そうだとすれば，本件小説の表現内容は，Ｂ個人に関 ➡52行目に対応させる
わる事項にすぎず，公共の利害に関する事項ではない。したがって，出版公表の必要性は大きいとはいえない。 60

（3）　一方で，作家Ａは有名な文学賞を受賞していることから，Ａの作品には社会的関心も高まっていることがうかがわれる。

　　そうであれば，本件小説が出版されると，相当の発行部数となるものと見込まれる。 65

（4）　加えて，本件小説の出版等がされれば，Ｂの精神的苦痛を倍加させ，平穏な日常生活や社会生活を送ることが困難となるおそれがあるものと認められる。

　　そして，本件で問題とされている記述は，単なる不名誉な事実（いわゆる醜聞の類）の公表とは異なり，時が 70
経つにつれてその影響力が減少するものではない。

　　むしろ，これを読む者が新たに加わるごとに，Ｂの精神的苦痛が増加し，Ｂの平穏な日常生活が害される可能性も増大するものである。

　　そうすると，その出版公表による被害を防止しようと 75
すれば，事後的賠償では足りないことは明らかであり，出版等による公表を事前に差し止める必要性は大きい。

（5）　以上より，出版公表によってＢの被る不利益は，出版 ➡比較衡量の結論
の差止めによって作家Ａの被る不利益をも，上回るものであるといえる。 80

　　そして，本件小説がすでに出版されたことにかんがみ ➡規範に対応させる
ると，侵害行為が明らかに予想され，その侵害行為によってＢが重大な損失を受けるおそれがあるといえる。

　　しかも，その不利益を防止するのに，事後的賠償によ ➡規範に対応させる
ることは相当でないから，その回復を事後に図るのが不 85
可能または著しく困難になると認められる。

4　よって，Ｂの人格権に基づく出版差止め請求は認められ ➡問いに答える
る。 以上

1　Bは，Aに対し，プライバシー権侵害を理由として，小
　説の出版差止め請求を行うことが考えられる。
　(1)　まず，プライバシー権は憲法上保障されるか。
　　ア　この点，14条以下に明文の規定がなくとも，個人の
　　　価値観が多様化した現代社会においては，憲法上の保　　5
　　　障を及ぼすべきである。
　　　　他方，人権の相対化を防ぐべく，あらゆる権利利益
　　　を人権として保障するのは妥当ではない。
　　　　そこで，個人の人格的生存に不可欠な利益であると
　　　認められる権利利益にかぎり，幸福追求権（13条後　　10
　　　段）として憲法上保障されるものと解する。
　　イ　情報化の発展した現代社会では，容易に個人の情報
　　　にアクセスすることが可能となっている。そのため，
　　　他人に知られたくない情報について秘匿することも人
　　　格的生存のために不可欠なものといえる。　　　　　　　15
　　ウ　よって，プライバシー権は幸福追求権として，13条
　　　後段により保障される。
　(2)　次に，小説の出版によってプライバシー権が制約され
　　るといえるか。
　　ア　この点，その情報が①私生活上あるいは私生活に関　　20
　　　わるものと認められる情報であって，②一般人の感受
　　　性を基準として，一般に公開されることを欲しない情
　　　報であり，③さらに，国民一般に知られていない非公
　　　知の情報であると認められる場合には，プライバシー
　　　権への制約となるものと解する。　　　　　　　　　　　25
　　イ　本件小説は，あくまで小説のモデルとしてBを用い
　　　たものにすぎず，小説それ自体からBと「C」を同一
　　　人物であると認識することはできないとも思える。
　　　　しかし，Bの経歴や顔に重度の障害を負っているこ
　　　となどの具体的事実を詳細に積み重ねて描写されてい　　30
　　　ることからすれば，「C」とBとの特徴が，きわめて多
　　　数にわたり一致するものと考えられる。そうだとすれ
　　　ば，不特定多数人において，「C」とBとが同一人物で
　　　あることを認識しうる。そのため，「C」を描写する
　　　ことによって，Bの経歴や傷病といった①私生活上の　　35
　　　情報が外部へ流出することと同視しうる。また，②一
　　　般人の感受性を基準にしても，病歴や過去の経歴にお
　　　いて公開したくない情報が含まれることは，経験則上
　　　一般に想定される。そのため，②一般に公開されない
　　　情報である。さらに，③国民一般がBの経歴や病気に　　40
　　　ついて知っていたものではなく，非公知の事実である
　　　といえる。
　　ウ　よって，Aが本件小説を出版することによって，B
　　　のプライバシー権が制約される。

⇐○差止め請求の根拠を明示して
　いる

⇐△「憲法14条以下（以下法名省
　略）」のほうが望ましい

⇐○人格的利益説から保障を導く
　ことができている

⇐○制約の有無につき判例を意識
　した規範を定立することができ
　ている

⇐○事実を丁寧に拾うことができ
　ている

⇐△規範との対応をもう少し意識
　できるとよい

（3）　もっとも，Aの表現の自由（21条1項）と対立することから，その比較衡量が問題となる。

　　ア　この点，Bのプライバシー権とAの表現の自由とは，いずれも重要な権利であることから，これらの優劣は，緻密な比較考量によるべきである。

　　　　そこで，小説の出版により，Bにおいて，重大にして回復困難な損害が生ずるおそれが認められる場合には，表現の自由を保障することによる利益がこれを上回るものと認められないかぎり，表現の自由を後退させて，小説の出版の差止めを認めるべきである。

　　イ　これを本件について検討する。

　　　　たしかに，Aの小説は，逆境に立ち向かっていく人間の姿を肯定的に描いた作品であったことからすれば，Bの経歴や病気よりも，Bの逆境に立ち向かっていく様子が中心的記載であることは否定できない。

　　　　しかし，Bの経歴やBが顔に重度の障害を負っていることなど，具体的事実を詳細かつ多数にわたり描写することにより，Bがこれまで，他人に秘匿したいと思っていた多数の情報が外部に露見し，Bは多大な精神的苦痛を被るおそれがある。

　　　　加えて，Aは有名な文学賞を受賞しており，相当数の売れ行きが見込まれることからすれば，ひとたび読まれれば多くの人にBの情報が知られてしまい，いっそう多大な精神的苦痛を被るおそれがある。

　　　　また，このようなプライバシー情報は，外部に流出してしまうと，人々の間に観念が固定し，払拭しにくいものといえる。そのため，ひとたび出版されてしまうと，事後的な回復が困難な性質を有する。

　　　　これらをふまえれば，Aの小説が出版されれば，Bがこれまで秘匿したいと考えていた情報が多数にわたり外部に流出し，性質上事後的回復が困難な損害が生ずると評価できるから，重大にして回復困難な損害が生ずるおそれがあると認定できる。

　　　　他方，Aの小説において，Bの経歴や病気などの点については修正，抹消のうえ，新たに出版することも十分に可能である。

　　　　そのため，Aの表現の自由を保障することによる利益が，Bの損害を上回るものとは評価できない。

　　ウ　よって，小説の出版の差止めの要件をみたす。

2　以上より，Bの請求は認められる。

以上

45

50

55

60

65

70

75

80

85

⇐○対立利益を明示できている

⇐○対立利益の重要性にも触れたうえで比較衡量によるべき旨を指摘できている

⇐○規範定立OK
⇐○比較衡量の規範を自分なりに定立できている

⇐○問題文の事情を適切に抽出，評価することができている

答案作成上の注意点 |||

　本問は，人格権もしくはプライバシー権に基づく差止め請求の事案である。司法試験や予備試験分野において，いまだに出版物の差止め請求に関する出題がされたことはない。そのため，今後予備試験においても出題される可能性が高いといえるので出題した。

　答案を作成するにあたっては，まず，いかなる人権に基づき差止め請求がなされているのかを，指摘する必要がある。答案例では人格権に基づき請求するという論述を採用したが，プライバシー権に基づく差止め請求であってもよいであろう。

　そのうえで，対立利益として，Aの表現の自由についても言及し，比較衡量を行うこととなる。その際には，石に泳ぐ魚事件判決（最判平成14年9月24日〔百選I62事件〕）を参考にするとよいであろう。比較衡量論により答案を作成するとしても，裸の衡量を行うのではなく，ある程度の考慮要素を下位規範として示したうえで，あてはめを行ったほうがより説得的なものとなろう。

　なお，本問は，Bが差止めを求める側であるから，あえて表現の自由の事前規制の可否を主軸にして論述を展開する必要はなく，「検閲」該当性については論じなくてよい。

答案構成 |||

1　人格権に基づく差止め請求
 (1)　この点，人格的価値に関わる利益の保護は，個人の人格的の生存に不可欠
　　　したがって，13条後段を根拠に保障
 (2)　そして，人格的価値はきわめて重要
　　　そこで，人格権に基づき，侵害行為の差止めを求めうる
 (3)　そして，本件小説が出版されると人格権に対する制約
2　そうだとしても，Bの人格権は，作家Aの表現の自由（21条1項）と対立
　　　そこで，どのような場合に，差止めが認められるか
　　　そもそも，表現の自由と人格権に優劣なし
　　　そこで，対象人物の社会的地位や侵害行為の性質に留意し比較衡量
　　　そして，侵害行為が明らかに予想され，被害者が重大な損失を受けるおそれがあり，かつ，事後回復が不可能または著しく困難なときは，差止めが認められる
3　あてはめ
 (1)　まず，Bはパブリック・フィギュアではない
 (2)　次に，たしかに，進んで逆境に立ち向か

う人間の姿を肯定的に描いた作品
　　　しかし，問題は，Bの経歴や顔の重度の障害などの具体的事実
　　　とすれば公共の利害に関する事項ではない
　　　すると出版の必要性は比較的小
 (3)　一方で，有名な文学賞を受賞しているAの作品には社会的関心も高い
　　　とすると，小説が出版されると，相当の発行部数が見込まれる
 (4)　加えて，小説が出版されれば，Bの精神的苦痛を倍加させ，読者が新たに加わるごとに，Bの精神的苦痛が増加するおそれ
　　　すると差止めの必要性は大
 (5)　以上より，Bの被る不利益は，作家Aの被る不利益を上回る
　　　そして，侵害行為が明らかに予想され，Bが重大な損失を受けるおそれ
　　　しかも，事後的賠償による不利益防止は相当ではないから，事後回復は不可能または著しく困難
4　よって，Bの人格権に基づく出版差止請求は認められる

以上

【参考文献】
試験対策講座7章1節②【4】。判例シリーズ33事件，35事件。条文シリーズ13条②5(2)。

第11問 A　知る自由と検閲

　ある県では，自動販売機による有害図書類の販売を規制するため，次の案による条例の制定を検討している。この条例案に含まれる憲法上の問題点につき論ぜよ。なお，有害図書類の制作者または販売者の憲法上の権利については，論じなくてよい。
　「第○条　自動販売機には，青少年に対し性的感情を著しく刺激または残虐性をはなはだしく助長し，青少年の健全な育成を阻害するおそれがあると認めて知事が指定した文書，図画又はフィルムを収納しまたは陳列してはならない。
　　2　知事は，前項の規定に違反する業者に対し，必要な指示または勧告をすることができ，これに従わないときは，撤去その他の必要な措置を命ずることができる。この命令に違反した業者は，3万円以下の罰金に処せられる。」

【論　点】
1　限定されたパターナリスティックな制約
2　知る自由
3　検閲該当性
4　明確性の原則

答案構成用紙

1　まず，本件条例は，規制対象となる文書，図画およびフィルム（以下「文書等」という）の指定権限を県知事に認め，指定された文書等を自動販売機に収納・陳列することを禁止している。

　　そこで，このような規制を定める本件条例は「検閲」（憲法21条2項前段。以下法名省略）にあたり，違憲無効ではないか。

　(1)　ここで，検閲禁止の絶対性を貫徹するために，「検閲」とは，行政権が主体となって，思想内容等の表現物を対象とし，その全部または一部の発表の禁止を目的として，対象とされる一定の表現物につき網羅的一般的に，発表前にその内容を審査したうえ，不適当と認めるものの発表を禁止することをいうと考える。

　(2)　これを本件についてみると，上記指定は発表を禁止する目的ではなく，あくまで自動販売機へ収納・陳列することを禁止する目的でなされるにすぎない。また，すでに発表された文書等を対象としており発表前にその内容を審査するものではない。

　(3)　よって，本件条例は「検閲」にあたらない。

2　そうだとしても，本件条例は，自動販売機により文書等を入手して閲覧する者（以下「閲覧者」という）の文書等閲覧の自由（以下「本件自由」という）を侵害し，違憲ではないか。

　(1)　まず，情報の送り手と受け手の分離・固定化が顕著になった現代社会では，表現の自由を受け手の側から再構成した権利として，知る自由を保障する必要がある。そこで，知る自由は21条1項により保障されると考える。

　　そして，本件自由も知る自由の一種であるから，同項によって保障される。

　(2)　次に，本件条例は，知事が指定した文書等を自動販売機に収納したり陳列したりすることを禁止している。そして，閲覧者は自動販売機により指定文書を入手して閲覧することができなくなるから，本件自由は本件条例によって制約されているといえる。

　(3)　本件自由も公共の福祉（12条後段，13条後段）による制約を受けるが，表現の自由を規制する立法の法文が漠然不明確である場合，表現行為に対して萎縮効果を及ぼすことになるから，このような立法が公共の福祉により正当化される余地はない（明確性の原則）。

　　これを本件についてみると，本件条例は，規制対象となる文書等につき，「性的感情を著しく刺激」や「残虐性をはなはだしく助長」といった主観的概念を用いて定義している。もっとも，青少年の保護という本件条例の目的等に照らせば，青少年にとって成長の悪影響となる

---右欄---

➡問題点の抽出

➡問題提起

➡定義

➡あてはめ

➡保護範囲

➡制約

➡形式的正当化

➡あてはめ

ものと，通常は解釈することができる。したがって，通　45
常の判断能力を有する一般人の理解において，具体的場
合に当該行為がその適用を受けるものかどうかの判断を
可能ならしめるような基準が読みとれるといえる。

　　　よって，本件条例は明確性の原則に反せず，上記制約
は形式的に正当化される。　50

(4)　本件条例が明確だとしても，実質的にも正当化されな　　　　　→実質的正当化
　　ければならないので，違憲審査基準が問題となる。

　　　ア　まず，インターネットの発達した現代では，指定文　　　→規制態様
　　　　書等の入手手段は多様であり，自動販売機にかぎられ
　　　　ない。そうすると，本件条例は指定文書等の入手方法　55
　　　　を一部制限するものにすぎず，規制態様は弱い。
　　　　　一方で，制約されている権利は知る自由の一種であ　　　→権利の性質
　　　　り，一般的には国民の人格発展や政治的意思決定への
　　　　関与に資する度合いの強い重要な権利といえる。しか
　　　　し，未成年については，提供される知識や情報の取捨　60　→限定されたパターナリスティッ
　　　　選択能力が乏しく，知る自由の保障根拠が妥当しない　　　　 クな制約
　　　　部分がある。そこで，精神的未熟さに由来する害悪か
　　　　ら未成年者を保護する目的での規制については，やや
　　　　ゆるやかに合憲性を審査すべきである。
　　　イ　そこで，目的が重要で，手段が効果的でありかつ過　65　→規範定立
　　　　度でない場合に，上記制約が正当化されると考える。

(5)　これを本件について以下検討する。　　　　　　　　　　　　　→あてはめ
　　　ア　まず，目的は，有害な文書等から未成年者を保護し，　　　→目的
　　　　もって未成年者の健全な育成を図ることにあると考え
　　　　られる。そして，精神的に未熟な未成年者については，70
　　　　国家が後見的に保護しなければ健全な育成が容易に阻
　　　　害され，社会に貢献する有用な人材が失われることに
　　　　もなるから，上記目的は重要といえる。
　　　イ　しかし，有害な文書等が未成年者の人格形成に悪影　　　→手段
　　　　響を及ぼすことが科学的に証明されているわけではな　75
　　　　い。もっとも，未成年者を保護するためには科学的証
　　　　明を待つ時間的余裕はない以上，そのような悪影響に
　　　　対する社会共通の認識からして，未成年者による有害
　　　　文書等の入手の制限により，上記目的を達成できると
　　　　いってよい。よって，手段が効果的といえる。　80
　　　　　また，たしかに指定文書等の入手手段を制約するも
　　　　のの，成年も未成年もインターネットにアクセスでき
　　　　る現代では，その入手に生じる困難は僅かである。よ
　　　　って，閲覧者の文書等閲覧の自由を過度に制約するも
　　　　のとはいえず，手段が過度とはいえない。　85
　　　　　よって，上記制約は実質的にも正当化される。

(6)　以上より，本件条例は，21条1項に違反せず，合憲で　　　　　→結論
　　である。　　　　　　　　　　　　　　　　　　　　以上

第1　本件条例案は，自動販売機から文書等を購入し，閲覧
　　する者の文書等閲覧の自由（21条1項）を侵害し，違憲で
　　はないか。

　1　まず，情報化社会の現代においては，情報の送り手と
　　受け手が分離しており，国民の多くは情報の受け手に固
　　定されている。　　　　　　　　　　　　　　　　　　　5

　　　そこで，表現の自由を受け手の側から再構成した権利
　　として知る自由は21条1項により保障される。そして，
　　文書等閲覧の自由も知る自由と実質的に同一であるため
　　同項により保障される。　　　　　　　　　　　　　　10

　2　次に，本件条例案は，知事が有害図書類の指定権を与
　　え，知事が指定した文書等の自動販売機への収納，陳列
　　が禁止される旨を定めている。したがって，本件条例案
　　は，上記自由を制約するものである。

　3　そして，上記自由も公共の福祉（12条後段，13条後　　15
　　段）により一定の範囲で制約を受ける。もっとも，本件
　　条例案は，知事が指定した文書等の自動販売機での販売
　　を禁止する点で，「検閲」（21条2項）にあたり，上記制
　　約は正当化されないのではないか。

　　(1)　この点，「検閲」とは，行政権が主体となって，思　　20
　　　想内容等の表現物につき，その発表を禁止する目的で
　　　発表前にあらかじめその内容を網羅的・一般的に審査
　　　したうえで，不適当と認められる表現物の発表を禁止
　　　するものをいう。

　　(2)　本件条例案は，行政権たる知事が主体となり，文書　　25
　　　等の内容を審査するものであるが，当該文書等はすで
　　　に発表済みのものが対象となる。

　　　　したがって，本件条例案による知事の指定は，発表
　　　前に文書等の内容を審査するものではなく「検閲」に
　　　あたらない。　　　　　　　　　　　　　　　　　　30

　4　そうだとしても，本件条例案は，指定対象文書につき
　　「性的感情を著しく刺激」，「残虐性をはなはだしく助
　　長」等の不明確な文言で規定しているため，明確性の原
　　則に反し，上記制約は正当化されないのではないか。

　　(1)　この点，表現の自由への萎縮的な効果が及ぶのを避け　　35
　　　るため，通常の判断能力を有する一般人の理解におい
　　　て，具体的場合に当該行為がその適用を受けるかどう
　　　かの判断を可能ならしめる基準が読み取れない場合，
　　　当該法令は明確性の原則に反し違憲となると解する。

　　(2)　上記文言は「著しく」や「はなはだしく」という　　40
　　　個々人の主観により判断が分かれうる表現を用いてお
　　　り，通常の判断能力を有する一般人の理解において，
　　　文書等が指定対象となるかどうかの判断を可能ならし
　　　める基準を読み取ることができない。

【欄外注】

◀△「（憲法21条1項。以下法名省略）」のほうが望ましい

◀○保障根拠OK

◀△正しくは「21条2項前段」である

◀△税関検査事件の規範を正確に示せるとなおよい

◀○徳島市公安条例事件の規範を正確に示すことができている

◀△明確性が問題となるのは「性的感情」や「残虐性」のほうである

　　　　　したがって，本件条例案は，明確性の原則に反し，　　45
　　　　形式的に正当化できず，違憲である。
第2　　かりに，上記制約が形式的に正当化されるとしても，
　　実質的に正当化しえなければ，なお本件条例案は21条1項
　　に反し，違憲である。
　1　　まず，本件条例案は文書等の表現内容に着目した規制　　50
　　を設けるものであり，思想の自由市場をゆがめるおそれ
　　が大きい。また，主として自動販売機で販売される文書
　　等につき，指定がなされれば，これを市場で入手するこ
　　とは困難となり，事実上閲覧者の閲覧の機会が失われる
　　こととなる。したがって，本件条例案の規制態様は強い。　55
　　　　もっとも，知る自由は一般的に自己実現，自己統治の
　　価値を有する重要な権利であるものの，上記自由はこの
　　ような価値が希薄である。
　　　　また，上記制約は精神的に未熟な青少年への悪影響を
　　排除して，その健全な育成を保持する性質のものである　　60
　　ため，その違憲審査はややゆるやかに行うべきである。
　2　　そこで，本件条例案の目的が重要であり，手段が効果
　　的かつ過度でない場合，上記制約は正当化されると解す
　　る。
　　(1)　まず本件条例案の目的は，有害図書類の販売により　　65
　　　青少年の健全な育成が阻害されることを防止する点に
　　　ある。青少年は一般的に精神的に未熟であり，みずか
　　　らの成長にとって適切な情報を取捨選択することがで
　　　きない。そして，青少年が不適切な文書を閲覧すれば
　　　自身の人格的自律を永続的に弱化せしめる事態になり　　70
　　　かねない。したがって，上記目的は重要である。
　　(2)　また，本件条例案による指定文書は一般に青少年の
　　　性的逸脱行為や暴力的行為を助長しうることは社会全
　　　体の共通認識となっている。そして，自動販売機は対
　　　面販売と異なり心理的に購入が容易であり，青少年に　　75
　　　当該文書を閲覧する機会を与える大きな要因となると
　　　考えられる。そうだとすれば，上記制約は目的達成の
　　　ために効果的な手段といえる。
　　　　さらに，上記制約は成人の文書等を閲覧する機会を
　　　損なう側面も有するものの，なお書店等での対面販売　　80
　　　の機会は保たれる。また，上記制約は青少年にとって
　　　もその健全な成長を確保する必要がある一定の期間に
　　　かぎって，文書等の閲覧機会を制限するものにすぎな
　　　い。そうだとすれば，上記制約は目的達成のために過
　　　度な手段ともいえない。　　　　　　　　　　　　　　85
　　(3)　したがって，上記制約は実質的には正当化される。
第3　　以上より，本件条例案はかりに明確性の原則に反しな
　　いとすれば，21条1項に反せず，合憲である。　　　以上

⬅︎○権利の重要性，規制態様について，自分なりに評価を加えて論じることができている

⬅︎○パターナリスティックな制約について，端的に指摘することができている

⬅︎○判例をふまえて適切に論じることができている

⬅︎△内容が重複している

⬅︎○問いに答えられている

答案作成上の注意点

　本問は，旧司法試験昭和53年度第1問を改題したものである。表現の自由における重要概念である検閲や明確性の原則，および知る自由について理解を深めるうえで有用であると考え出題した。

　本問では条例案に含まれる憲法上の問題点をみずから設定して論じることが求められる。その際，本問のベースである岐阜県青少年保護育成条例事件（最判平成元年9月19日〔百選I 50事件〕）を参考にして問題点を抽出するとよいであろう。この判例に従えば，まず検閲該当性（21条2項前段）を論じることとなる。もっとも，本問は論ずべきことが多いため，コンパクトに論述すべきであろう。また，明確性の原則についても徳島市公安条例事件（最大判昭和50年9月10日〔百選I 83事件〕）の規範に照らし，端的に指摘すべきである。そして，本問のメインの問題である文書等の購入者の知る自由については，未成年者へのパターナリスティックな制約という特殊事情を考慮したうえで，説得的な論述を展開する必要がある。

答案構成

1　本件条例は，指定された文書等を自動販売機に収納・陳列することを禁止
　　そこで，本件条例は「検閲」（21条2項前段）にあたらないか
　(1)　ここで，「検閲」とは，行政権が主体となって，思想内容等の表現物を対象とし，その全部または一部の発表の禁止を目的として，対象とされる一定の表現物につき網羅的一般的に，発表前にその内容を審査したうえ，不適当と認めるものの発表を禁止することをいう
　(2)　本件についてみると，「検閲」にはあたらない
　(3)　よって，「検閲」にあたらない
2　本件条例は，閲覧者の文書等の閲覧の自由を侵害し，違憲か
　(1)　この点，表現の自由を受け手の側から再構成し，知る自由は21条1項により保障
　　　そして，本件自由も同項により保障
　(2)　次に，閲覧者は自動販売機により指定文書を入手・閲覧できなくなるから，本件自由は本件条例により制約
　(3)　表現の自由を規制する立法の法文が不明確である場合，このような立法は正当化されない（明確性の原則）
　　　本件についてみると，本件条例は規制対象につき，主観的概念を用いて定義

　　　もっとも，本件条例の目的から通常の判断能力を有する一般人の理解において，具体的場合に当該行為がその適用を受けるかどうかの判断を可能ならしめるような基準が読みとれる
　　　よって，明確性の原則に反しない
　(4)　また，本件条例は実質的に正当化されるか
　　ア　この点，本件条例は文書等を入手する方法を一部のみ制限し，規制態様は弱い
　　　　一方，閲覧の自由は人格発展や政治的意思決定への関与に資する重要な権利
　　　　しかし，未成年者を保護する目的での規制は，ややゆるやかに合憲性審査
　　イ　そこで，目的が重要で，手段が効果的でありかつ過度でない場合に，正当化
　(5)　これを本件について検討
　　ア　まず，未成年者の健全な育成を図る目的は重要
　　イ　社会共通の認識からして，有害文書等の閲覧制限により，目的達成できると考えてよく，手段が効果的である
　　　　また，成人の文書等閲覧の自由を過度に制約するものとはいえず，手段が過度ではない
　　　　よって，実質的にも正当化される
　(6)　以上より，本件条例は合憲　　　　　以上

【参考文献】
試験対策講座9章1節②【2】，3節②【1】(4)・【2】。判例シリーズ28事件，45事件。条文シリーズ21条③1(2)・3(2)(a)(iv)・(b)。

理容師法は,「理容師の資格を定めるとともに, 理容の業務が適正に行われるように規律し, もつて公衆衛生の向上に資することを目的」(同法第1条)として制定された法律である。同法第12条第4号は, 理容所(理髪店)の開設者に「都道府県が条例で定める衛生上必要な措置」を講じるよう義務づけ, 同法第14条は, 都道府県知事は, 理容所の開設者が上記第12条の規定に違反したときには, 期間を定めて理容所の閉鎖を命ずることができる旨を規定している。

　　A県では, 公共交通機関の拠点となる駅の中心に, 簡易な設備(洗髪設備なし)で安価・迅速に散髪を行うことのできる理容所が多く開設され, そこでの利用者が増加した結果, 従来から存在していた理容所の利用者が激減していた。そのような事情を背景に, 上記の理容師法の目的を達成し, 理容師が洗髪を必要と認めた場合や利用者が洗髪を要望した場合等に適切な施術ができるようにすることで理容業務が適正に行われるようにするとともに, 理容所におけるいっそうの衛生確保により, 公衆衛生の向上を図る目的で, A県は, 同法第12条第4号に基づき, 衛生上必要な措置として, 洗髪するための給湯可能な設備を設けることを義務づける内容の条例を制定した。このA県の条例に含まれる憲法上の問題について論ぜよ。

　　なお, 法律と条例の関係については論じる必要はない。

【資料】
理容師法(昭和22年法律第234号)
第1条　この法律は, 理容師の資格を定めるとともに, 理容の業務が適正に行われるように規律し, もつて公衆衛生の向上に資することを目的とする。
第1条の2　この法律で理容とは, 頭髪の刈込, 顔そり等の方法により, 容姿を整えることをいう。
2　この法律で理容師とは, 理容を業とする者をいう。
3　この法律で, 理容所とは, 理容の業を行うために設けられた施設をいう。
第12条　理容所の開設者は, 理容所につき左に掲げる措置を講じなければならない。
　一　常に清潔に保つこと。
　二　消毒設備を設けること。
　三　採光, 照明及び換気を充分にすること。
　四　その他都道府県が条例で定める衛生上必要な措置

【論　点】
1　職業選択の自由・営業の自由
2　規制目的二分論

1　A県の条例（以下「本件条例」という）は，理容所の開 ⟶問題提起
設者が洗髪設備を設けないで理容所を営業する自由（以下
「本件自由」という）を侵害し，違憲ではないか。
(1)　まず，本件自由が職業選択の自由を定める憲法22条1 ⟶保護範囲
項（以下「憲法」法名省略）により保障されるかについ
て検討する。　　　　　　　　　　　　　　　　　　　5

> ア　この点について，職業選択の自由（22条1項）の内
> 容として，選択した職業を遂行する自由も保障しない
> と，その実効性を確保しえない。
> 　そこで，営業の自由は，22条1項により保障される ⟶規範定立
> と解する。　　　　　　　　　　　　　　　　　　10

イ　そして，設備面でのコストを減らし，散髪サービス ⟶あてはめ
を安価に行うという営業方法は，経営上の採算に関す
る重要な経営判断であり，理容所経営という職業の選
択と密接に関連するものである。現に，このような理 15
容所の利用者は増加しており，従来の理容所とは異な
る個性を有する営業形態といえる。
ウ　したがって，本件自由は，営業の自由として，同項
により保障される。
(2)　そして，理容師法（以下「法」という）12条4号に基 20 ⟶制約
づき定められた本件条例は，給湯可能な設備を設けるこ
とを義務づけているところ，これに違反した場合には法
14条に基づき理容所の閉鎖命令が発せられることになり，
営業自体を行うことができなくなる。そうだとすれば，
理容業を営む者は事実上，本件自由を行使できないとい 25
えるから，法12条4号に基づき制定された本件条例によ
り，本件自由は制約されている。
(3)　もっとも，本件自由も，「公共の福祉」（22条1項）に ⟶正当化
よる制約に服する。そこで，上記制約が公共の福祉によ
るものとして正当化されるか，違憲審査基準が問題とな 30
る。

> ア　職業は自己のもつ個性を全うすべき場として，個人 ⟶権利の性質
> の人格的価値と不可分の関連を有するものであるから，
> 本件自由は重要なものである。
> 　また，本件条例は，閉鎖命令という効果をもたらす 35 ⟶規制態様
> 前提となる要件を定めたものであるところ，これが発
> せられた場合には理容業そのものを遂行できなくなる
> のであるから，規制態様は強度のものといえる。
> 　さらに，本件条例は，理容所におけるいっそうの衛 ⟶消極目的
> 生確保により公衆衛生の向上を図るという消極目的を 40
> 有しているといえる（法1条参照）。そして消極目的
> の場合，政策的判断が要求される余地は小さく，裁判
> 所の審査能力が不十分とはいえない。
> 　他方，本件条例制定の背景には，洗髪設備なしの理 ⟶積極目的

容所の利用者増加に伴い，既存の理容所の利用者が激　45
減したという事情がある。このような事情からすれば，
本件条例は，既存の理容所の経営の安定のための積極
目的規制であるともいえそうであり，そうであるとす
れば，審査能力の制約から，裁判所は立法府の裁量的
判断を尊重する必要がある。　50

　　しかし，法1条は理容業の適正な遂行の確保および
公衆衛生の向上を目的としているし，法12条も1号か
ら3号までにおいて公衆衛生上の具体的な措置を定め
るほか，4号で「その他……衛生上必要な措置」と定
めており，これらを既存の理容業者保護のための規定　55
と解釈することはできない。したがって，法12条4号
に基づき制定された本件条例は，もっぱら公衆衛生向
上を目的としており，積極目的を有するものではない
というべきである。

　イ　そこで，目的が重要であり，手段が効果的かつ過度　60
　　でない場合に，上記制約が正当化されると解する。

　　　　　　　　　　　　　　　　　　　　　　　　　⇒規範定立

(4)　これを本件について検討する。　⇒あてはめ
　ア　まず，本件条例の目的は，公衆衛生の向上を図る点　⇒目的
　　にある。そして，理容所は，不特定多数の人が利用す
　　る場所であるため，感染症等もまん延しやすく，特に　65
　　衛生確保のための対策を講じるべきであるから，この
　　ような目的は重要であるといえる。

　イ　次に手段についてみると，たしかに，散髪後に洗髪　⇒手段
　　しなければ，髪が散乱するなどして一定程度不衛生と
　　なる場合もあるから，洗髪設備の設置を義務づけるこ　70
　　とは，効果的な手段であるといえる。

　　　　しかし，吸引機によって髪の飛散を防ぎ，あるいは
　　消毒設備を設けたり，換気を十分にしたりすることに
　　よっても（法12条2号，3号参照）上記目的を十分に
　　達成できるのであるから，相当程度の経済的支出を伴　75
　　う洗髪設備の設置を義務づけることは過度な手段であ
　　る。

　　　　したがって，上記制約は正当化されない。

2　よって，A県の条例は，本件自由を侵害し，違憲である。　⇒結論
　　　　　　　　　　　　　　　　　　　　　以上　80

第1　本件条例は理容師の洗髪設備を設けないで理容所を営業する自由を侵害し違憲ではないか。

⬅△一文が長い

　1　まず，洗髪設備を設けないで理容所を営業する自由が憲法上保障されるか検討するに，自己の選択した職業を遂行する営業の自由も憲法上保障しなければ憲法22条1項（以下「憲法」法名省略）で職業選択の自由を保障した意義が希薄化するので営業の自由も同項により保障されるところ，上記自由は，選択した理容師という職業をいかに遂行するかに関わるものであるから，営業の自由として22条1項により保障される。

　2　次に，本件条例は理容所に洗髪設備を設けることを「衛生上必要な措置」（理容師法12条4号）として義務づけ，これに違反した場合には同法14条により閉鎖命令がなされる可能性がある。そうだとすれば，上記自由に対する制約はある。

　3　もっとも，上記自由も絶対無制約ではなく，「公共の福祉」による制約を受ける（22条1項）。そこで，本件条例が「公共の福祉」によるものとして正当化されるか以下検討する。

⬅○薬事法判決を意識できている

　　まず，職業は各人が自己のもつ個性を全うすべき場として，個人の人格的価値とも不可分に関連を有するものであるから，本件自由は個人の人格的発展と関連する重要な権利である。また，職業活動はその性質上社会相互関連性が大きいが，それにより権利の価値が低くなることはない。さらに，閉鎖命令がなされると営業できなくなるので規制態様も強度である。

⬅△社会的相互関連性が大きいことを理由に，一定の規制の必要性があるとすべきである

　　次に，たしかに，本件条例は従来からA県に存在していた理容所を政策的に保護するために制定されている。そうだとすれば，積極目的規制であり，本件条例が正当化されるかはゆるやかに審査するべきとも思える。もっとも，このような目的は条例から読み取れない。また，本件条例は公衆衛生の向上を図ることを目的としており，いわゆる消極目的規制である。そして，消極目的規制の場合には裁判所の審査能力は不十分といえないので，ゆるやかに審査するべきでない。

⬅○目的の解釈を行うことができている

　　そこで，本件条例の目的が重要であり，手段が効果的であり過度でない場合に正当化され合憲と解する。

　4　本件についてみると，条例の目的は公衆衛生の向上を図る点にある。そして，理容所においては，不特定多数の人が出入りするため，公衆衛生が不十分だと多くの利用者が被害を受ける可能性が高い。そうだとすれば，このような事態を防止することは国家の責務（13条）といえるので，重要な目的といえる。

⬅△13条を根拠に国の責務を論じることはできないであろう

　　次に，理容所に洗髪設備を設けることを義務づければ，

不衛生な利用者を散髪することで理容所が汚損されると 45
いった事態を防止しうるので、公衆衛生上の向上という
目的との関係で適合し、効果的な手段である。

　もっとも、洗髪設備を設けさせなくとも、利用者の髪
を吸引することでも公衆衛生の向上は図れるし、また、
利用者の散髪を行うたびに洗髪器具を掃除することによ 50
っても公衆衛生は確保できる。そうだとすれば、洗髪設
備という多額の費用が必要な設備を設けさせることは公
衆衛生上の向上を図るという目的を達成する手段として
過度なものである。

　したがって、本件条例は「公共の福祉」によるものと 55
して正当化されない。
第2　よって、本件条例は22条1項に違反し、違憲である。
　　　　　　　　　　　　　　　　　　　　　　以上

←○効果的かつ過度でないという
基準について、説得的にあては
めることができている
←○ほかの手段の検討OK

答案作成上の注意点

本問は，旧司法試験2010（平成22）年度第１問であるが，職業選択の自由および営業の自由の事案であり，これについて理解を深めるのにはもっとも適した題材であると考えて出題した。なお，2020（令和２）年公法系第１問でも，これらについて問われている。

本問を解答するうえでは，洗髪設備を設けないで理容所を営業する自由が憲法上保障されるかを検討する必要がある。そこで，まず，営業の自由が22条１項により保障されるかを論証したうえで，洗髪設備を設けないで理容所を営業する自由が営業の自由といえるかのあてはめをすることが求められている。

次に，本件自由に対する制約があるかについて，資料を参考にしながら認定する必要がある。

そして，違憲審査基準を定立する際，答案例のように規制目的二分論に立つ場合は，本件自由の性質や規制態様を考慮しつつ，本件条例が積極目的，消極目的規制のいずれであるかを丁寧に検討することが求められる。

職業選択の自由に関する出題で規制目的二分論を採用する際には，問題となっている規制が積極目的，消極目的か否かが主な対立点となる。この問題を通じて処理手順を確認してほしい。

答案構成

1　A県の条例は理容所の開設者が洗髪設備を設けないで理容所を営業する自由を侵害し違憲か
　(1)　まず，本件自由は22条１項により保障されるか
　　ア　この点，職業選択の自由の内容として，選択した職業を遂行する自由も保障しないと，その実効性を確保しえない
　　　そこで，営業の自由は，22条１項により保障されると解する
　　イ　そして，洗髪設備を設けないという営業方法は理容所経営という職業の選択と密接に関連
　　ウ　したがって，本件自由は職業遂行の自由として保障
　(2)　そして，理容師法12条４号に基づき制定された本件条例により本件自由は制約される
　(3)　もっとも，公共の福祉（22条１項）。本件条例は正当化されるか
　　ア　職業は，個人の人格的価値と不可分の関連を有するため，本件自由は重要

　　　また，本件条例は，閉鎖命令を定めており，本件自由に対する強度の制約
　　　さらに，本件条例は，公衆衛生の向上を図るという消極目的を有している
　　　他方，本件条例は，既存の理容所の経営の安定のための積極目的を有しているともいえそう
　　　しかし，法の目的および解釈から，本件条例は積極目的とはいえない
　　イ　そこで，目的が重要であり，手段が効果的かつ過度でない場合に制約が正当化
　(4)　本件について検討
　　ア　公衆衛生の向上を図る目的は重要
　　イ　たしかに，洗髪設備を設置させることを義務づければ効果的
　　　しかし，吸引機，消毒設備，換気などによっても目的達成可能
　　　そうだとすれば，相当程度の経済的支出を伴う洗髪設備の設置は過度な手段
　　　上記制約は正当化されない
2　よって，本件条例は違憲
　　　　　　　　　　　　　　　　　　以上

【参考文献】
試験対策講座10章１節①【２】・②【２】。判例シリーズ49事件，51事件。条文シリーズ22条③１(2)・(3)。

第13問 A 財産権

　酪農家Xの飼育していた牛が，原因不明の病原菌に感染した。この病原菌は人体に有害な可能性があるものの，有害であることの科学的な証明はされていなかった。しかし，国は人体への害を考慮して感染の疑いのある牛をすべて処分するとの法律を制定した。この法律により，感染の疑いのある牛を飼育する酪農家らは牛の処分を余儀なくされ，Xも飼育している牛のすべてを処分された。そのため，Xは牛を売却できなくなり，多大な損害を被った。

　この場合の憲法上の問題点について論ぜよ（同法律には補償に関する規定は設けられていないものとする）。

【論　点】
1　財産権の保障と制限
2　「正当な補償」（29条3項）の要否
3　29条3項に基づく直接補償請求

答案構成用紙

答案例

第1　財産権侵害について
　1　本問では，制定された法律（以下「本件法律」とい
　　う）により，酪農家Xは飼育している牛のすべてを処分
　　され，多大な損害を被っている。
　　　そこで，本件法律は，Xの財産権（憲法29条1項。以　　5
　　下法名省略）を侵害し，違憲ではないか。

　2　まず，「財産権」とは，個人の現に有する具体的な財
　　産上の権利をいう（森林法共有林分割制限事件に同旨）。
　　　Xの飼育している牛も，Xの具体的財産のひとつであ
　　るから，29条1項の財産権として保障されている。　　　10

　3　そして，本件法律によれば，感染の疑いのある牛はす
　　べて処分されることから，制約はある。

　4　もっとも，財産権も絶対無制約ではなく，「公共の福
　　祉」（29条2項）による制約を受ける。そこで，本件法
　　律は「公共の福祉」に適合するか，違憲審査基準が問題　　15
　　となる。

　　(1)　この点について，29条2項は，「公共の福祉に適合
　　　するやうに，法律でこれを定める」としており，立法
　　　裁量が予定されている。
　　　　もっとも，財産権は人としての自由な存立の経済的　　20
　　　基盤を確保し，個人の尊厳を保つために重要である。
　　　　また，本件法律によれば感染の疑いのある牛はすべ
　　　て処分されるため，制約は具体的であり，規制態様は
　　　強度のものといえる。
　　　　さらに，本件法律の規制目的は，感染した牛を食べ　　25
　　　ることなどにより生じる人体への害の防止であるから，
　　　本件法律は国民の生命および健康に対する危険を防止
　　　する消極目的規制である。
　　　　そこで，立法裁量が縮減し，目的が重要であり，手
　　　段が効果的かつ過度でない場合には，「公共の福祉」　　30
　　　に適合するものと解する。

　　(2)　これを本件についてみると，本件法律の規制目的は，
　　　前述のとおりであるところ，これは，人の生命・身体
　　　を維持するうえで重要なものといえる。
　　　　次に，規制手段についてみると，本件の病原菌は人　　35
　　　体に有害な可能性があるところ，病原菌に感染した疑
　　　いのある牛をすべて処分すれば人への感染は防ぐこと
　　　ができるため，目的を達成するため効果的である。
　　　　また，有害であることの科学的証明はなされていな
　　　いが，この病原菌は原因不明であるため，人の生命・　　40
　　　身体に取り返しのつかない損害が生じうる。このよう
　　　な損害の重大性にかんがみれば，感染の疑いのある牛
　　　をすべて処分することもやむをえず，過度なものとは
　　　いえない。

（右側欄外の注記）
➡問題点の抽出
➡問題提起
➡制約
➡正当化
➡権利の性質
➡規制態様
➡規範定立
➡あてはめ，目的
➡手段

5　よって，本件法律は，「公共の福祉」に適合するものとして合憲である。　45　→結論

第2　損失補償について

1　本件法律には補償に関する規定が設けられていないところ，これが29条3項に反しないかが問題となる。　→問題点の抽出

2　まず，「公共のために用ひる」とは，公用収容にかぎ　50　→規範定立
らず，広く公共利益目的のために財産権を制限する場合
一般を含むと解される。

そして，感染の疑いのある牛を処分することは，人体
への害の防止という公共利益目的の制限であるから，
「公共のために用ひる」といえる。　55

3　次に，「補償」の要否については，私有財産の制限が　→論点の問題提起
特別の犠牲を強いるものか否かで判断すべきと解される
（特別犠牲説）ところ，何をもって特別の犠牲とみるか
が問題となる。

(1)　この点について，29条1項は私有財産制を保障して　60
いるから，補償は一部の者のみに課される犠牲という
不平等な負担を是正するものである。また，29条1項
は個人の具体的な財産権を保障しているから，補償は
財産権の本質的内容の侵害を填補するものである。

そこで，特別の犠牲とみるかは，①侵害行為の対象　65　→規範定立
が一般人か特定人か，②侵害行為が財産権の本質的内
容を侵害するほど強度のものか否かとがあわせて考慮
されなければならないと解する。

(2)　これを本件についてみると，本件法律の適用を受け
るのは実質的に酪農家などにかぎられるため，①対象　70
は特定人である。また，酪農家にとって牛は生活の糧
であり，売却を伴わない処分はまさに生活にとって必
要不可欠な財産を奪うことに等しい。したがって，②
財産権の本質的内容を侵害するほどの強度のものとい
える。　75

よって，特別の犠牲を強いるものといえる。　→結論

4　そうだとしても，Xが損失補償を請求できれば，本件　→論点の問題提起
法律は29条3項に反しない。そこで，29条3項を直接の
根拠として補償請求しうるかが問題となる。

そもそも，29条3項は私有財産を公共のために用いた　80
場合の救済規定である。また，損失補償の額については，
生存権（25条）の場合と異なり裁判上確定できる。

したがって，29条3項を直接の根拠として補償請求し　→規範定立
うると解する（河川附近地制限令事件に同旨）。

5　よって，Xは29条3項を直接の根拠として補償請求す　85　→結論
ることができ，本件法律は29条3項に反しない。

以上

優秀答案

1(1)ア　当該法律は，原因不明の病原菌の感染の疑いのある牛をすべて処分するというものである。

そこで，当該法律はXの財産権（29条1項）を侵害し，違憲ではないかが問題となる。

イ　まず，29条1項が私有財産制のみならず，個人の財産権をも保障しているかが問題となるも，個人の財産権は重要な権利であり，これをも保障しないと同条の存在意義が薄れるので，保障されると解する。

(2)　もっとも，財産権（29条1項）の保障も無制約ではなく，公共の福祉による内在的制約を受ける（13条）。

さらに，社会国家目的達成のため（25条以下），政策的な制約に服する（22条1項，29条2項）。

(3)ア　では，当該法律は，公共の福祉の範囲内の制約として，29条1項に反しないか。財産権の違憲審査基準が問題となる。

思うに，経済的自由は精神的自由と異なり，民主政の過程による自己回復が可能であるから，精神的自由に比べてゆるやかな審査基準が妥当し，合憲性の推定が及ぶものと解する（二重の基準論）。

イ(ア)　そして，社会経済政策を達成するための積極目的規制については，政策的判断が必要であるから，国政調査権（62条）を有する国会の判断を尊重すべきである。

よって，積極目的規制については，当該規制が著しく不合理であることが明白な場合に限って違憲とすべきである。

(イ)　一方，公共の秩序，国民の生命身体の安全を図るための消極目的規制については，政策的判断は不要であるから，裁判所も判断しやすい。

そこで，消極目的規制については，当該規制の必要性，合理性及びより制限的でない他の手段の有無によって判断すべきである。

(4)ア　本問において，当該法律による規制の目的は，原因不明の病原菌が感染することにより国民の生命身体に悪影響を及ぼすことを防止し，もって国民の生命身体の安全を図ることにあり，消極目的規制である。

イ　そして，確かに，病原菌は人体に有害な可能性があるものの，「有害であることに科学的な証明はされておらず」未だ規制の必要性，合理性は不明とも思われる。また，かかる状況で，感染の疑いある「牛をすべて処分」することはあまりに広範であり，より制限的でない他の手段があるとも思われる。

しかし，病原菌による感染は可視性がないため防止しにくく，また伝染するため，短期間に大きな影響が

○問題点の抽出OK

○問題の所在OK

△「(憲法29条1項。以下法名省略)」のほうが望ましい

○十分な論証である

○制約根拠OK。なお，正しくは「12条後段，13条後段」である

△22条1項はなくてもよい

○問題の所在OK。ただし，正しくは「公共の福祉の範囲外」である

○以下，規制目的二分論につき十分な論述である

○規範OK

○規範OK

○以下，丁寧なあてはめである

○目的の認定OK

○規範に対応させている

出る可能性がある。 45

　とすると，原因を解明してからでは手遅れになる恐
れがあり，事後的な救済では足りないものである。

　よって，かかる場合には，人体の害を考慮して，早
期の段階で感染の疑いのある牛をすべて処分すること
も，必要性，合理性があり，またその特殊性ゆえ，よ 50
り制限的でない手段もない。

ウ　したがって，当該法律は，公共の福祉の範囲内（29
条2項）の制約といえ，Xの財産権（29条1項）を侵
害するとはいえない。 ←○結論OK

2(1)ア　もっとも，当該場合に「正当な補償」（29条3項） 55 ←○問題の所在OK。なお，「公共
は必要か。必要であるとすると，補償規定のない当該 のために用ひる」にもあてはめ
法律は同条に反するとも思われるため問題となる。 てほしい

イ　思うに，29条3項の趣旨は，財産権が侵害された場 ←○以下，十分な論証である
合にも正当な保障をなすことで財産権不可侵の原則を
全うするとともに，一部の者の財産権の損失を国民全 60
体でまかなうことにより平等原則を達成する点にある。

　とすれば，「正当な補償」が必要な場合とは，一般
的な制約を超えて，特別の犠牲を課す場合を言うと解
する。

　そして，特別の犠牲にあたるかは，①一般人に対す 65 ←○規範OK
る制約か特定人に対する制約か，②財産権の制約とし
て受忍限度内の制約か，もしくはそれを超えて財産権
の本質的内容を侵すほど強度の制約かにより決すべき
である。

ウ　本問で，①酪農家であり，かつ感染の疑いのある牛 70 ←○あてはめOK
を飼育する者は特定人といえる。②そして，「牛の処
分」をされるのは，財産権たる牛を奪われるに等しく，
本質的内容を侵すほど強度の制約といえる。

(2)　よって，当該法律には「正当な補償」が必要である。

(3)ア　では，補償規定のない当該法律は29条3項に反し違 75 ←○問題の所在OK
憲か。

イ　思うに，同条は「私有財産」を「公共のために」用 ←○以下，必要性，許容性OK
いた場合の，救済規定である。

　また，補償の金額は，その私有財産の価格であるか
ら，客観的に算定することが可能であり，裁判所も判 80
断しうる。

ウ　よって，同条は，「正当な補償」をなすことの直接 ←○規範OK
的に規定した具体的権利であり，補償規定を欠く法律
であっても，同条により直接請求しうるから，違憲と
はならない。 85

(4)　以上より，当該法律は29条3項にも反せず，合憲であ ←○結論OK
る。

以上

答案作成上の注意点

　本問は，財産権に関する論点を網羅的に問うものである。条文の文言を出発点とし，各文言について解釈をしたうえで，あてはめるという基本に忠実な姿勢が求められる。

　まずは，財産権侵害の有無について論ずることになるが，保護範囲については森林法共有林分割制限事件（最大判昭和62年4月22日〔百選I 96事件〕）を意識した論述が望まれる。また，違憲審査基準の設定にあたっては，いわゆる規制目的二分論により機械的に導くのではなく，権利の性質や規制態様についても検討をしたうえで導いてもらいたい。問題文において，「補償に関する規定は設けられていない」との記載があることから，多くの人は29条3項に基づく直接請求の可否の論点を想起することができるであろうが，損失補償の検討に流すためには合憲の結論を導く必要がある。より多くの論点を書くという答案政策的観点ももつべきである。

　損失補償の検討にあたっては，「公共のために用ひる」の意義，「補償」の要否，29条3項に基づく直接請求の可否について論じる必要がある。これらはいずれも典型論点であり確実におさえておきたい。29条3項に基づく直接請求の可否については，河川附近地制限令事件（最大判昭和43年11月27日〔百選I 102事件〕）を意識した論述が望まれる。また，本問では不要であるが，「正当な補償」の意義についても頻出であることから復習しておいてほしい。

答案構成

第1　財産権侵害
　1　本件法律は，Xの財産権を侵害しないか
　2　まず，29条1項は個人の財産権も保障
　3　本件法律は，財産権を制約
　4　もっとも，「公共の福祉」（29条2項）による制約
　　　「公共の福祉」に適合するか
　（1）この点について，29条2項は立法裁量を予定
　　　　財産権は個人の尊厳を保つため重要
　　　　制約は具体的
　　　　本件法律は人体への害の防止を目的とする消極目的規制
　　　　したがって，中間審査基準
　（2）本件法律の規制目的は人の生命・身体を維持するうえで重要
　　　　感染の疑いのある牛を処分すれば，人体への害の防止に効果的
　　　　生命・身体に対する損害の重大性にかんがみれば過度でない
　5　よって，「公共の福祉」に適合し，合憲
第2　損失補償
　1　本件法律に補償規定なし
　　　そこで，29条3項に反しないか

　2　「公共のために用ひる」とは，広く公共利益目的のために財産権を制限する場合一般
　　　感染の疑いのある牛を処分することは，人体への害の防止という公共利益目的の制限
　3　「補償」の要否
　　　何をもって特別の犠牲とみるか
　（1）29条1項は，私有財産制を保障
　　　　また，29条1項は具体的な財産権を保障
　　　　①侵害行為の対象が特定人か，②侵害行為が財産権の本質的内容を侵害するほど強度か考慮して判断
　（2）本件法律は，実質的に酪農家を対象
　　　　売却を伴わない処分は，財産権の本質的内容を侵害
　　　　よって，特別の犠牲あり
　4　29条3項に基づく直接請求の可否
　　　29条3項は救済規定
　　　補償額については裁判上確定可能
　　　29条3項を直接の根拠として補償請求しうる
　5　本件法律は29条3項に反しない　　　以上

【参考文献】

試験対策講座10章3節②【2】，③【1】，④【2】・【3】，⑤【3】。判例シリーズ54事件，57事件。条文シリーズ29条。

児童扶養手当法施行令第1条の2に関する次の見解の当否を論ぜよ。

「憲法25条の規定の趣旨に応えて具体的にどのような立法措置を講ずるかの選択決定は，立法府の広い裁量に委ねられており，どのような児童を児童扶養手当の支給対象とするかは，それが著しく妥当性を欠き，裁量を逸脱しないかぎり立法府の裁量の範囲に属する事柄とみるべきである。

　もっとも，憲法14条第1項は合理的理由のない差別を禁止しているから，憲法25条の規定の要請に応えて制定された法令において，支給要件等についてなんらかの区別が設けられている場合に，それが何らの合理的理由のない不当な差別的取扱いであるなど立法府の合理的な裁量判断の限界を超えていると認められるときには，憲法14条第1項違反の問題を生ずるというべきである。

　この点，児童扶養手当法施行令第1条の2が，婚姻によらないで懐胎した児童で父に認知されたものを，児童扶養手当の支給対象としない旨を定めることは，立法府の裁量の範囲内に属すると解され，憲法14条第1項に違反するものとはいえない。」

【資料】
○児童扶養手当法（昭和36年法律第238号）（抄録）
第4条第1項　都道府県知事……は，次の各号のいずれかに該当する児童の母がその児童を監護するとき……は，その母……に対し，児童扶養手当を支給する。
　一　父母が婚姻を解消した児童
　二〜四　（略）
　五　その他前各号に準ずる状態にある児童で政令で定めるもの

○児童扶養手当法施行令（昭和36年政令第405号）（抄録）
第1条の2　（法第4条第1項第5号の政令に定める児童）
　三　母が婚姻（婚姻の届出をしていないが，事実上婚姻関係と同様の事情にある場合も含む。）によらないで懐胎した児童（父から認知された児童を除く。）

※児童扶養手当法および同施行令は，平成14年に改正されたため，問題文中の条文とは異なる。

【論　点】
1　「法の下」の「平等」の意味
2　14条1項の違憲審査基準
3　生存権の法的性格——裁判規範性
4　生存権の規制立法の違憲審査基準

答案例

第1　本問の見解は，次の3つの内容に分けられる。 ➡見解論評問題は，まず要約する

1　まず，①立法府の裁量の逸脱に対して憲法25条（以下法名省略）違反の判断ができること，すなわち25条の裁判規範性を肯定しつつも，ただ，生存権を具体化する立法の選択決定は，立法府の広い裁量に委ねられている。　5

2　次に，②14条1項は合理的理由のない差別を禁止しているが，25条の要請による法令は立法府の合理的な裁量判断の限界を超えているときに14条1項違反の問題を生じる。

3　最後に，③児童扶養手当法施行令1条の2第3号括弧　10書（以下「本件括弧書」という）の規定は，立法府の裁量の範囲内に属するから，14条1項に違反しない。

以下，①②③に分けて，見解の当否を論じる。 ➡読み手に対して予測可能性を与える

第2　見解①について

1　まず，立法府の裁量の逸脱に対して25条違反の判断が　15 できるか，25条の裁判規範性が問題となる。 ➡事案の問題提起➡論点の問題提起

> (1)　たしかに，25条が政策的指針を定める純粋プログラム規定であるとすれば，25条の裁判規範性は認められない。
>
> しかし，25条1項は，社会国家の理念に基づき，国　20民に対して法的「権利」を保障している。 ➡文言解釈から
>
> そこで，25条の裁判規範性を肯定すべきと解する。 ➡論点の結論（論点の問題提起に対応させる）

(2)　そうすると，見解①のように，裁判規範性を肯定していることは，妥当である。 ➡問いに答える

2　そうだとしても，生存権を具体化する立法の選択決定　25は，立法府の広い裁量に委ねられているのか，裁判所が用いるべき審査基準が問題となる。 ➡事案の問題提起➡論点の問題提起

> (1)　この点について，「健康で文化的な最低限度の生活」の内容は抽象的・相対的であり，また，多方面にわたる複雑多様な，しかも高度の専門技術的な考察と　30それに基づいた政策的判断を必要とするものである。
>
> そこで，立法府の裁量が著しく合理性を欠き明らかに裁量の逸脱・濫用とみざるをえない場合にかぎり，違憲と判断されると解する（明白性の原則）。 ➡規範定立（論点の問題提起に対応させる）
⇨最大判昭和57年7月7日（判例シリーズ67事件）

(2)　そうすると，見解①は，妥当である。　35 ➡問いに答える

第3　見解②について

1　まず，14条1項が合理的理由のない差別を禁止しているか，「法の下に平等」の意味が問題となる。 ➡事案の問題提起➡論点の問題提起

> (1)　この点について，「法の下」とは，法適用の平等を意味すると解する見解がある（法適用平等説）。　40
>
> しかし，法の適用が平等であったとしても，法内容が不平等であるならば，14条1項は空文化してしまう。
>
> そこで，「法の下」とは，法適用の平等のみならず，法内容の平等をも意味すると解する（法内容平等説）。 ➡規範定立

そして，個々人には，おのずから事実上の差異があ 45
ることからすれば，「平等」とは，相対的平等を意味
し，同一条件・同一事情のもとでは平等的取扱いを要
求するものにとどまるものと解する。

　(2)　そうすると，見解②のように，合理的理由のない差 ➡問いに答える
　　別を禁止していることは，妥当である。 50

2　次に，25条の要請による法令は，立法府の合理的な裁 ➡論点の問題提起
　量判断の限界を超えているときに14条1項違反の問題を
　生じるのかを検討する。

　(1)　たしかに，前述のように，25条について明白性の原 ➡反対利益
　　則を採用する以上，25条の要請に基づく区別について 55
　　も同様の基準が妥当するとも考えられる。

　　　しかし，本件括弧書は，父母が婚姻していない非嫡 ➡問題文の事実から
　　出子で父に認知された者を児童扶養手当の支給対象か
　　ら除外する。

　　　これは，出生によって決定され，自己の意思によっ 60 ➡社会的身分の定義につき広義説
　をとった。定義はいえるように
　　て左右することのできない社会的地位による区別であ
　　るから，14条1項後段にいう「社会的身分」による区
　　別であるといえる。

　　　そして，「社会的身分」は，個人の意思や努力によ ➡評価
　　っていかんともしがたい性質を有し，歴史的に存在し 65
　　た不合理な差別事由である。

　　　そうであれば，「社会的身分」による区別は，民主 ➡原則
　　主義の理念に照らし，不合理であることが推定される。

　　　そこで，これを合憲とするためには，強度の正当化 ➡規範定立
　　理由の存在が必要であると解する。 70

　(2)　そうすると，見解②は，妥当でない。 ➡問いに答える

第4　見解③について

1　以上を前提として，本件括弧書に強度の正当化理由が ➡あてはめ
　存在するか否かを検討する。

　　　民法によれば，父母が婚姻を解消した児童の父と同様 75 ➡条文から
　に，婚姻外の児童を認知（民法779条）した父も，扶養
　義務（民法877条1項）を負う。

　　　それにもかかわらず，父母が婚姻を解消した児童はそ
　の支給対象となる（児童扶養手当法4条1項1号）のに
　対し，婚姻外の児童が認知された場合には児童扶養手当 80
　の支給対象とならない（本件括弧書）のは，著しく不平
　等である。

　　　そうだとすれば，本件括弧書に強度の正当化理由が存 ➡認定（規範に対応させる）
　在するとはいえない。

2　そうすると，見解③のように，本件括弧書の規定が14 85 ➡問いに答える
　条1項に違反しないとすることは，妥当でない。

以上

1　設問見解は，①生存権（25条）具体化立法の選択決定は，
立法府の広い裁量に委ねられており，どのような児童を児
童扶養手当の支給対象とするかは，原則として立法府の裁
量の範囲内の事項であること，②もっとも，そこに合理的
理由のない差別的取扱いがなされている場合には，14条　　5
1項違反の問題が生じうること，③そして，児童扶養手当
法施行令第1条の2は，立法裁量の範囲内であり，14条
1項にも違反しないこと，を述べている。
以下で具体的にこの見解の当否を論ずる。

2　①について　　　　　　　　　　　　　　　　　　　　10
⑴　設問見解の①は妥当か。そもそも25条1項をプログ
ラム規定と解するならば，当然立法裁量であり，裁量逸
脱の問題は生じないことになる。そこで，生存権の法的
性質が問題となる。

⑵　思うに，生存権は資本主義の高度化に伴いその弊害を　15
是正し，生きる権利を保障するものであるから，単なる
政治の指針を示したプログラム規定と解すべきでなく，
法的権利と考えるべきである。もっとも，同条項の文言
は抽象的であり，「最低限度の生活」の内容も時代・地
域によって相対的であるから，具体的立法を待って裁判　20
規範性が付与される抽象的権利であると解する。

⑶　そして，「健康で文化的な最低限度の生活」をいかに
して実現すべきかについては，社会的・経済的・文化的
な専門的・技術的判断を要し，裁判所による法的判断に
はなじまない。むしろそれは，国政調査権（62条）等　25
を有する立法府の裁量的判断を尊重すべきである。

⑷　よって，生存権（25条1項）具体化立法の選択決定
は立法府の広い裁量に委ねられているといえ，またどの
ような児童を児童扶養手当の支給対象とするかは，それ
が著しく妥当性を欠き，裁量を逸脱しない限り，裁量の　30
範囲に属する事項とみるべきである。よって，設問見解
①は妥当である。

3　②について
⑴　そうであるとしても，その立法が何ら合理的理由のな
い差別的取扱いをしている場合，14条1項違反の問題　35
を生じうるであろうか。

⑵　この点，生存権（25条）の場合，広い立法裁量が認
められるのは，前述のようにその専門技術性のゆえに裁
判所による法的判断になじまないからである。しかし，
平等原則（14条）の場合，国家が特定の国民を不合理　40
に差別しているかどうかを判断すればよく，専門技術的
判断は不要であるから，裁判所の法的判断になじみやす
い。そして，むしろこの場合は，法の支配（第10章）
の下，人権保障の最後の砦たる裁判所が積極的に救済す

⇦○設問見解の要約OK

⇦△「（憲法25条。以下「憲法」
法名省略）」のほうが望ましい

⇦○問題の所在OK

⇦△「もっとも」以下はなくても
よい

⇦○以下，よく論じられている

⇦○見解への評価OK

⇦○以下，悩みを示しつつ，よく
論じている

⇦△「しかし」で改行してほしい

べき必要性も大きい。 45

（3）　よって，不合理な差別がなされているときは14条1
項違反の問題を生じうると解すべきであり，従って設問
見解②も妥当である。 ⬅○見解への評価OK

4　③について

（1）　では，本問の児童扶養施行令第1条の2は立法裁量の 50
範囲内といえ，14条1項に違反しないとする設問見解
③は妥当か。

（2）　まず，前述のように生存権（25条）具体化立法は広 ⬅×立法裁量の問題と平等原則の
問題を別のものとしてしまって
いる
範な立法裁量に委ねられており，本問の施行令も著しく
妥当性を欠き，裁量逸脱とまではいえないので，立法裁 55
量の範囲内といえ，この点では設問見解③は妥当である。

（3）　では，本問の施行令は14条1項に違反するか。

ア　この点，同条項は不平等な内容の法をいかに平等に ⬅△「法の下に」と「平等」を分
けて論じるべき（答案例参照）
適用しても無意味なため，法内容の「平等」も含むと
解する。 60

もっとも，同条項は絶対的平等を保障するものでは
なく，違いに応じて合理的に区別するという相対的平
等を保障していると解され，合理的な区別取扱いは許
されると解する。

イ　では，本問の施行令は合理的区別として許されるか。 65
14条1項の違憲審査基準が問題となる。

この点，本問の施行令は婚姻中に生まれた子とそう ⬅△「社会的身分」の定義がほし
い
でない子を区別しているが，これは「社会的身分」に
よる区別といえる。そして，同条項後段の事由は，民
主主義にてらして不合理なものであるから，その審査 70 ⬅○規範OK
は厳格に行うべきである。すなわち，立法の目的が重
要であり，目的と手段との間に実質的関連性があると
きのみ，合理的区別として許されると解する。

ウ　ここで，本問の施行令第1条の2の立法目的は，公 ⬅△本問の目的は難しいが，これ
では説明として不十分である
的な給付の公平な配分にあり，真に必要のあるものに 75
支給するためであり，その目的は重要といえる。

しかし，たとえ認知があったとしても，必ずしも父 ⬅○自分なりに考えている
からの援助が期待できるものではないし，その保障が
あるわけでもない。よって，手段としては目的との間
に実質的関連性があるとまではいえず，不合理な「差 80
別」として14条1項に違反する。

（4）　よって，本問施行令第1条の2が，14条1項に違反 ⬅○見解への評価OK
しないとしている設問見解③は，この点で妥当でない。

以上

答案作成上の注意点

　本問は，児童扶養手当法施行令第１条の２の合憲性をテーマに，生存権と平等権に関する特定の見解の当否を論じることを求めている。これにより生存権と平等権についての理解を問うものである。なお，本問の解答にあたっては，堀木訴訟判決（最大判昭和57年７月７日〔百選Ⅱ132事件〕）が参考になる。

　本問で示されている見解は１つのみであるが，生存権の観点からの検討，および平等権の観点からの検討，という２つのテーマに言及する必要がある。さらに，後段の平等権の観点では，生存権の観点での立法裁量をふまえた審査基準が平等権の検討についても妥当するのか，および平等権に照らして児童扶養手当法施行令１条の２は合憲か否か，について論じることが求められている。このように，問題文で問われていることを的確に捉えることが解答の第一歩となる。

　本問を解くことで，生存権や平等権についての基本的知識を習得し，論述する能力を身につけ，事例問題においても自分の理解を示すことができるように心掛けて学習してもらいたい。

答案構成

第１　各見解の要約
第２　見解①
　１　まず，25条の裁判規範性が問題となる
　　(1)　たしかに，25条がプログラム規定であるとすれば，裁判規範性は認められない
　　　　しかし，25条１項は，社会国家の理念に基づき，法的「権利」を保障
　　　　そこで，裁判規範性あり
　　(2)　そうすると，見解①は，妥当
　２　としても，審査基準が問題
　　(1)　この点について，「健康で文化的な最低限度の生活」の内容は抽象的・相対的
　　　　また，多方面にわたる高度の専門技術的な考察と，それに基づいた政策的判断が必要
　　　　そこで，立法府の裁量が著しく合理性を欠き明らかに裁量の逸脱・濫用とみざるをえない場合にかぎり，違憲（明白性の原則）
　　(2)　そうすると，見解①は，妥当
第３　見解②
　１　「法の下に平等」の意味が問題
　　(1)　この点，法の内容自体に不平等があるときに，それを平等に適用しても意味がない
　　　　そこで，「法の下」とは，法適用の平等と法内容の平等

　　　　個々人には，事実上の差異あり
　　　　そこで，「平等」とは，相対的平等
　　(2)　そうすると，見解②は，妥当
　２　違憲審査基準
　　(1)　本件は，自己の意思によって左右することのできない「社会的身分」による区別
　　　　そして，「社会的身分」は，歴史的に存在した不合理な差別事由
　　　　とすれば，民主主義の理念に照らし，不合理だと推定
　　　　そこで，合憲とするためには，強度の正当化理由の存在が必要
　　(2)　そうすると，見解②は，妥当でない
第４　見解③
　１　父母が婚姻を解消した児童の父にも，婚姻外の児童を認知（民法779条）した父にも，扶養義務（民法877条１項）あり
　　　　にもかかわらず，前者の児童が支給対象となる（児童扶養手当法４条１項１号）のに対し，後者の児童が支給対象とならない（本件括弧書）のは，著しく不平等
　　　　とすれば，本件括弧書に強度の正当化理由が存在するとはいえない
　２　そうすると，見解③は，妥当でない
　　　　　　　　　　　　　　　　　　　　以上

【参考文献】
試験対策講座７章２節②・③，14章１節①・②。判例シリーズ66事件，67事件。条文シリーズ14条②2(1)・(2)，25条②1，2(2)(b)(i)。

国会が，いわゆる在宅投票制度を廃止した結果，身体障害等の事情のある者の投票が不可能または著しく困難となった。そこで両議院に対して請願がなされたが，この制度を復活するための立法措置がとられなかった。この場合，当該身体障害等の事情のある者の選挙権は，立法の不作為によって侵害されたか。もし侵害されたとすれば，その救済のためには，憲法上のような方法があるか。

【論　点】
1　立法不作為の違憲性
2　選挙権の意義（投票機会の平等）
3　選挙権侵害の政策的救済方法
4　選挙権侵害の司法的救済方法

答案構成用紙

答案例

第1　本問前段について
　1　憲法は，国民主権の原理に基づき，「国民固有の権利」（憲法15条1項。以下法名省略）として選挙権を保障しており，その趣旨を全うするために，国民に対して投票の機会を平等に保障している。　　　　　　　　　5

⇒保護範囲

⇒規範定立

　　　このような趣旨にかんがみると，選挙権またはその行使を制限することは原則として許されず，国が選挙権の行使を可能にするための所要の措置をとらないという不作為によって国民の選挙権の行使が制限されている場合には，やむをえないと認められる事由がなければならない。具体的には，そのような制限をすることなしには選挙の公正を確保しつつ選挙権の行使を認めることが事実上不可能または著しく困難であると認められるときでないかぎり，やむをえない事由があるとはいえず，この事由がない場合，立法不作為は立法裁量を逸脱するものとして，国民の選挙権を侵害し，違憲となると解する。　15

⇒あてはめ

　2　これを本件についてみると，在宅投票制度の復活のための立法措置がとられなかったことで，身体障害等の事情のある者の選挙権の行使が不可能または著しく困難になっており，身体障害等の事情のある者の選挙権の行使が制限されている。　　　　　　　　　　　　　　20

　　　そして，本人確認の徹底など他の適切な方法によって，選挙に関する不正を防止しつつ，身体障害等の事情のある者の選挙権の行使を認めることができる以上，身体障害等の事情のある者の選挙権を制限することなしには選挙の公正を確保しつつ選挙権の行使を認めることが事実上不可能または著しく困難であるともいえない。

　3　したがって，本件立法不作為は，身体障害等の事情のある者の選挙権を侵害するものとして，違憲である。

第2　本問後段について　　　　　　　　　　　　　　　30

　1　まず，将来の選挙権行使を可能とするため，政治活動の自由（21条1項）や請願権（16条）を行使し，政治的に働き掛けて制度を復活させるという方法をとりうる。

　　　しかし，この方法では，国会がそれに応じなければ目的を達せられないため，その実効性に疑問がある。　　35

⇒問題提起

　2　次に，司法的救済方法として，立法不作為の違憲性を主張することが考えられるが，認められるか。

　　　この点について，立法不作為が違憲審査（81条）の対象となるかが問題となるも，立法不作為も観念的にはその違憲・合憲の判断が可能であるから，違憲審査の対象となりうると解される。したがって，司法的救済方法により立法不作為の違憲性を主張することは可能である。

　3　では，具体的にはいかなる方法で本件立法不作為の違憲性を主張できるか。

(1) まず，立法の義務付け訴訟という方法は，権力分立 45
　（41条，65条，76条1項）に反するので，とりえない。

➡立法の義務付け訴訟

(2) 次に，立法不作為の違憲確認訴訟という方法も，付
　随的違憲審査制の建前と符合するか疑問があるため，
　とることは困難であると解する。

➡立法不作為の違憲確認訴訟

(3) そこで，立法不作為を理由とする国家賠償請求訴訟 50
　を提起するという方法をとることが考えられる（17条，
　国家賠償法1条）が，このような方法による救済は認
　められるか。立法不作為が「違法」といえるための要
　件が問題となる。

➡立法不作為の国家賠償請求訴訟

➡論点の問題提起

ア　この点について，国会議員の立法不作為が国家賠 55
　　償法1条1項の適用上違法となるか否かは，国会議
　　員の立法過程における行動が個別の国民に対して負
　　う職務上の注意義務に違背したかどうかの問題であ
　　って，当該立法不作為の違憲性の問題とは区別され
　　るべきである。 60
　　　そのため，立法不作為が違憲であるからといって，
　　国会議員の立法不作為がただちに違法の評価を受け
　　るものではないと解する。
　　　もっとも，①国民に憲法上保障されている権利行
　　使の機会を確保するために所要の立法措置をとるこ 65
　　とが必要不可欠であり，②それが明白であるにもか
　　かわらず，③国会が正当な理由なく長期にわたって
　　これを怠る場合には，当該立法不作為は国家賠償法
　　上違法の評価を受けるものと解する。

➡理由

➡規範定立

イ　これを本件についてみると，前述したように，憲 70
　　法が，身体障害等の事情のある者についても，平等
　　に選挙権行使の機会を保障している以上，このよう
　　な機会確保のため，在宅投票制度を復活させること
　　は必要不可欠である（①）。
　　　また，国民主権原理と結びつく選挙権の重要性に 75
　　かんがみれば，そのことは明白であるといえる（②）。
ウ　したがって，すでに両議院に対する請願がなされ
　　ていること，廃止がなされてからの期間の長短など
　　の事情を考慮し，国会が正当な理由なく長期にわた
　　って立法を怠っていると認められる場合（③）には， 80
　　本件立法不作為は「違法」といえ，国家賠償請求訴
　　訟の方法による救済が認められる。
　　　　　　　　　　　　　　　　　　　　　　　以上

➡あてはめ

第1　本問前段
　　在宅投票制度を復活させない国会の立法不作為は身体障
害等の事情がある者の選挙権を侵害し違憲である。
　1　まず，選挙権は公務員の選定罷免の権利を定めた憲法
　　　（以下法名省略）15条により保障される。　　　　　　　5
　2　次に，在宅投票制度を復活させないという国会の立法
　　　不作為により，身体障害等の事情がある者は自宅から投
　　　票をすることができなくなっており，上記権利は事実上
　　　制約されている。
　3　さらに，本件立法不作為が正当化されないかが問題と　　10
　　　なるところ，たしかに，選挙権は選挙の公正（前文1
　　　段）という要請から一定の制約を受けうる。しかし，選
　　　挙権は間接民主制のもとで国民が政治に関与する重要な
　　　権利であるし，国民主権の根幹をなすため特に保護に値
　　　する。　　　　　　　　　　　　　　　　　　　　　　　15
　　　　また，在宅投票制度ができないことによって身体障害
　　　等の事情を有するものはいっさい投票できなくなるので
　　　制約の態様も強度である。そこで，選挙権の制約は許さ
　　　れないのが原則であるが，そのような制限なしに選挙の
　　　公正を確保しつつ選挙権の行使を認めることが事実上不　　20
　　　可能または著しく困難と認められる場合にかぎり，例外
　　　的に制約は正当化され，合憲と考える。
　4　本件についてみると，たしかに在宅投票制度を認める
　　　と，監視などがいない分，投票の際に不正などが行われ
　　　る可能性があるから，選挙の公正を確保しつつ在宅投票　　25
　　　を認めることは著しく困難とも思える。
　　　　もっとも，不正を行ったものに対して強い罰則を設け
　　　ること，マイナンバー制度などを通じて不正が行われな
　　　いように工夫することによっても選挙の公正を確保しう
　　　る。そうだとすれば，選挙の公正を確保しつつ在宅投票　　30
　　　を認めることは不可能または著しく困難とはいえない。
　　　したがって，本件立法不作為は正当化されない。
　5　よって，本件立法不作為は正当化されず，身体障害等
　　　の事情を有する者の選挙権を侵害し，15条1項に反し違
　　　憲である。　　　　　　　　　　　　　　　　　　　　　35
第2　本問後段
　1　まず，身体障害等の事情を有する者らを救済するため，
　　　在宅投票制度を復活させないという国会の立法不作為の
　　　違憲確認訴訟を提起する。この違憲確認訴訟は認められ
　　　るか。　　　　　　　　　　　　　　　　　　　　　　　40
　　　　この点，違憲審査権（81条）は司法権の章（第6章）
　　　に設けられているところ，司法権とは具体的な争訟につ
　　　いて法を適用して宣言することで裁定する国家作用をい
　　　う。そこで，裁判所は具体的な争訟を前提に，付随的に

⇐△正しくは「15条1項」である

⇐△選挙権の「行使」が法的に制約されているというべきであろう

⇐△選挙権の行使ができないことは，事実上選挙権が保障されないことと同じであることの指摘がほしい
⇐○判例の規範をおおむね理解できている

⇐○あてはめOK

⇐○司法権の定義が正確である

違憲審査権を行使できるにすぎないと考える。　　　　　　　45

　　本件についてみると，違憲確認訴訟は，具体的な争訟
を前提としないため，裁判所は違憲審査権を行使できな
い。

　　したがって，国会の立法不作為の違憲性を争うために
違憲確認訴訟を提起することはできない。　　　　　　　　50

2　次に，本件立法不作為が身体障害等の事情を有する者
らの選挙権を侵害し違憲であることを理由に国家賠償請
求訴訟（国家賠償法1条1項）を提起する。

⑴　まず，立法不作為の違憲性と国家賠償法上の違法性
は別個の問題であるため，立法不作為が違憲であって　　55
もただちに国家賠償法上の違法と評価されるわけでは
ない。

　　そこで，①国会の立法作為が国民の権利行使のため
に必要不可欠でありそれが明白であるにもかかわらず，
②国会が長期間にわたって必要な立法措置を正当な理　　60
由なくとらなかった場合にかぎり，国会の立法不作為
は国家賠償法上違法となると考える。

⑵　本件についてみると，前述のとおり，選挙権は間接
民主制のもと国民が政治に関与する重要な権利である。
また，身体障害等の事情を有する者は自力で歩くこと　　65
ができないため，在宅投票制度は選挙権の行使のため
に必要不可欠であるし明白である。（①）

　　したがって，国会が長期間にわたって在宅投票制度
を正当な理由なく復活させなかったら，国会の立法不
作為は国家賠償法上違法となる。　　　　　　　　　　　　70

　　　　　　　　　　　　　　　　　　　　　　　　　以上

⬅○判例の規範をおおむね指摘で
　きている

⬅△②の規範にあてはめてほしい

答案作成上の注意点

　まず，本問前段では，いかなる場合に立法不作為が選挙権を侵害し違憲かを検討する必要がある。
　その際，在外選挙権制限違憲判決（最大判平成17年9月14日〔百選Ⅱ147事件〕）をベースに論じてもよいであろう。本問を解答するうえで，選挙権の重要性について触れつつ，その制限が原則として許されないことを指摘したうえで，違憲審査基準を定立し，それにあてはめることが求められる。
　次に，本問後段では国会の立法不作為による選挙権侵害の救済方法を検討することが求められている。「どのような方法があるか」と問題文で問われている以上，考えうる手段を検討するべきである。そして，考えられる手段としては①立法の義務づけ，②立法不作為の違憲確認訴訟と③立法不作為の国家賠償請求があげられる。①は権力分立の観点から，②は付随的違憲審査制の観点から，③はいかなる場合に立法不作為が国家賠償法上の違法となるかという観点から，それぞれ論じる必要がある。もっとも，本問では③が最重要論点であるため，メリハリをつけて論じてほしい。

答案構成

第1　本問前段
　1　憲法上選挙権が保障される趣旨
　　投票の機会を平等に保障するという趣旨から，選挙権またはその行使を制限することは原則不可
　　　例外的に，国が選挙権の行使を可能にするための所要の措置をとらないという不作為によって国民の選挙権の行使が制限されている場合には，やむをえないと認められる事由がないかぎり，立法不作為は立法裁量の逸脱
　　　そして，やむをえない事由とは，制限なしには選挙の公正を確保しつつ選挙権の行使を認めることが事実上不可能または著しく困難であると認められること
　2　本件についてみると，立法不作為によって国民の選挙権の行使が制限
　　　また，本人確認の徹底など他の適切な方法によって，選挙に関する不正を防止しつつ，身体障害等の事情のある者の選挙権の行使を認めることができるから，選挙権を制限することなしには選挙の公正を確保しつつ選挙権の行使を認めることが事実上不可能または著しく困難とはいえない
　3　したがって，立法不作為は違憲
第2　本問後段
　1　政治活動の自由や請願権
　　　しかし，実効性に疑問

　2　立法不作為の違憲性を主張
　　　立法不作為も観念的にはその違憲・合憲の判断が可能であるから，違憲審査の対象となりうる
　3　本件での主張
　（1）立法の義務付け訴訟は権力分立に反する
　（2）立法不作為の違憲確認訴訟は付随的違憲審査制の建前と符合しない疑問あり
　（3）立法不作為を理由とした国家賠償請求訴訟
　　ア　立法不作為が「違法」といえるための要件が問題
　　　①国民に憲法上保障されている権利行使の機会を確保するために所要の立法措置をとることが必要不可欠であり，②それが明白であるにもかかわらず，③国会が正当な理由なく長期にわたってこれを怠る場合には，当該立法不作為は国家賠償法上違法の評価を受ける
　　イ　本件では選挙権行使の機会を確保するため，在宅投票制度は必要不可欠
　　　また，国民主権原理と結びつく選挙権の重要性にかんがみれば明白
　　ウ　したがって，③が認められる場合には本件立法不作為は「違法」

以上

【参考文献】
試験対策講座12章3節②【3】，13章1節②，23章1節④【3】。条文シリーズ15条。

第16問 B⁺　国政調査権，立法概念

　　私立A大学において，大学の管理運営問題をめぐって理事会の内部で理事長B側のXグループと学長Cをはじめとする教授会側のYグループが対立し，内紛が生じた。その後，内紛は激化し，BがCを免職処分にしたため，Cがその処分の無効を主張して訴えを提起した。他方，教授会が金融機関に預託してあった授業料を大学の運営資金にあてたことから，Bが経営管理の違法性を争うために訴えを提起するという事態が発展していた。それぞれの訴えが裁判所で争われている間に，当該紛争が社会問題となり，国会において解決を図るべきとする機運が高まった。そこで，国会は，各議院で国政調査権行使の一環として，BおよびCについて証人喚問を行ったうえ，学校法人内部で紛争が生じた場合，学校法人紛争調停委員に調停を行わせることができるという「学校法人紛争の調停等に関する法律（以下「調停法」という）」を成立させた。

　　このような国政調査権の行使およびこの法律を制定することの憲法上の問題点について論ぜよ。

【資料】

学校法人紛争の調停等に関する法律（昭和37年法律第70号）（抄録）

第3条　所轄庁は，学校法人紛争が生じ，これにより学校法人の正常な管理及び運営が行われなくなり，かつ，そのため当該学校法人が法令の規定に違反するに至ったと認めるときは，当該学校法人紛争の解決のため，当事者の申出により，又は……私立学校審議会……の建議により……，学校法人紛争調停委員に調停を行わせることができる。

＊なお，施行日から2年を経過した日に失効

【論　点】

1　措置法

2　国政調査権の法的性質

3　国政調査権と司法権の独立

第1　国政調査権の行使について

1　本件において，国政調査権（憲法62条。以下「憲法」
法名省略）の行使は，私立A大学の紛争解決の立法を準
備するためのものである。そこで，国政調査権（以下
「本件国政調査権」という）の行使は，「国政に関する
調査」（62条）にあたるか，国政調査権の性質および範
囲が問題となる。

⇒問題点の抽出

⇒事案の問題提起

⇒論点の問題提起

(1)　この点について，権力分立（41条，65条，76条1
項）のもと，「国権の最高機関」（41条前段）とは，国
民を代表し国政の中心に位置する重要な機関である
という点に着目して国会に付した政治的美称にすぎない
と解する。

そこで，国政調査権の性質は，議院の諸権能を実効
的に行使するために認められた補助的権能と解する。

⇒国政調査権の法的性質

(2)　もっとも，国会の権能は，立法的権能を中心に，き
わめて広範な事項に及んでいる。そこで，国政調査権
の範囲は，国政に関連のない純粋に私的な事項を除き，
国政のほぼ全般にわたると考える。

⇨芦部329頁
⇒規範定立（論点の問題提起に対
応させる）

(3)　そうすると，本件国政調査権の行使は，立法準備の
ためであるから，「国政に関する調査」にあたる。

2　そうだとしても，国政調査権の対象となる私立A大学
の紛争は，現に裁判が進行中の事件である。

そこで，本件国政調査権の行使は，司法権の独立（76
条1項，3項）を侵害しないか，国政調査権の限界が司
法権の独立の意味と関連して問題となる。

⇒問題点の抽出

⇒事案の問題提起
⇒論点の問題提起

(1)　この点について，司法権の独立とは，裁判官が法上，
他の国家機関の指揮・命令に服することのみならず，
他の国家機関から事実上重大な影響を受けることも禁
ずることを意味すると解される。

そこで，現に裁判が進行中の事件について裁判官の
訴訟指揮などを調査したり，裁判の内容の当否を批判
する調査をしたりすることは司法権の独立を侵害する
と解する。

もっとも，裁判所で審理中の事件の事実について，
議院が裁判所と異なる目的から，裁判と並行して調査
することは司法権の独立を侵害しないと考える。

⇒司法権の独立の意味（広義説）
⇨芦部330頁，367頁

⇒規範定立①（論点の問題提起に
対応させる。芦部330頁）

⇒規範定立②（論点の問題提起に
対応させる）

(2)　本件では，国政調査権は，調停法立法に備えてなさ
れたものであり，これは裁判所と異なる目的といえる。

したがって，本件国政調査権の行使は，司法権の独
立を侵害しない。

⇒あてはめ（規範に対応させる）

3　よって，本件国政調査権の行使は，合憲である。

⇒問いに答える

第2　法律を制定することについて

1　本件において，調停法（以下「本件調停法」という）
は，私立A大学の紛争という個別具体的事件の解決を目

⇒問題点の抽出

的としたいわゆる措置法である。　　　　　　　　45

　そこで，このような措置法は，「立法」（41条後段）に
あたらず，違憲ではないかが問題となる。

➡論点の問題提起

(1)　この点について，同語反復を排除するため，「立
法」とは，実質的意味の立法と解する。

　そして，41条後段の趣旨は，直接の民主的基盤を有　　50
する国会に立法権を独占させて，国民の自由・平等・
安全を保障しようとした点にある。

➡趣旨

　このような趣旨にかんがみ，実質的意味の立法とは，
広く捉え，一般的・抽象的な法規範をいうと解する。

➡趣旨から
➡規範定立

　そうすると，措置法は，法律の一般性・抽象性に反　　55
し，「立法」にあたらないとも思える。

➡三段論法の形式的帰結

(2)　もっとも，ある特定の事例に関して既成の法律を適
用したのでは行政目的を達成できないなど，新たな立
法が求められる場合も否定できない。

➡不都合性（修正の必要性）

　そもそも，法律の一般性・抽象性が要求される目的　　60
は，公権力がある特定人を差別することを禁じ，最小
限の自由・平等・安全を保障する点にある。

　そうだとすれば，措置法によっても，市民的平等性
が保持され，公権力の恣意性が排除されていれば，上
記目的に反しない。　　　　　　　　　　　　　　65

　そこで，当該措置法が，①平等原則に抵触せず，か
つ，②権力分立原理の核心を侵し，議会・政府の憲法
上の関係を決定的に破壊するものでないかぎり，「立
法」にあたり，憲法に反するものではないと解する。

➡規範定立（論点の問題提起に対
応させる。芦部306頁）

(3)　これを本件調停法についてみると，A大学の紛争は　　70
社会問題化しており，他大学との区別は社会国家にふ
さわしい実質的・合理的な取扱いの違いを設定する趣
旨のものであるから，①平等原則に抵触しない。

➡あてはめ

➡規範に対応させる

　また，本件調停法は，学校法人紛争調停委員による
具体的な解決方法について，行政権による法の執行・　　75
適用を認めているから，②権力分立原理の核心を侵し，
議会・政府の関係を決定的に破壊するわけではない。

　したがって，本件調停法は，「立法」にはあたる。

➡三段論法の帰結

2　そうだとしても，本件調停法は，裁判所で争われてい

➡問題点の抽出

る間に，国会で解決することを目的としているため，本　　80
件調停法は，司法権の独立を侵害しないかが問題となる。

➡事案の問題提起（以下，自分な
りに論じれば足りる）

(1)　この点について，他の国家機関から事実上重大な影
響を受ければ，司法権の独立を侵害すると解する。

➡規範定立（27行目とのリンク）

(2)　本件調停法の目的は，現に裁判が進行中の事件の解
決を図ることであり，裁判所が国会から事実上重大な　　85
影響を受けることになる。

➡あてはめ（規範に対応させる）

　したがって，本件調停法は司法権の独立を侵害する。

3　よって，本件調停法は，違憲である。　　　　以上

➡結論

1　国政調査権の行使

(1)　国会は私立A大学の内部紛争を解決するため，理事長Bと学長Cにつき，国政調査権（62条）行使の一環として証人喚問を行っているが許されるか。国政調査権の法的性質いかんによって，行使できる範囲に制限が出てくるため問題となる。　5

　　　　思うに「国権の最高機関」（41条）は，国民主権（1条）や対等な三権分立（41条，65条，76条）から法的意味を持たない政治的美称にすぎない。

　　　　とすれば，「国権の最高機関」たる国会の行使する国政調査権といっても立法権を合理的に行使するための補助的権能にすぎず，立法権の範囲でしか行使できない。　10

　　　　もっとも「立法」とは，国民代表機関に立法権を独占させることで可及的に国民の権利・自由を擁護しようとした41条の趣旨から広く，一般的抽象的規範をさすと解すべきであるから，国政調査権もかなりの広範囲にわたり，行使できる。　15

(2)　以上のように国政調査権を補助的権能と解すれば，他の憲法上の要請により，その行使が制限されることがある。そこで本問では，裁判所で現在争われている紛争に対し，調査権を行使することが，司法権の独立（76条1項3項）との関係で許されるかが問題となる。　20

　　　　思うに司法権の独立は，裁判所が少数者の人権を擁護する非政治的機関であることから，政治権力から不当な干渉を受けやすいため，特に認められているものである。　25

　　　　とすれば，法の支配の下（第3章，98条），司法権の独立を侵害するような国政調査権の行使は許されない。

　　　　よって①訴訟進行中又は判決確定後の裁判内容を批判するための調査権行使や②訴訟進行中の訴訟指揮を審査するためのものも許されない。　30

　　　　本問では，裁判において問題となっているのは内部紛争を契機とした免職処分や経営管理問題であり，国会で解決しようとしているのは，内部紛争により授業が停止しているであろうこともしくは授業の妨害についてであろうと考えられる。とすれば，証人喚問は①②のために行われるとは想定しがたく国政調査権の行使も許される。　35

(3)　もっとも，司法権の独立との関係で許されるとしても国民の人権や制度を侵害するものは許されない。そこで，本問では大学の自治との関係で許されるか。

　　　　思うに，大学の自治は，大学内部の事項については大学の自主的な意思決定に委ねようとするものであり，学問の自由（23条）から制度的保障として認められたものである。　40

　　　　とすれば，大学の自治の核心すなわち学問の自由を侵

⬅△「（憲法62条。以下法名省略）」のほうが望ましい
⬅○問題の所在OK

⬅○正しくは「41条前段，前文第1段，1条後段，76条1項」である

⬅×ここで「立法」について論じることには疑問がある

⬅○問題の所在OK

⬅△司法権の独立の意味から論じるべき（芦部367頁参照）

⬅○いちおうの規範が示されている。なお芦部説の正確な規範については答案例参照のこと

⬅○いちおうのあてはめがなされている

⬅△本問では，あまり問題とはならない

害するような調査権の行使は許されない。　　　　　　　　　45

　本問では，学長Cの学問の自由を害するような質問は
管理運営問題の端緒であったとしても許されない。
２　法律の制定
　(1)　国会は本問法律を制定することが許されるか。本問の
　　調停法は形式的にはどの学校法人にも適用されるように　　50
　　みえるが，実質的にはA大学への適用を念頭においたも　　⇦○問題の所在OK
　　のであり，個別具体的な措置法と解され，一般的抽象的
　　法規範を制定する国会の権能と矛盾するのではないか。

　　　思うに，行政は法律を誠実に執行（73条１号）するし　　⇦△論旨不明確
　　かないところ，法律がなければ，その行使は許されない。　55
　　とすれば，想定外の事態が生ずれば，国会がその社会的
　　要請に応じ立法するしかないのであって，それは実質措
　　置法であってもその必要性はある。
　(2)　もっとも憲法上の他の要請と衝突するわけにはいかず，　　⇦△あまり説得的な論証ではない
　　措置法は権力分立や平等原則（14条）に反しないかが問　　60
　　題となる。
　　ア　まず，権力分立に反しないか。　　　　　　　　　　　⇦○以下，自分なりによく考えて
　　　　思うに，議院内閣制（66条）の下，行政と立法の境　　　　論じている
　　　界は曖昧となっており，かつ，行政国家現象の下権力
　　　分立の主眼は，行政権の抑制にあるから，個別具体的　　65
　　　な措置法も，行政の裁量の余地があれば許される。
　　　　本問では，所轄庁がA大学の紛争が調停法に該当す
　　　るか認定することができ，また，調停をなすことも必
　　　要的ではなく，行政の裁量の余地はある。
　　　　よって調停法は権力分立に反しない。　　　　　　　　70
　　イ　次に平等原則に反しないか。　　　　　　　　　　　　⇦○以下，自分なりによく考えて
　　　　思うに，法の支配の下，法内容の平等が要求される　　　　論じている
　　　が，個人主義（13条）の下，合理的理由ある区別は許
　　　される。
　　　　本問では，形式的にみれば，内部紛争を抱える法人　　75
　　　すべてに適用されるが，実質的にみれば，A大学を狙
　　　い打ちしている。そしてA大学と他の紛争を抱えた大
　　　学を区別する合理的理由はない。
　　　　よって平等原則に反する。
　(3)　以上より，国会が本問法律を制定することは許されな　　80　⇦○問いに答えている
　　い。
　　　　　　　　　　　　　　　　　　　　　　　　　　以上

答案作成上の注意点

　本問は，国政調査権と司法権の独立との関係，措置法の合憲性という基本論点を組み合わせた問題である。

　国政調査権の行使については，いきなり国政調査権と司法権の独立との関係の論点に飛びつく答案が散見される。本問の国政調査権の行使は，私立A大学の紛争解決の立法準備のためになされているので，そもそも「国政に関する調査」といえるか（国政調査権の範囲に含まれるか）が問題となる。そのなかで，国政調査権の法的性質論について論じればよい。国政調査権の法的性質論について論じる場合，本問では独立権能説・補助的権能説のいずれの見解に立っても結論は異ならない以上，自説についてのみあっさりと論証すれば足りる。

　措置法の合憲性については，問題文の文言が，一般的・抽象的な規定ぶりであることから，本件調停法は措置法にあたらない，と認定している答案が散見された。しかし，措置法は名実ともに措置法であるもののほか，名目上は一般的抽象的法規範のスタイルをとっているものも含まれる（たとえば，オウム対策立法など）。次に，措置法の合憲性は，立法の一般性・抽象性が要求される趣旨から論述することが求められる。理由づけがわからない場合，趣旨に立ち戻って考えるのが有効な手段である。

　最後に，現に裁判中の事件について措置法を設けることが司法権の独立を侵害しないかについては，触れられれば加点されるという程度であろう。

答案構成

第1　国政調査権の行使
1　本件国政調査権の行使が「国政に関する調査」（62条）にあたるか
　(1)　この点について，権力分立（41条，65条，76条1項）のもと，「国権の最高機関」（41条前段）とは，政治的美称
　　そこで，国政調査権の性質は，補助的権能
　(2)　もっとも，国会の権能は，きわめて広範
　　そこで，国政調査権の範囲は，国政に関連のない純粋に私的な事項を除き，国政のほぼ全般にわたると考える
　(3)　そうすると，本件国政調査権の行使は，「国政に関する調査」にあたる
2　としても，司法権の独立（76条1項，3項）を害しないか
　(1)　裁判所と異なる目的からの並行調査は許される
　(2)　本件では，裁判所とは異なる目的ゆえ，司法権の独立を害しない
3　よって，本件国政調査権の行使は合憲

第2　法律の制定
1　本件調停法は，「立法」（41条後段）にあたらず，違憲ではないか
　(1)　「立法」とは一般的・抽象的法規範であるから，措置法は「立法」にあたらないとも思える
　(2)　もっとも，①平等原則に反せず，②権力分立原理の核心を侵さなければ，「立法」にあたる
　(3)　本件では，他大学との区別は実質的・合理的だから，①平等原則に反しない
　　また，行政権による法の執行を認めており，②権力分立の核心を侵さない
　　したがって，「立法」にあたる
2　としても，司法権の独立を害しないか
　(1)　他の国家機関から事実上重大な影響を受ければ，司法権の独立を侵害する
　(2)　現に裁判中の事件を解決することを法律の目的としており，裁判所が国会から事実上重大な影響を受ける
　　したがって，司法権の独立を害する
3　よって，本件調停法は，違憲　　　　以上

【参考文献】
試験対策講座17章1節3【1】(2)(c)，3節2【2】。条文シリーズ41条2 3(1)(b)(iii)，62条3 1，2(2)(a)。

　司法権の範囲について論じたうえで，以下の事例につき，裁判所は司法権を行使しうるかを検討せよ。

(1)　寺院建立のために金銭の寄附をしたAが，寺院に安置すべき仏像が偽物であり，寄附行為に要素の錯誤があるとして提起した不当利得返還請求訴訟。

(2)　所属政党から除名処分を受けたBが，その除名を不服として提起した党員の地位の確認訴訟。

(3)　内閣不信任の決議案が可決されたのではないのに衆議院を解散する，いわゆる「抜き打ち解散」によって，衆議院議員の資格を失ったCが，この解散は憲法違反であるとして提起した，本来の任期満了までの歳費請求訴訟。

【論　点】
1　司法権の範囲
2　統治行為
3　部分社会の法理

答案構成用紙

答案例

第1　司法権（憲法76条1項。以下「憲法」法名省略）の範囲について

➡定義

1　司法権とは，具体的な争訟について，法を適用し，宣言することによって，これを裁定する国家の作用をいう。

この具体的な争訟とは，「法律上の争訟」（裁判所法3条1項）のことをいう。具体的には，①当事者間の具体的な権利義務または法律関係の存否に関する紛争であって，かつ，②それが法律を適用することにより終局的に解決することができるものをいうと解する。

➡規範定立

2　以上のように，司法権の範囲は，いっさいの「法律上の争訟」について及ぶのが原則である。

第2　設問(1)について

Aが提起した不当利得返還請求訴訟につき，裁判所は司法権を行使しうるか。

➡事案の問題提起

1　たしかに，Aは，寺院に対して，寺院建立のためになした寄附行為に要素の錯誤があるとして不当利得返還請求権（民法703条，704条）の存否を争っている。そうだとすれば，当該訴訟は①当事者間の具体的な権利義務または法律関係の存否に関する紛争といえる。

➡あてはめ

しかし，当該訴訟では，当該仏像が偽物であること，すなわち信仰の対象の価値または宗教上の教義が前提問題として争われている。そうだとすれば，当該訴訟は，紛争の実体または核心が宗教上の争いであって，全体として裁判所による解決に適しないものといえる。

したがって，当該訴訟は，②法律を適用することにより終局的に解決することができるものとはいえない。

よって，当該訴訟は，「法律上の争訟」とはいえない。

2　以上により，本設問につき，裁判所は司法権を行使しえない。

➡結論

第3　設問(2)について

Bが提起した党員の地位の確認訴訟につき，裁判所は司法権を行使しうるか。

➡事案の問題提起

1　まず，党員の地位の確認を求める訴えは，当事者間の法律関係の存否に関する紛争であるし（①），除名処分の有効性につき法律を適用することによって終局的に解決することができる（②）。そうだとすれば，当該訴訟は「法律上の争訟」といえるので，裁判所は司法権を行使しうるようにも思える。

➡あてはめ

2　もっとも，Bの訴えは司法権の限界を超えるものとして，裁判所は司法権を行使しえないのではないか。

➡論点の問題提起

(1)　この点について，政党は21条1項の結社の自由によってその結成や運営の自由が保障されている自主的な団体である。また，政党は国民が国家の意思形成過程に関与するための媒介をなし，議会制民主主義を支え

➡理由

る重要な役割を担っている。そうだとすれば，政党に 45
は，結社の自由の尊重の観点から，より高度の自主性
と自律性を与えて自主的に組織運営をなしうる自由を
保障すべきである。

→規範定立

そこで，政党の内部的自律権に属する行為について
は，一般市民法秩序と直接関連しない事項は司法審査 50
の対象とはならないことはもとより，一般市民法秩序
と直接関連する事項についても，当該政党の自律的に
定めた規範が公序良俗に反するなどの特段の事情が
ないかぎり，当該規範に基づき，政党がこのような規範
を有していないときには条理に基づき，適正な手続に 55
のっとって処分がなされたかということのみが，司法
審査の対象となるものと解する。

(2) したがって，本設問では，Bの除名処分は，一般市
民法秩序と関連するため司法審査の対象となるが，当 60
該政党の除名処分が適正な手続にのっとってなされた
かということのみが司法審査の対象となる。

→あてはめ

3 以上により，本設問につき，裁判所は当該政党の除名
処分が適正な手続にのっとってなされたかということの
みについて，司法権を行使しうる。

→結論

第4 設問(3)について 65
Cが提起した歳費請求訴訟の事例につき，裁判所は司法
権を行使できるか。

→事案の問題提起

1 たしかに，Cは国に対して歳費請求権の存否を争って
いるから，①当事者間の具体的な権利義務または法律関
係の存否に関する紛争といえるし，②法律を適用するこ 70
とにより終局的に解決することもできるから，当該訴訟
は「法律上の争訟」といえる。

→あてはめ

2 しかし，Cは，当該訴訟の前提問題として，「抜き打
ち解散」という衆議院の解散の効力を主張しているとこ
ろ，これは国会と内閣という政治部門に関する事項であ 75
って，裁判所は司法権を行使しえないのではないか。

→論点の問題提起

(1) この点，直接国家統治の基本に関する高度に政治性
のある国家行為（統治行為）は，三権分立原理のもと，
主権者たる国民に対して政治的責任を負う国会や内閣
の判断，最終的には国民の政治判断に委ねられている。 80

そこで，裁判所は，統治行為すなわち高度の政治性
のある国家行為については，司法権の本質に内在する
制約として，司法権を行使しえないと解する。

→規範定立（内在的制約説）

(2) 本件についてみると，衆議院の解散は直接国家統治
の基本に関する高度に政治性のある国家行為であるか 85
ら統治行為にあたり，裁判所は司法権を行使しえない。

3 以上により，本設問につき，裁判所は司法権を行使し
えない。 以上

→結論

1　司法権の範囲について

(1)　司法権とは，法律上の争訟について，法を宣言し，こ
れを裁定して紛争を解決する国家作用をいう。

　　そして，法律上の争訟とは，①当事者の具体的権利義
務または法律関係の存否に関わり（事件性），②それが
法を適用することによって終局的に解決するものをいう。　　5

　　したがって，司法権の範囲は，この①②の要件をみた
すものにかぎられることになる。

(2)　以上のことを前提に小問(1)，(2)，(3)，について，司法
権の行使が可能か検討する。　　10

2　設問(1)について

(1)　本設問ではAの不当利得返還請求権の有無が訴訟物と
なっており，当事者の具体的な権利義務に関する紛争で
あるといえる。したがって，司法権の範囲についての要
件①をみたす。　　15

(2)　では，②法を適用することによって，終局的に解決す
るといえるであろうか。

　　この点，不当利得返還請求権の前提として，寄附行為
に要素の錯誤があったかが判断されなければならない。

　　そして，そのためには，寺院に安置すべき仏像が偽物　　20
であるか否かが明らかにされなければならない。

　　しかし，その判断をなすには宗教上の問題に立ち入ら
なければならず，これに司法権が介入して，終局的に解
決することはできない。

(3)　したがって，②の要件を欠き，本設問は司法権の範囲　　25
の外にある。よって，裁判所は司法権を行使することは
できない。

3　設問(2)について

(1)　まず，訴訟物はBの党員の地位の確認請求権であり，
①事件性は認められる。また，②法の適用で終局的に解　　30
決できる事件である。

(2)　しかし，政党は一般市民法秩序と異なる法秩序を有す
るため，司法権の限界を超え，裁判所は司法権を行使で
きないのではないか。

　　政党は国民が国家の意思決定に関与するための媒介で　　35
あるし，議会制民主主義を支える重要な性質を有するた
め，自主性を尊重するべきである。

　　そこで，このような自主性を尊重すべく，一般市民法
秩序と直接関連する事項であっても，政党が自主的に定
めた規範が公序良俗に違反する等の特段の事情がないか　　40
ぎり，当該規範に基づき，適正な手続を経て処分がなさ
れたかということのみが司法審査の対象となると考える。

(3)　したがって，本設問では，Bが所属する政党が自主的
に定めた規範に基づいて，適正な手続を経て除名処分を

⬅○定義OK

⬅○要件OK。
なお，正確には法律上の争訟＝
事件性の要件である

⬅○要件①の検討OK。
なお，条文（民法703条，704
条）をあげられるとよい

⬅○問題の所在OK

⬅○要件②の検討OK

⬅△もう少し丁寧に①②を検討し
てほしい

⬅○問題の所在OK

⬅△判例の規範を正確に引用した
ほうがよい

したか，ということについて裁判所は司法権を行使でき　45
る。

4　設問(3)について

　(1)　まず，訴訟物はCの歳費請求権であり，①事件性は認
　　められる。また，②法の適用で終局的に解決できる事件
　　である。　50

　(2)　しかし，衆議院の解散は高度に政治性を有する内閣の
　　国家行為であり，統治行為にあたり司法権は及ばないと
　　考える。
　　　なぜなら，高度な政治性を有する国家行為に裁判所が
　　介入すると，裁判所が政治に巻き込まれる危険性がある。55
　　また，民主的な機関でない裁判所が判断をなすことは政
　　治の混乱を招き，国民の裁判所への信頼を失うことにな
　　りかねないからである。

　(3)　したがって，本設問では，法律上の争訟にあたるが，
　　司法権の限界を超える。よって，裁判所は司法権を行使　60
　　できないと考える。

以上

⇦△もう少し丁寧に①②を検討し
てほしい

⇦○統治行為論OK。
なお，本問は衆議院の解散その
ものを争っているわけではない
（苫米地事件と同じ）。
あくまで，前提問題である（答
案例参照）

⇦○問いに答えている

⇦△「考える」と書く必要はない

答案作成上の注意点

　司法権は旧司法試験，司法試験，予備試験のいずれにおいても出題されている重要な論点であるため，司法権の範囲および限界について知識を確認してもらう意図で出題した。

　まず，司法権の範囲については司法権の定義を示したうえで，「法律上の争訟」の要件を示すことが求められている。そして，各事例における訴訟が「法律上の争訟」に該当するかを検討したうえで，司法権の限界を超えるかを検討する必要がある。

　設問(1)では，Aが提起した訴訟が法律上の争訟に該当するかが問題となる。その検討の際には，Aの提起した不当利得返還請求権が当事者間の権利義務または法律関係の存否に関する紛争であることを指摘しつつ，法律を適用することにより終局的に解決することができないものであることを論証する必要がある。その際，「板まんだら」事件（最判昭和56年4月7日〔百選Ⅱ184事件〕）をベースに論じるとよいであろう。

　設問(2)(3)では，主に司法権の限界が問題となるが，論点に飛びつくのではなく，Bらが提起した訴訟が「法律上の争訟」に該当するとしたうえで，その限界について検討する必要がある。設問(2)については共産党袴田事件（最判昭和63年12月20日〔百選Ⅱ183事件〕），設問(3)については苫米地事件（最大判昭和35年6月8日〔百選Ⅱ190事件〕）をベースに論じるとよいであろう。なお，地方議会の出席停止については判例変更がなされたため，応用編第20問の思考過程を参照してほしい。

答案構成

第1　司法権の範囲
1　司法権とは，具体的な争訟について，法を適用し，宣言することによって，これを裁定する国家の作用
　　この具体的な争訟とは，「法律上の争訟」（裁判所法3条1項）。具体的には，①当事者間の具体的権利義務または法律関係の存否に関する紛争であって，②法を適用することにより終局的に解決できるもの
2　以上のように，司法権はいっさいの「法律上の争訟」について及ぶのが原則
第2　設問(1)
　　Aが提起した不当利得返還請求訴訟につき，裁判所は司法権を行使しうるか
1　たしかに，不当利得返還請求訴訟は①をみたす。しかし，信仰の対象の価値または宗教上の教義が前提問題として争われているので②をみたさない
　　よって，当該訴訟は，「法律上の争訟」とはいえない
2　以上より，司法権を行使しえない
第3　設問(2)
　　Bが提起した党員の地位の確認訴訟につき，裁判所は司法権を行使しうるか

1　地位確認訴訟は①②をみたし，「法律上の争訟」
2　もっとも，司法権の限界
　(1)　当該政党の自律的に定めた規範が公序良俗に反するなどの特段の事情がないかぎり，当該規範に基づき，政党がこのような規範を有していないときには条理に基づき，適正な手続にのっとって処分がなされたかということのみが，司法審査の対象となる
　(2)　したがって，上記範囲についてのみ司法権を行使しうる
3　以上より，除名処分が適正な手続にのっとってなされたかということのみについて，司法権を行使しうる
第4　設問(3)
　　Cが提起した歳費請求訴訟の事例につき，裁判所は司法権を行使しうるか
1　歳費請求権訴訟は①②をみたし，「法律上の争訟」である
2　もっとも，司法権の限界
　(1)　統治行為論（内在的制約説）
　(2)　本設問では，司法権を行使しえない
3　以上より，司法権を行使しえない　以上

【参考文献】
試験対策講座19章1節②【2】・③【3】。判例シリーズ92事件，93事件，95事件。条文シリーズ76条。

工場・施設等からの特定の有害物質の排出量につき，国民の健康を守ることを目的として一定量に規制する法律（法律Ａ）が存在する場合，ある地方自治体では，その規制では地域の公害防止に不十分であるとして，いっそう厳しい排出量規制を定め，違反者には罰則を科すとする条例（条例Ｂ）を制定した。この条例は，憲法第94条，第31条に反するか。

　　また，県内に特定の有害物質を持ち込む場合には知事の特別の許可を要求し，違反者には罰則を科すと知事の制定する規則（規則Ｃ）で定めることは憲法第31条に反するか。

【資料】
地方自治法（昭和22年法律第67号）（抄録）
第14条
1，2　（略）
3　　普通地方公共団体は，法令に特別の定めがあるものを除くほか，その条例中に，条例に違反した者に対し，2年以下の懲役若しくは禁錮，100万円以下の罰金，拘留，科料若しくは没収の刑又は5万円以下の過料を科する旨の規定を設けることができる。
第15条
1　（略）
2　　普通地方公共団体の長は，法令に特別の定めがあるものを除くほか，普通地方公共団体の規則中に，規則に違反した者に対し，5万円以下の過料を科する旨の規定を設けることができる。

＊なお，地方自治法上，規則の制定には公布が要求されるほか（第16条第5項），特別な手続を要するものとはされていない。

【論　点】
1　条例による罰則
2　規則による罰則
3　条例制定権の限界 ―― 「法律の範囲内」（94条）の解釈

答案例

第1　本問前段について
　1　憲法94条（以下「憲法」法名省略）との関係について
　　　本件において，条例Bは，国の定める法律Aより厳しい排出量規制を定めている（上乗せ条例）。

　　　ところが，94条は，地方公共団体は「法律の範囲内」で条例を制定することができる旨を定めている。　5

　　　そこで，条例が「法律の範囲内」（94条）にあるか否かの判断基準が問題となる。

　　(1)　この点について，条例制定権が認められた趣旨は，住民自治および団体自治という「地方自治の本旨」（92条）を実現する点にある。　10

　　　　そうだとすれば，国の政策を妨げない範囲において，自治事務を地方の実情に応じて処理することが，条例制定権の趣旨に沿うといえる。

　　　　そこで，「法律の範囲内」にあるか否かは，両者の対象事項と規定文言を対比するのみではなく，それぞれの趣旨・目的・内容および効果を比較し，両者の間に矛盾抵触があるかどうかによって，判断するべきと解する（徳島市公安条例事件に同旨）。　15

　　(2)　これを本件についてみると，たしかに，法律Aと条例Bは，国民の健康を守るという同一の目的である。　20

　　　　しかし，公害は地方ごとにその種類，程度が異なるから，国民の健康を守るという目的を達成するためには，地方の実情に応じた処理が必要である。

　　　　そうだとすると，法律Aは，全国一律に同一内容の規制を施す趣旨ではなく，地方の実情に応じて別段の規制を施すことを容認する趣旨であるといえる。　25

　　　　したがって，法律Aと条例Bとの間に矛盾抵触がないので，条例Bは「法律の範囲内」といえる。

　　(3)　よって，条例Bは，94条には反しない。　30
　2　憲法31条との関係について
　　　そうだとしても，条例Bは，排出量規制の違反者に対して罰則を科しているが，31条は，「法律」の定める手続によらなければ刑罰を科せられない旨を定めている。

　　　そこで，条例違反に対する制裁として罰則を設けることは31条に反しないか，条例に罰則を委任している地方自治法14条3項の合憲性と関連して問題となる。　35

　　(1)　この点について，判例は，法律の授権が相当な程度に具体的であり，限定されていれば足りるとし，地方自治法14条3項による委任は合憲とする。　40

　　　　しかし，条例が命令と異なり，地方議会という民主的基盤の上に立って制定されるものであり，実質的には法律と差異がない以上，相当な程度の具体的な委任も必要か疑問であり，上記見解は支持しえない。

●問題点の抽出

●問題の所在の明示

●論点の問題提起
　必ず文言解釈をすること

●趣旨

●規範定立（論点の問題提起に対応させる）

⇨最大判昭和50年9月10日（判例シリーズ45事件）
●あてはめ

●公害の特殊性に配慮
　「地方の実情」が13行目とリンク

●三段論法の帰結

●問いに答える

●問題点の抽出
●問題の所在

●事案の問題提起
●論点の問題提起

⇨最大判昭和37年5月30日（判例シリーズ100事件）

●判例の批判
　命令との対比は判例シリーズ703頁参照

（2）　そもそも，条例制定権が認められた趣旨は，前述のように，住民自治および団体自治という「地方自治の本旨」（92条）を実現する点にある。 ➡趣旨（9行目以下とリンク）

そして，刑罰権は，地方自治の本旨を実現するうえで必要な権能である。

そうだとすれば，94条が「法律の範囲内」で認めた条例制定権は，その実効性を担保するための罰則制定権を当然に含み，31条の原則の例外をなすものである。

したがって，条例違反に対する制裁として罰則を設けることは31条に反しないと解する。 ➡論点の結論（論点の問題提起に対応させる）

なお，地方自治法14条3項は，罰則の範囲を法律によって示したものであると解する。

（3）　よって，条例Bは，31条にも反しない。 ➡問いに答える

第2　本問後段について

1　本件において，規則Cは，地方自治法15条2項の包括的な委任を受けて，違反者に罰則を科している。 ➡問題点の抽出

まず，地方自治法15条2項の「過料」は秩序罰とはいえ，実質的には罰金や科料などの刑罰と同様の性質をもっている。

ところが，31条は，前述のように，「法律」の定める手続によらなければ刑罰を科せられない旨規定している。 ➡問題の所在

そこで，制定に特別な手続を要しない規則に対して過料の制定を包括的に委任する地方自治法15条2項が，31条に反しないかが問題となる。 ➡論点の問題提起

（1）　たしかに，普通公共団体の長は住民によって直接選挙されるから（93条2項），長の制定する規則も「条例」（94条）に含まれると解する。

そうすると，本問前段と同様に，規則による罰則の制定も31条の原則の例外となるから，規則への包括的委任も31条に反しないとも考えられる。 ➡前段とのリンク

しかし，特別な手続を要せず，長の専断で定める規則の制定手続は，罰則を科すのにふさわしいものになっているか疑問である。 ➡批判

（2）　そもそも，立憲主義の見地から，議会こそが住民の代表機関にして基本的な立法機関と位置づけられる。 ➡自説

そして，罰則が人権侵害の最たるものであることからすれば，条例制定権に罰則制定権が含まれるとしても，長がただちにこれを行使してよいとは解されない。

したがって，制定に特別な手続を要しない規則に対して過料の制定を包括的に委任する地方自治法15条2項は，31条に反すると考える。 ➡論点の結論（論点の問題提起に対応させる）

➡以上法律について

2　よって，地方自治法15条2項に基づく規則Cは，31条に反する。 ➡規則について

以上

1　前段94条違反の点について

　　本問では，工場からの有害物質の排出量につき，法律A
で定められているが，条例Bは「いっそう厳しい」規制を
課している。そこで，「法律の範囲内で条例を制定」すべ
きとする94条に反しないかが問題となる。　　　　　　　　5

　(1)　この点，法律で定められた事項については，さらに条
例を定めることはできないとする説もあるが，これによ
れば地方の事務を法律により国の事務に吸い上げること
ができるようになるため妥当でない。

　(2)　思うに，「法律の範囲内」で条例制定を認めた趣旨は，10
国法との調和を図りつつも，地方の事務については地域
の特性に応じ，住民の意思をできる限り反映させつつ
（住民自治），その地域の地方公共団体自身が行うべき
（団体自治）であるという点にある。

　　　とすれば，「法律の範囲内」といえるか否かは，単に　　15
対象事項と規定文言を比較するのみでなく，両者の趣
旨・目的・内容および効果に矛盾抵触がないかにより判
断すべきと解する（徳島市公安条例事件判例に同旨）。

　　　具体的には，法律が同一の目的から規制している場合
であっても，その内容・効果が法律の予定する目的を阻　　20
害するものではなく，法律も地方の事情に応じた規制を
許す趣旨である場合には「法律の範囲内」といえると考
える。

　(3)　本問についてみると，法律Aは国民の健康を守ること
を目的としており，条例Bは公害防止・住民の健康保護　　25
を目的とし，共通である。もっとも，有害物質の排出の
程度，住民の健康に対する被害の程度は，工業地帯，農
村，住宅地において様々であり，特に危険な地域につい
ては，より厳しい規制が必要とされるから，法律Aがこ
れを否定したものとは考えられず，むしろ，最低基準を　　30
定めた趣旨と解すべきである。とすれば，一層厳しい規
制を定める条例Bは，法律Aの目的を阻害しない内容と
いえる。

　(4)　よって，条例Bは「法律の範囲内」といえ，94条に反
しない。　　　　　　　　　　　　　　　　　　　　　　35

2　前段31条違反の点について

　　31条は，罰則を「法律」で定めるものとしていることか
ら，罰則を定める条例Bは31条に反しないか。

　(1)　この点，31条は法の支配を手続面から担保することで
行政による不当な刑罰権の行使から国民の権利を守ろう　　40
とするものである。そして，刑罰は人の生命・行動の自
由・財産権に対する直接的な侵害となるものである。

　　　そこで，法律の委任がなくては条例で定めることがで
きないと解される。

◀○問題点の抽出OK

◀○問題の所在OK

◀○他説（法律先占論）およびその批判OK

◀○趣旨OK

◀△やや唐突である

◀○規範OK

◀○あてはめOK

◀○問いに答えている

◀○問題の所在OK

◀△以下，立場が不明確

もっとも，地方の実情に照らした政治を行うためには，条例の実効性の確保のため条例による罰則制定を認める必要がある。

　　そこで，罰則については，委任が許容されているので（73条6号但書），法律の委任があれば，条例で定めることも認められると解する。

(2)　本問では，地方自治法14条3項に規定がある。もっとも，委任も無制約であっては31条の趣旨が没却されるので妥当でない。問題は委任の程度である。

　　思うに，条例は住民代表機関たる議会（93条2項）によって定立されるので，住民の意思により行政権による恣意的な刑罰の負課といった弊害は防止できる。

　　したがって，委任の程度は相当程度具体的であり，限定されていれば足りると解する（判例に同旨）。

　　この点，地方自治法14条は刑の上限を2年以下，100万円以下と定め，刑の種類も定めている。したがって，条例Bはかかる法律の委任によるものであり，31条に反しない。

3　後段

　　規則Cは，知事によって制定された罰則を含むものであり，31条に反しないか。

(1)　この点，知事の規則も住民の直接選挙により選出される知事（93条2項）が定めるものであり，民意により恣意的な刑罰を防止できる。そこで，法律の委任があれば認められる。

(2)　地方自治法15条2項に規定があり，問題は条例で検討したように，委任の程度である。

　　この点，知事が住民の直接選挙で選出されることから，条例同様に緩やかに解してもよいとも思われる。

　　しかし，地方議会が合議体として多くの議員により審議・討論が行われ，歯止めが利きやすいのに対し，知事は独任制であり，権限濫用の危険が高い。また，任期は4年と長く（地方自治法140条），不信任決議の要件も厳格である（同法178条）から，歯止めがかかりにくい。

　　そこで，31条の趣旨に鑑み，厳格な委任が要求されると解する。

(3)　この点，地方自治法は「五万円以下の過料」に限定しており，知事の裁量の幅が極めて小さい。

　　よって，規則Cは委任によるものとして31条に反しない。

以上

45

50

55

60

65

70

75

80

85

⬅△なぜ39行目以下と分けて論じるのか，わからない。一般の基本書に従った論述をするべき

⬅△刑罰の「負課」とはいわない

⬅○判例の規範としてはOK

⬅△「したがって」の前に「委任の程度は相当程度具体的であり限定されているといえる」と書くべき

⬅×「過料」は秩序罰であって刑罰ではない

⬅○反対利益OK。なお，93条2項もあげるとよい

⬅○自分なりに考えて，論述している

⬅○問いに答えている

答案作成上の注意点

　本問前段について。まず，94条については，法律Aが存在する以上，条例Bが「法律の範囲内」といえるかが問題となる。ここで，徳島市公安条例事件（最大判昭和50年9月10日〔百選Ⅰ83事件〕）の規範を書くことが求められるであろう。また，同判決の規範を正確に書くことだけではなく，適切にあてはめをすることができるかどうかで差がつくであろう。同判決の規範は，①条例が法令とは別の目的で規定され，その適用によって法令の意図する目的・効果を阻害しないときや，②両者が同一目的でも法令がその地方の実情に応じて，別段の規制を施すことを容認する趣旨である場合は，「法律の範囲内」であるとしている。本問では，法律Aおよび条例Bはともに「国民の健康を守ることを目的」としているので，②の場合にあたる。次に，31条については，地方自治法14条3項（授権法）の合憲性が問題となる。ここでは，判例のように委任が相当程度具体的であり，限定されていれば足りるとするか，あるいは答案例のように条例による罰則は31条の例外をなすとするか，いずれかで処理すればよいであろう。

　本問後段について。この設問では，一般的に知事の制定する規則も「条例」に含まれるとされていることをふまえて検討することになる。そこで，前段と同様に処理すべきか，それとも，罰則は人権侵害の最たるものだから，民主的機関たる地方議会が制定する条例によらなければならないとするか，悩みをみせてほしい。ここでは，長も地方議会の議員も住民により直接選挙される（93条2項）という点を重視するか，罰則が人権侵害の最たるものという点を重視するかが問題となる。

答案構成

第1　本問前段
1　上乗せ条例Bは「法律の範囲内」（94条）か
(1)　この点，条例制定権の趣旨は，「地方自治の本旨」（92条）の実現
　　そこで，趣旨・目的・内容・効果を比較し，矛盾抵触があるかで判断
(2)　本件では，たしかに，国民の健康を守るという同一目的
　　しかし，公害は地方ごとに異なるから，法律Aは，地方の実情に応じて別段の規制を施すことを容認する趣旨
　　したがって，法律Aと条例Bに矛盾抵触はなく，条例Bは「法律の範囲内」
(3)　よって，条例Bは94条には反しない
2　罰則を設けることは31条に反しないか
(1)　この点，判例は，法律の授権が相当な程度に具体的であり，限定されていれば足りるとする
　　しかし，相当な程度の具体的な委任も必要か疑問であり，支持しえない
(2)　そもそも，条例制定権の趣旨は，「地方自治の本旨」（92条）の実現

　　そして，刑罰権は，地方自治の本旨を実現するうえで必要な権能
　　だとすれば，94条が「法律の範囲内」で認めた条例制定権は，31条の例外
　　したがって，罰則を設けることは31条に反しない
(3)　よって，条例Bは31条に反しない

第2　本問後段
1　過料の制定を規則に包括的に委任する地自法15条2項は31条に反するか
(1)　たしかに，長の制定する規則も「条例」（94条）に含まれる
　　そうすると，31条の原則の例外として，31条に反しないとも考えられる
　　しかし，規則の制定手続は，罰則を科すのにふさわしいか疑問
(2)　この点，議会こそ基本的な立法機関
　　とすれば，長が罰則制定権を行使してよいとは解されない
　　したがって，地自法15条2項は，31条に反する
2　よって，地自法15条2項に基づく規則Cは，31条に反する　　　　　　　　　以上

【参考文献】
試験対策講座21章2節③【1】・【2】。判例シリーズ45事件，100事件。条文シリーズ94条②2(3)(a)(ii)。

第2部

応用編

多くの法科大学院は2004年4月に創設されたが，A大学（国立大学法人）は，2005年4月に法科大学院を創設することとした。A大学法科大学院の特色は，女性を優遇する入学者選抜制度の採用であった。A大学法科大学院が女性を優遇する入学者選抜制度を採用する主たる理由は，法科大学院・新司法試験という新しい法曹養成制度の目的として多様性が挙げられているが，法曹人口における女性の占める比率が低い（参考資料参照）ことである。A大学法学部では，入学生における女子学生の比率は年々増え続けており，2004年度には女子学生が約40パーセントを占めていた。A大学法科大学院としては，法学部で学ぶ女子学生の増加という傾向を踏まえて，法科大学院に進学する女性を多く受け入れることによって，結果として法曹における女性の増加へ結び付けることができれば，法科大学院を創設する社会的意義もある，と考えた。

　A大学法科大学院の入学者選抜制度によれば，入学定員200名のうち180名に関しては性別にかかわらず成績順に合格者が決定されるが，残りの20名に関しては成績順位181位以下の女性受験生のみを成績順に合格させることになっている（このことは，募集要項で公表している。）。

　男性であるBは，2007年9月に実施されたA大学法科大学院2008年度入学試験を受験したが，成績順位181位で不合格となった。なお，A大学法科大学院の2008年度入学試験における受験生の男女比は，2対1であった。

〔設問1〕
　あなたがA大学法科大学院で是非勉強したいというBの相談を受けた弁護士であった場合，どのような訴訟を提起し，どのような憲法上の主張をするか，述べなさい（なお，出訴期間について論ずる必要はない。）。

〔設問2〕
　原告側の憲法上の主張とA大学法科大学院側の憲法上の主張との対立点を明確にした上で，あなた自身の見解を述べなさい。

【参考資料】法曹人口に占める女性の比率（2004年までの過去20年のデータ）

		女性割合 （裁判官）（％）	女性割合 （検事）（％）	女性割合 （弁護士）（％）
昭和60年	1985年	3.3	2.1	4.7
昭和61年	1986年	3.5	2.0	4.8
昭和62年	1987年	3.9	2.1	5.0
昭和63年	1988年	4.1	2.5	5.2
平成元年	1989年	4.5	2.9	5.3
平成2年	1990年	5.0	3.5	5.6
平成3年	1991年	5.5	3.8	5.8
平成4年	1992年	6.0	4.1	6.1
平成5年	1993年	6.7	4.6	6.3
平成6年	1994年	7.2	5.0	6.5
平成7年	1995年	8.2	5.7	6.6
平成8年	1996年	8.9	6.4	7.3
平成9年	1997年	9.7	7.1	7.8
平成10年	1998年	10.2	8.0	8.3

平成11年	1999年	10.4	8.4	8.9
平成12年	2000年	10.9	9.2	8.9
平成13年	2001年	11.3	10.6	10.1
平成14年	2002年	12.2	11.6	10.9
平成15年	2003年	12.6	12.6	11.7
平成16年	2004年	13.2	12.8	12.1

① はじめに

本問では，A大学法科大学院（以下「A大学院」という）入試において，男性受験生よりも女性受験生を優遇させる方針がとられていることが，問題文中から明らかである。そこで，男性受験生であるBは，このようなA大学院の入試方針が，平等原則（14条1項）に違反し，違憲であると主張することが考えられる。平等原則が問題となることについては，比較的容易に気づくことができるであろう。

また，本件では，提起すべき訴訟についても明示することが求められているから，これについても答案において示すことを必要とする。

② 設問1

1　Bが提起すべき訴訟について

本設問において，Bが提起すべき訴訟類型についても解答することが求められている。そこで，Bがいかなる訴訟を提起することとなるかについて，端的に指摘することを要する。

本件では，国立大学であるA大学院は，Bの入学を許可しない決定をしている。Bとしては，この決定の効力をなくしたいであろうから，入学不許可処分についての取消訴訟を提起することとなろう（行政事件訴訟法3条2項）。また，Bは，そのうえで入学を許可してほしいであろうから，取消訴訟と同時に，入学許可処分の義務付け訴訟を提起することも必要となろう（3条6項1号）。

2　憲法上の主張について

本設問において，Bは，A大学院に入学したいと考えているところ，A大学院の入学者選抜制度によれば，入学定員200名のうち180名に関しては性別にかかわらず成績順に合格者が決定されるが，残りの20名に関しては成績順位181位以下の女性受験生のみを成績順に合格させることになっている。このような入学者選抜制度によれば，成績順位181位以下の男性であれば，合格とされた女性よりも点数が高かったとしても，不合格となる取扱いがなされる。

Bが不合格となったのは，このような入学者選抜制度の運用によるものであるから，Bとしては，入学者選抜制度，特に女性を優先的に取り扱う部分（以下「本件部分」という）が，違憲であると主張していくこととなる。具体的には，A大学院に入学してさまざまな講義を受けるという学問の自由（憲法23条）について「性別」による差別があったとし，本件部分は平等原則に反して違憲となると主張していくこととなる。

(1) 「法の下」の「平等」の意義

14条1項は「法の下」の「平等」を定めているところ，法内容が不平等なら，その適用の結果は不平等となるから，「法の下」とは，法適用の平等のみならず法内容の平等をも意味するものと解するべきである。また，各人には事実上の差があるから，「平等」とは合理的理由に基づく区別を許容する相対的平等をいうと解するべきである。

この点は，平等原則違反を考えるうえで前提となる部分であるから，答案においてはじめに示しておく必要がある。

そして，Bの立場から，本件部分という法内容が，男女を合理的理由なく区別する「不平等」なものであることについて主張を展開していくこととなる。

(2) 審査基準

合理的理由に基づくかどうかについて，どの程度厳格に判断するのか，審査基準を示すことが次に必要となる。

これについて，上述のとおり，本件では「性別」に基づく区別があることを指摘することとなるところ，「性別」は14条1項の後段列挙事由に該当する。14条1項後段列挙事由は，歴史上，存在し続けていた差別の典型例であり，同事由に基づく区別は原則として不合理なものと推定されると考えられるから，本件部分の区別も原則として不合理なものと推定されるといえる。

また，性別はみずからの意思や努力によっては変えることのできない事柄であるうえ，A大学院に入学しさまざまな講義を受けることは学問の自由（23条）に資する重要な法的利益であることか

らすると，区別をするにあたってはより厳格な合理的理由が必要となる。この2点については，国籍法違憲判決（最大判平成20年6月4日〔百選Ⅰ26事件〕）においても審査基準を厳格化するために用いられている要素であり，答案においてしっかり示す必要がある。

　Bの立場からは，本件部分が以上の性質をもった区別であることから，厳格な違憲審査基準を用いて判断するべきであると主張するべきである。

(3)　あてはめ

　本件部分の目的は法曹における女性の増加へ結びつけることにある。しかし，参考資料をよく見てほしい。たしかに，法曹人口における女性の割合は低いといえるが，過去20年の間にその割合は増加しており，しかも今後も増加が見込まれるような増加の仕方をしている。

　Bとしてはこの部分に着目し，本件部分により女性を優遇する必要はもはやないといえるため，本件部分は目的として必要不可欠であるとはいえないと主張することとなる。

　また，女子学生に対して，セミナー等を通じて積極的に法曹に関する情報を発信することでA大学院への女性の進学希望者を増やすという方法により，最終的に法曹における女性の増加へ結びつけるという目的を達成することができると考えられるから，手段が必要最小限度であるとはいえないと主張することも考えられる。

　以上から，A大学院の入学者選抜制度のうち，本件部分は，14条1項に違反し，違憲であると結論づけることとなる。

③　設問2

1　想定される対立点

(1)　まず，A大学院側は，ⅰ入学者選抜制度において女性を優遇することは積極的差別是正措置（アファーマティブ・アクション）であるし，ⅱ入学試験は，みずからの能力や努力に依存するものである。そこで，合理的区別か否かについては厳格な審査基準を用いるべきではないと主張すると考えられる。

　　ⅰについて，積極的差別是正措置とは，歴史的に差別を受けてきたグループについて，大学入試や雇用等につき，特別枠を設けて優先的な処置を与える措置をいい，形式的平等を回復するための暫定的措置として一定程度合理性が認められることから，審査基準の厳格度を下げる方向にはたらく事情である。

　　ⅱについて，みずからの能力・努力次第で合格を勝ちとることができるという入学試験の性質は，みずからの力ではどうしようもないものに比べて審査基準の厳格度を下げる事情である。

(2)　次に，A大学院側は，過去20年の法曹における女性の割合の増加はゆるやかなものにとどまっており，その割合をいっそう増加させる必要がある。また，女子学生らに対して情報を発信しても，それによってA大学院への進学をめざす女子学生が増加する可能性は低く，その効果は限定的なものにとどまると考えられるから，本件部分の手段の必要性が認められ，本件部分は合理的区別といえると主張すると考えられる。

(3)　以上より，①審査基準を厳格なものにするかどうかという点，および②合理的区別として許容されるかという点が，対立点となる。

2　自己の見解

(1)　①審査基準を厳格なものにするかどうかという点について

　学問の自由という重要な法的利益について，「性別」という14条後段列挙事由によって差別するものであることからすれば，Bの主張するとおり，厳格な審査基準が妥当するものとも思える。

　しかし，A大学院側の反論のとおり，入学試験は，受験生みずからの能力や努力に依存するものであるし，入学者選抜制度において女性を優遇するのは，女性法曹の数・割合がともに男性に比べて少ないことから，女性法曹の数・割合を増やすためになされる積極的差別是正措置であるといえるから，審査基準の厳格性を一定程度緩和すべきであろう。

　他方で，このような積極的差別是正措置は，多数者を意図的に不利に扱うものであり，いわゆる「逆差別」につながりうるものであるから，審査基準の厳格性を緩和すべきではないとの構成をすることも可能であろう。

いずれにしても，両者の主張をふまえて丁寧に論じることが求められる。なお，答案例では，審査基準の厳格性を一定程度緩和させる見解に立っている。

(2) ②合理的区別として許容されるかという点について

ア　目的について

　　入学者選抜において女性を優遇することの目的は，法曹における多様性確保にある。法曹が多様化すれば依頼者たる国民に対し多様な法的サービスを提供できるようになるし，女性の視点をもふまえた司法制度が構築されやすくなるといえる。たしかに，Bの主張するとおり，法曹人口における女性の割合は過去20年の間にその割合は増加しているが，2004年時点で13パーセント程度にとどまっており，いまだ本件部分を維持する目的は重要であると考えられる。

　　目的について，重要ではないという結論をとってもよいが，その場合でも，手段についての検討を行うようにしたい。

イ　手段について

　　上記のとおり，2004年時点において，法曹に占める女性の割合はいまだ13パーセント程度にとどまるとともに，A大学院の受験生男女比も，2対1というように女性の割合が低い。このことからすれば，女性法曹を更に増加するべく，入学者選抜制度において10パーセントの女性入学優先枠を設定する必要性があるとも思える。

　　しかし，1985年から2004年までの間に法曹に占める女性の割合が3倍以上になっている。このことから推測すると，女性法曹は，A大学院側が入学者選抜において女性受験生を優遇する措置をとらなくても徐々に増加していくといえ，あえて本件部分により女性法曹の増加を図る必要性は小さい。

　　また，A大学の法学部において，2004年には女子学生が40パーセントを占めていることから，潜在的に法曹への興味をもっている女子学生が比較的多いといえ，これらの女子学生を対象に，法曹に関して知りたい情報に関するアンケートをとり，これをもとに積極的に情報を発信すれば，A大学院への女性の進学希望者が増える可能性は高く，結果的にA大学院への女性入学者，更には法曹における女性の増加へ結びつけることは十分に可能である。そのため，本件部分は必要性を欠く過度な区別であるといえる。

　　したがって，本件部分の手段は，方法や限度を誤った不合理な逆差別であるといえる。

　　以上より，A大学院側の措置は，14条1項に違反し，違憲となると考えられる。

　　これとは異なり，手段が効果的かつ過度でないとして合憲という結論をとってもよいが，ほかの方法ではなく本件部分を設定しなければならないことを丁寧に論じることが必要となる。

【関連判例】
最大判昭和48年4月4日刑集27巻3号265頁（判例シリーズ14事件）

【参考文献】
試験対策講座7章2節②【1】・【2】，③【1】(3)。判例シリーズ14事件。条文シリーズ14条。

答案例

第1　設問1について
1　私がBの相談を受けた弁護士であった場合，Bに対する入学不許可処分の取消訴訟（行政事件訴訟法3条2項）および入学許可処分の義務付け訴訟（行政事件訴訟法3条6項1号）を提起する。 → 問いに対応させる

2　A大学法科大学院（以下「A大学院」という）の入学選抜制度のうち，181位以下の20名に関して女性のみを成績順に合格させるとする部分（以下「本件部分」という）は，男性受験生と女性受験生を差別的に取り扱うものであり，憲法14条1項（以下法名省略）に反し違憲である。 → だれと差別されているかの指摘

(1)　まず，法内容が不平等なら，その適用の結果は不平等となるから，「法の下」とは，法適用の平等のみならず法内容の平等をも意味する。次に，各人には事実上の差異があるから，「平等」とは，合理的区別を許容する相対的平等をいうと解する。 → 「法の下」，「平等」の意義

(2)　そして，14条1項後段の列挙事由たる性別による差別は，歴史上存在し続けてきた差別の典型例であるから，原則として不合理である。また，A大学院に入学しさまざまな講義を受けることは学問の自由（23条）に資するため，重要な法的利益である。 → 後段列挙事由であることの指摘，差別されている権利の性質

　　そこで，本件部分は，目的が必要不可欠であり手段が必要最小限度といえないかぎり，不合理な差別として違憲となると考えるべきである。 → 規範定立

(3)　これを本件についてみると，本件部分の目的は法曹における女性増加へ結びつけることにあるが，参考資料によれば過去20年の間に法曹における女性の割合は増加しており，今後も増加が見込まれるため，本件部分により女性を優遇する必要はない。また，上記目的を実現するためには，セミナー等による情報発信により法科大学院への女性進学希望者を増やすという手段で十分である。したがって，必要最小限度の手段とはいえない。 → あてはめ

(4)　よって，本件部分は不合理な差別であり，違憲である。 → 結論

第2　設問2について
1　対立点
(1)　まず，A大学院側は，本件部分は積極的差別是正措置であるから，合理的区別か否かは厳格に判断するべきではない旨主張すると考えられる。 → 被告の反論

(2)　次に，A大学院側は，過去20年の法曹における女性の割合の増加はゆるやかなものにとどまっており，その割合をいっそう増加させる必要があるとともに，セミナー等の情報発信によって女性の進学希望者を増やすことは難しく，一定数の女性入学者を確保できず，不十分であるから，本件部分の手段の必要性が認められ，合理的区別である旨主張すると考えられる。 → 積極的差別是正措置であることの指摘

2　自身の見解
(1)　「法の下」が法適用のみならず法内容の平等をも意味し，「平等」が合理的区別を許容する相対的平等を意味することは，原告主張のとおりである。

(2) では，本件部分は合理的な区別か。　　　　　　　　　　　　45

　ア　この点について，後段列挙事由である性別による差別は歴
　　史上存在し続けてきた差別の典型例であるから，原則として
　　不合理である。また，入学後にA大学院で学習する権利は学
　　問の自由（23条）の一内容として重要な権利であるところ，
　　A大学院に入学することは，当該権利の前提となる点で重要　50
　　性を有する。さらに，性別はみずからの意思や努力によって
　　は変えられない事柄である。

　　　もっとも，本件部分は，以前より法曹における割合が低か
　　った女性を優遇するものであるから，積極的差別是正措置と
　　いえ，実質的平等の要請にかなう。そのため，その合憲性は　55
　　よりゆるやかな基準で判断すべきである。

　　　そこで，本件部分が合理的区別か，方法や限度を誤った不
　　合理な逆差別かは，目的が重要で，手段が効果的かつ過度で
　　ないかどうかで判断すべきである。

　イ　これを本件についてみると，まず，本件部分の目的は，法　60
　　曹における女性の増加へ結びつけることであり，これにより
　　法曹が多様化すれば依頼者たる国民に対し多様な法的サービ
　　スを提供できるようになり，国民の法的な利益に資する。そ
　　のため，上記目的は重要といえる。

　　　次に，A大学法学部における女子学生が占める割合は約40　65
　　パーセントと高く，本件部分によって，A大学院に進む女性
　　が増えるといえる。そして，一般に，法科大学院における高
　　度かつ充実した講義により司法試験の合格可能性が高まるた
　　め，法科大学院に進む女性が増えれば，法曹人口における女
　　性の占める比率も増えるといえる。そのため，本件部分は上　70
　　記目的の手段として効果的である。

　　　また，たしかに，参考資料によると，2004年時点において，
　　法曹に占める女性の割合はいまだ10パーセント程度にとどま
　　るとともに，2008年度のA大学院の受験生男女比も，2対1
　　というように女性の割合が低い。しかし，1985年から2004年　75
　　までの間に法曹に占める女性の割合が3倍以上になっている
　　から，女性法曹は本件部分がなくても徐々に増加していくと
　　いえ，あえて本件部分により女性法曹の増加を図る必要性は
　　小さい。また，上述のとおりA大学法学部の女子学生の割合
　　は高く，潜在的に法曹への興味がある女子学生は比較的多い　80
　　ため，これらの学生を対象に，法曹に関して知りたい情報に
　　関するアンケートをとり，これをもとに積極的に情報を発信
　　すれば，A大学院への女性の進学希望者を増やし，結果的に
　　A大学院への女性入学者・法曹における女性を増やすことは
　　十分に可能である。そのため，本件部分は過度な手段である。85
　　　したがって，本件部分の手段は，方法や限度を誤った不合
　　理な逆差別である。

(3)　よって，本件部分は14条1項に反し違憲である。　　　　以上

➡後段列挙事由，差別される権利の性質，制約の態様，積極的差別是正措置であることの指摘

➡規範定立

➡あてはめ，目的

➡手段

➡結論

第1　設問1について

1　BはA大学に対し，BがA大学法科大学院の2008年度入学資格を
　有する旨の確認を求める訴え（公法上の法律関係に関する確認の
　訴え，行政事件訴訟法4条後段）を提起し，本件入学者選抜制度
　が，憲法14条1項に反し違憲無効であるとの主張をする。　　　　　5
　　　理由は以下のとおりである。

2　BはA大学法科大学院で勉強したいと望んでいるため，2008年
　4月までには入学資格を取得する必要がある。また，A大学は国
　立大学法人であるため，公法上の法律関係に関する確認を求める
　必要があるため，上記実質的当事者訴訟を選択する。　　　　　　10

3　以下の理由により本件入学者選抜制度は，憲法14条1項に反し
　違憲無効である。

　(1)　憲法14条1項の「法の下に平等」は，法内容も拘束し，個人
　　の事実上の差異に基づく合理的区別を認める相対的平等を保障
　　する。この一方，実質的平等までは要求していないと解される。15

　(2)　憲法14条1項後段の列挙事項は，歴史的に差別が問題となっ
　　た事項であり，原則として合憲性の推定が排除され，厳格な審
　　査基準のもとでのみ合理的区別として許容される。

　(3)　本件の場合，法曹の多様性確保のため入学選抜において女性
　　を優遇するとの目的は女性法曹比率が増加傾向にある現状のも　20
　　とでは必要不可欠とまではいえない。

　　　また，A大学法学部では2004年度には女子大生が約40％を占
　　めている状況において，約10％の優先入学枠を認める手段は，
　　目的を達成するために必要不可欠とはいえない。

　(4)　よって，本件入学者選抜制度は，合理的区別として許容され　25
　　ることはなく，14条1項に反し違憲無効である。

第2　設問2について

1　原告側の上記主張に対し，A大学側は以下の憲法上の主張をす
　ると考えられる。

　(1)　大学は，大学の自治（23条）の一環として学生の管理及び人　30
　　数・学科に加え入学選抜制度について決定する広い裁量を有し
　　ている。

　(2)　憲法14条1項後段は例示列挙であり，列挙事項の合憲性推定
　　は排除されない。また，審査基準は合理的関連性の基準による
　　べきである。この一方，憲法が福祉主義（25条等）に立脚して　35
　　いることからすれば，14条1項は実質的平等を要請しているも
　　のと解される。

　(3)　本件の場合，法曹人口における女性比率は依然12〜13％と低
　　いレベルにとどまっており，法曹の多様性を確保するため入学
　　選抜において女性を優遇する目的は正当である。かかる目的を　40
　　達成するために10％程度の優先入学枠を設定する積極的差別是
　　正措置には合理的関連性が認められる。また，こうした措置は
　　大学の裁量の範囲内である。

2　上記主張に関する私見は以下のとおりである。

――――――――――

〇訴訟選択OK

△「憲法14条1項（以下法名省略）」のほうが望ましい

〇平等原則違反への言及OK

〇コンパクトな論証OK

△区別されている利益の重要性についても言及すべき

△どのような審査基準を定立しているのかが不明確

〇問題文中の資料への言及OK

〇この反論もありうる

〇積極的差別是正措置OK

(1)　大学側は，入学者数や試験科目等の面で入学選抜制度を設定 45
する上での裁量を有していると解されるが，性別による差別ま
でを広い裁量の下に許容するとすれば，憲法14条1項の保障を
過度に弱めるものであり妥当でないと解する。

(2)　憲法14条1項後段は，原告の主張のとおり，歴史的に差別が
問題となった事項であり，差別が民主主義の理念に整合しない 50
事項であるため，原則として合憲性の推定が排除され，厳格な
審査基準が妥当するものと解する。もっとも，憲法14条1項は
実質的平等までは保障していないとしても，福祉主義の下で実
質的平等を尊重する趣旨であるものと解される。とすれば，積
極的差別解消措置は実質的平等を志向するものとして，その価 55
値を尊重すべきであり，基礎となる事実に即して実質的関連性
の基準により審査するのが妥当であると考える。

(3)　本件の場合，女性法曹の割合は依然として12〜13％のレベル
にあり，比率が男性に偏っていることは否定できない。よって
法曹の多様性を確保するために法科大学院における入学選抜 60
において女性を優遇し，女性法曹を増加させようとする目的は重
要といえる。

　　この一方，女性法曹の割合は依然として12〜13％のレベルに
あるとしても，ここ20年では4倍近くに増加しており，顕著な
差別解消措置が行われなくても増加傾向が続いているものと考 65
えられる。またA大学法学部の女子大生は2004年度において約
40％に達しているが，A法科大学院の受験生の男女比は2対1
であり，大学院を受験する段階において一定の格差が生じてい
る。よって，10％の女子入学優先枠を設定することが，女性法
曹を増加させることについて，実質的な関連性を有していると 70
はいえない。

(4)　以上より，本件入学者選抜制度は違憲無効である。

以上

⬅○大学側の反論について，自分なりの見解を適切に論じられている

⬅○規範定立OK

⬅○目的の認定OK

⬅○手段の実質的関連性につき適切に論じられている

出題趣旨

（法務省ウェブサイトより）

　本年の問題は，いわゆる積極的差別是正措置を含む法科大学院の入学者選抜制度の合憲性（憲法第14条違反か否か）を問う問題である。憲法第14条の「平等」は，いわゆる結果の平等ではなく，形式的平等（機会の平等）を意味すると解されてきたところ，性中立的な「結果」（実質的な平等）を目指す積極的な差別是正措置がどのような場合に許容されるのか，そのような差別是正措置がもたらす「逆差別」の問題をどう考えるのか，というのが本問の核心であり，これを，問題文や資料に示されている具体的事情を踏まえて検討することが求められている。なお，本問で求めているのは，観念的・抽象的な「暗記」からパターンで答えを導くような「学力」ではなく，正確に判例・学説を理解した上で判断枠組みを構築し，事案の内容に即した個別的・具体的検討を踏まえて一定の理にかなった答えを導き出す「学力」である。

優秀答案における採点実感

① 全体

　この答案は，4頁にわたって論述がなされており，分量が十分である。また，触れられるべき論点については，もれなく検討がなされている。さらに，問題文の事実や資料を十分に引用しつつ，論述がなされている。これらの点において，高い評価を得たものと考えられる。

② 設問

1　提起すべき訴訟

　冒頭に提起すべき訴訟が明示されているため，採点者も読みやすい構成となっている。しかし，入学不許可処分の取消訴訟や，入学許可の義務付け訴訟といった，抗告訴訟についても想定できれば，なおよい評価を得られたであろう。

2　Bの憲法上の主張

　「法の下」の「平等」の意義について，十分な論証がなされている。また，審査基準の設定においても，14条1項後段列挙事由にあたるということから，審査密度を高めることを説得的に論じられている点が高評価である。他方，BがA大学院で講義を受けることが学問の自由に資する重要な法的利益であることについては，言及がなされていない点が残念である。

　あてはめについては，女性法曹の増加が必要不可欠であるかどうかについて，自分なりに検討がなされており，高い評価を得たであろう。

3　対立点の想定

　自分なりに反論を想定しつつ書いており，また，積極的差別是正措置についても言及がなされており，出題趣旨に合致している。

4　自己の見解

　対立点として想定した点について，的確に自己の見解を述べることができている。主張・反論形式の問題では，原告の主張と被告の反論，自己の見解とをそれぞれかみ合わせて論じることが求められる。このようなことができている点において，高い評価を得たものと考えられる。

　また，問題文の事実や参考資料を多く引用し，自分で定立した違憲審査基準にあてはめることができている。与えられた問題文の事実をなるべく多く引用し，定立した違憲審査基準にあてはめることが十分にできており，この点が高く評価されたものと考えられる。

次の文章を読んで，後記の〔設問〕に答えなさい。

　A市教育委員会（以下「市教委」という。）は，同市立中学校で使用する社会科教科書の採択について，B社が発行する教科書を採択することを決定した。A市議会議員のXは，A市議会の文教委員会の委員を務めていたところ，市教委がB社の教科書を採択する過程で，ある市議会議員が関与していた疑いがあるとの情報を，旧知の新聞記者Cから入手した。そこで，Xは，市教委に対して資料の提出や説明を求め，関係者と面談するなどして，独自の調査を行った。

　Xの調査とCの取材活動により，教科書採択の過程で，A市議会議員のDが，B社の発行する教科書が採択されるよう，市教委の委員に対して強く圧力を掛けていた疑いが強まった。Cの所属する新聞社は，このDに関する疑いを報道し，他方で，Xは，A市議会で本格的にこの疑いを追及すべきであると考え，A市議会の文教委員会において，「Dは，市教委の教科書採択に関し，特定の教科書を採択させるため，市教委の委員に不当に圧力を掛けた。」との発言（以下「本件発言」という。）をした。

　これに対し，Dは，自身が教科書採択の過程で市教委の委員に圧力を掛けた事実はなく，Xの本件発言は，Dを侮辱するものであるとして，A市議会に対し，Xの処分を求めた（地方自治法第133条参照）。

　その後，Dが教科書採択の過程で市教委の委員に圧力を掛けたという疑いが誤りであったことが判明し，Cの所属する新聞社は訂正報道を行った。A市議会においても，所定の手続を経た上で，本会議において，Xに対し，「私は，Dについて，事実に反する発言を行い，もってDを侮辱しました。ここに深く陳謝いたします。」との内容の陳謝文を公開の議場において朗読させる陳謝の懲罰（地方自治法第135条第1項第2号参照）を科すことを決定し，議長がその懲罰の宣告をした（この陳謝の懲罰を以下「処分1」という。）。

　しかし，Xが陳謝文の朗読を拒否したため，D及びDが所属する会派のA市議会議員らは，Xが処分1に従わないことは議会に対する重大な侮辱であるとの理由で，A市議会に対し，懲罰の動議を提出した。A市議会は，所定の手続を経た上で，本会議において，Xに対し，除名の懲罰（地方自治法第135条第1項第4号参照）を科すことを決定し，議長がその懲罰の宣告をした（この除名の懲罰を以下「処分2」という。）。

　Xは，Dに関する疑いは誤りであったものの，本件発言は，文教委員会の委員の活動として，当時一定の調査による相応の根拠に基づいて行った正当なものであるから，①自己の意に反して陳謝文を公開の議場で朗読させる処分1は，憲法第19条で保障されるべき思想・良心の自由を侵害するものであること，②議会における本件発言を理由に処分1を科し，それに従わないことを理由に処分2の懲罰を科すことは，憲法第21条で保障されるべき議員としての活動の自由を侵害するものであることを理由として，処分2の取消しを求める訴えを提起しようとしている。

〔設問〕

　Xの提起しようとしている訴えの法律上の争訟性について言及した上で，Xの憲法上の主張とこれに対して想定される反論との対立点を明確にしつつ，あなた自身の見解を述べなさい。

【資料】地方自治法（昭和22年法律第67号）（抄録）
第133条　普通地方公共団体の議会の会議又は委員会において，侮辱を受けた議員は，これを議会に訴えて処分を求めることができる。
第134条　普通地方公共団体の議会は，この法律並びに会議規則及び委員会に関する条例に違反した議員に対し，議決により懲罰を科することができる。

② （略）
第135条　懲罰は，左の通りとする。
　一　公開の議場における戒告
　二　公開の議場における陳謝
　三　一定期間の出席停止
　四　除名
②・③　（略）

① はじめに

　本問はA市議会を舞台に，A市議会議員Dの発言に対する除名懲罰を題材としたものである。問題文中に検討すべき人権が明記されているため，思想良心の自由と政治活動の自由が問題になっていることは容易にわかる。しかし，これに加えて本問では「法律上の争訟性」についても言及することが求められている。さらに，市議会が舞台となっていることから，司法権の限界にも触れる必要がある。

　本問は論じることが非常に多いため，コンパクトな記述を心掛けよう。

② 設問

1　法律上の争訟性について

　問題文に「法律上の争訟性について言及した上で」とあるため，まずは処分2の取消しを求める訴え（以下「本件訴訟」）の「法律上の争訟」該当性について論じるべきである。

　「法律上の争訟」について論じた「板まんだら」事件（最判昭和56年4月7日）を意識した規範を立て，あてはめをしなければならない。同判例をふまえれば，本件訴訟は「法律上の争訟」にあたると結論づけることになろう。

　「法律上の争訟」にあたると結論づけた後は，司法権の限界についても論じる必要がある。地方議会議員懲罰事件（最大判昭和35年10月19日）または共産党袴田事件（最判昭和63年12月20日）を意識して，規範を立てるべきであろう。答案例では地方議会議員懲罰事件を意識して規範を定立した。同判例の考えに従えば，本件訴訟はXの除名処分という議会の内部規律の問題にとどまらない重大な処分を取り消すものであるため，司法審査の対象になるといえる。共産党袴田事件を意識した規範を定立した場合であっても，結論は同様になるだろう。なお，令和2年に地方議会議員懲罰事件等を変更する判決（最大判令和2年11月25日）が登場し，地方議会議員への出席停止処分も司法審査の対象となることになった。しかし，除名処分が司法審査の対象となることは地方議会議員懲罰事件においても争いはなかったため，令和2年判決の登場をふまえても，Xに対する除名懲罰が問題となっている本件訴訟が司法審査の対象になるとの結論に変わりはないだろう。

2　Xの憲法上の主張について

　本件訴訟が「法律上の争訟」にあたり，司法審査の対象であると論じた場合には，Xとしては本件訴訟において，処分1および処分2がXの憲法上の自由を制約し，かつそれらの制約が正当化されないと主張することになるであろう。

(1)　処分1については，まず，陳謝の意思表示の基礎にある倫理的判断等をなす自由が思想良心の自由（19条）の性質を有すること，その自由が同処分により制約されていることを端的に指摘する必要がある。次に，制約が正当化されないことを論じる必要があるが，ここで審査基準を定立するか否かは悩ましいところである。内心の自由に対する直接的制約があるとして，ただちに違憲であると結論づけてもよいが，時間や紙面に余裕があれば審査基準を定立すべきであろう。この場合には，思想良心の自由が精神的自由のなかで根本的なものであることを強調して，厳格または中間の審査基準を定立する。審査基準を定立した場合には，あてはめをして，違憲であるとの結論をだすことになる。

(2)　処分2についても，まず，Xの議員としての活動の自由が表現の自由（21条1項）の性質を有することを指摘したい。議員活動の自由が憲法上保障されることを示した判例（最判平成26年5月27日）を意識して，15条1項や93条2項まで引用できれば素晴らしい。次に，その自由が同処分により制約されていることを簡潔に指摘しよう。ただし，処分2によりXの自由が制約されていると書くだけでは足りない。なぜ，処分2によりXの議員としての活動の自由が制約されるといえるのか，一言でいいので理由を必ずつけるようにしよう。

　　その後は審査基準を定立したうえで，あてはめをして，違憲であるとの結論を導き出していく。Xとしては議員活動の重要性，制約態様の強さなどを強調して厳格審査基準を定立することになる。

反論と私見が控えているため，Xの憲法上の主張だけで紙面と時間を大幅に使用しないように気をつけたい。コンパクトな記述を心掛けよう。

3　反論について

(1)　まず処分1に対する反論としては，いわゆる限定説の立場から，Xの自由が思想良心の自由の保障対象に含まれないというものが考えられる。

　次に，Xの自由が思想良心の自由の保障対象に含まれるとしても，同自由に対する制約が存在しないという反論が考えられる。この反論においては，謝罪広告強制事件（最大判昭和31年7月4日）を意識することが不可欠である。

　また，審査基準定立の段階で反論することも可能である。この場合には，Xの主張する審査基準よりもゆるやかな基準を定立すべきである理由を説得的に論じなければならない。たとえば，議会の内部的自律権の存在や，処分1のXの自由に対する制約の程度が弱いことなどを主張していくことになるだろう。そして，その後にあてはめをして，合憲と結論づけることになる。

(2)　処分2については，保障や制約の段階で反論を加えることは困難であろう。そこで，審査基準の段階で反論をすべきである。やはり，議会の内部的自律権の存在といった事情を強調して，ゆるやかな審査基準を定立すべきと主張することになる。

　そして，あてはめにおいては，Xによる本件発言が悪質なものであること，除名処分が議会の秩序の維持という目的との関係で適合性，必要性が認められる手段であることを論じる必要がある。

4　私見について

反論を受けて，処分1については保障，制約の有無または審査基準の密度が主な対立点となり，処分2については審査基準の密度が主な対立点となることが想定される。

(1)　処分1については，まず，Xの自由が思想良心の自由の保障対象ではないという厳格説の立場からの反論がなされている。これに対しては，広義説の立場からXの自由は思想良心の自由の保障対象であると再反論するのがよいだろう。

　次に，単なる事態の真相を告白し陳謝の意を表するにとどまる程度であれば思想良心の自由の保障に反しないとした謝罪広告強制事件をふまえ，本問においてもXの自由に対する制約が存在しないとの反論がなされている。しかし，本問では新聞への謝罪広告の掲載が問題となった判例と異なり，公開の議場において口頭での陳謝の意を述べさせることが問題となっている。そこで，この行為態様の違いに着目して自分なりの結論をだすことが求められている。いずれの結論をとっても問題はないが，自分でしっかりと新たな理由づけをしたうえで積極的に論じたい。

　また，議会の自律権や制約の程度に着目して審査基準をゆるやかにすべきとの反論がなされている。一方で，Xの自由が重要なものであることも否定できない。そこで，私見では，中間審査基準を定立することになるだろう。あてはめでは議会の秩序維持という目的が重要であることは認定したうえで，陳述の強制が手段としての適合性・必要性に欠けないか，目的を達成できるより制限的でない代替手段が存在しないかといったことを論じることとなる。

(2)　処分2は，保障および制約の点では争いがないため，私見で指摘する必要はない。

　そこで争点は審査基準の密度となる。審査基準の密度においては，議会の自律権を尊重して，審査基準はゆるやかにすべきとの反論がなされているが，私見でもこの点を無視することはできない。そこで，中間審査基準を定立するのがよいであろう。あてはめでは，議会の秩序維持という目的との関係で除名処分が必要かつ相当なものか，目的を達成できるより制限的でない代替手段が存在しないか検討していくこととなる。かりに，処分1を合憲と結論づけた場合にはそれをここでもちだすことによって，論述に厚みをだすことができる。

　論理的に構成されていれば，結論はいずれでもかまわないだろう。

【関連判例】

最判昭和56年4月7日民集35巻3号443頁（判例シリーズ93事件）

最判昭和63年12月20日判時1307頁113頁（判例シリーズ92事件）

最大判昭和35年10月19日民集14巻12号2633頁（判例シリーズ90事件）

最大判令和 2 年11月25日判時2476号 5 頁

最判平成26年 5 月27日判時2231号 9 頁

最大判昭和31年 7 月 4 日民集10巻 7 号785頁（判例シリーズ16事件）

【参考文献】

試験対策講座 8 章 1 節①【 3 】，19章 1 節①【 2 】・③【 3 】⑷。判例シリーズ16事件，90事件，92事件，93事件。条文シリーズ19条，21条。

答案構成用紙

答案例

第1　法律上の争訟性について
　1　まず，処分2の取消しを求める訴え（以下「本件訴え」という）は，当事者間の具体的な法律関係の存否に関する紛争であって，それが法律を適用することにより終局的に解決することができるものであるから，「法律上の争訟」（裁判所法3条1項）にあたるとも思える。　　5

➡規範定立，あてはめ

　2　しかし，「法律上の争訟」のうち，自律的な法規範をもつ団体の決定を尊重すべきであるから，単なる内部規律の問題にとどまるかぎり，裁判所の司法審査の対象とはならないと解する。

➡規範定立

　　　これを本件についてみると，除名処分は，議員の身分の喪失に　　10
関する重大事項であるため，一般市民法秩序と関連しない単なる
内部規律の問題にとどまらず，裁判所の司法審査の対象となる。

➡あてはめ

　3　よって，本件訴えは，「法律上の争訟」にあたる。

➡結論

第2　Xの憲法上の主張について
　1　まず，処分1は，陳謝の意思表示の基礎にある倫理的判断等を　　15
なす自由（以下「本件自由①」という）を侵害し，憲法19条（以
下「憲法」法名省略）違反として，違憲であると主張する。

　⑴　思想・良心の自由は，単に事物に関する是非弁別の内心的自
由のみならず倫理的判断およびそれに関する表現を強制されな
い自由をも含むから，本件自由①も同条により保障される。　　20

➡広義説

　⑵　そして，思想・良心の自由は，内心にとどまるかぎり絶対的
に保障され，直接的制約は許されないところ，処分1は，Xに
陳謝を強制し，本件自由①を直接的に制約している。

➡制約

　⑶　よって，処分1は，同条に反し，違憲である。

　2　次に，処分2は，Xの議員としての活動の自由（以下「本件自　　25
由②」という）を侵害するものとして，違憲であると主張する。

　⑴　まず，15条1項および93条2項の趣旨に照らせば，住民の代
表として住民の間に存する多元的な利益を地方公共団体の意思
形成に反映させる役割を担っている点で，議員としての活動の
自由は，表現の自由（21条1項）として保障される。　　30

　⑵　次に，処分2により，Xは議員としての地位を失うから，本
件自由②が制約されている。

➡制約

　⑶　そして，議員活動を通じて自己の人格を発展させるとともに，
地方公共団体の政治的意思決定に関与できるから，本件自由②
は，自己実現・自己統治の価値を有する重要な権利といえる。　　35
また，処分2は，議員としての地位を失わせるから，規制態様
は強い。そこで，合憲性は厳格に判断するべきである。

➡規範定立

　⑷　処分2の目的は，議会の秩序維持にある。しかし，Xは一定
の調査による相応の根拠のもと，侮辱の故意なく本件発言をし
ており，議会秩序は乱されていないため適合性がなく，もっと　　40
も重い除名処分をなす必要性もない。

➡目的
➡手段

　⑸　よって，処分2は，21条1項に反し，違憲である。

第3　想定される反論について
　1　処分1について

(1) 思想・良心の自由が保障するのは，個人人格の核心に位置するものに限定されるから，謝罪の意思表示の基礎にある倫理的判断等は，その保障対象に含まれず，本件自由①は，19条により保障されない。 45

→限定説
→保障範囲

(2) かりに，本件自由①が同条により保障されるとしても，処分1は，単に事態の真相を告白し陳謝の意を表明することを命じるにとどまるため，本件自由①は制約されていない。 50

→制約

(3) よって，処分1は，同条に違反せず，合憲である。

2　処分2について

(1) 議員としての活動の自由には，地方公共団体の議会に認められる内部的自律権に基づく自主規制による制約がありうるため，処分2の合憲性は，ゆるやかに判断すべきである。 55

→審査基準の定立

(2) 陳謝を拒むXの除名により，他議員の懲罰拒否を抑止できるので，処分2は議会の秩序維持に資する。また，陳謝を拒み，反省がみられないXには，除名処分が相当である。

→あてはめ

(3) よって，処分2は，21条1項に反せず，合憲である。 60

第4　私見について

1　処分1について

(1) 思想・良心の自由には，倫理的判断等も含まれるので，本件自由①は，19条により保障されている。

→保障範囲

しかし，反論のとおり，処分1は単に事態の真相を告白し陳謝の意を表明することを命じるだけで，内心と表示意思の一致は要求していないから，本件自由①の制約はない。 65

→制約

(2) よって，処分1は，同条に違反せず，合憲である。

2　処分2について

(1) X主張のとおり，本件自由②が21条1項により保障され，処分2により制約されている。 70

(2) 本件自由②は，自己実現・自己統治の価値を有するが，議会の内部的自律権を裁判所は尊重する必要がある。他方，処分2は議員たる地位を剥奪し上記自由のいっさいを奪うため，規制態様は強い。そこで，目的が重要であり，手段が目的達成のため効果が過度でないかで合憲性を審査する。 75

→規範定立

(3) これを本件について検討する。

ア　まず，処分2の目的はX主張のとおりであるところ，この目的は，議会制民主主義の観点からは重要といえる。

→目的

イ　次に，Xは一定の調査に基づいて本件発言をしており，議会秩序を乱していないとも思えるが，合憲と解される陳謝の懲罰を拒み，議会秩序を乱している。そして，他議員までもが懲罰を拒めば，議会秩序は，更に乱されるため，Xの除名処分は，上記目的のために効果的である。 80

→手段

しかし，Xに反省がみられないとしても，本件発言が一定の調査に基づく以上，出席停止という，よりゆるやかな懲罰ではなく，除名処分にすることは，過度である。 85

(4) よって，処分2は21条1項に反し，違憲である。　　　　以上

1 法律上の争訟性について
 (1) 法律上の争訟（裁判所法３条１項）とは，当事者間の具体的な　　　　　⇦○規範定立OK
　　 権利義務ないし法律関係についての紛争であって，法令を適用す
　　 ることにより終局的に解決することが可能なものをいう。
 (2) 本件でXが提起しようとする訴訟についてみると，処分者たる　5　　 ⇦○あてはめOK
　　 A市議会と被処分者たるXの間における市議会議員としての地位
　　 という具体的な法律関係についての紛争である。また，処分２の
　　 適法性が判断されることで，Xが市議会議員という地位を保持す
　　 ることができるか否かが決するため，法令を適用することにより
　　 終局的に解決することが可能であるといえる。　　　　　　　　10
　　　 よって，上記訴訟は法律上の争訟に当たる。　　　　　　　　　　 ⇦○結論OK
2　Xの憲法上の主張
 (1) 処分1，2は市議会議員の議会での発言の自由を侵害するもの
　　 で違憲である。
 (2) 上記自由は議員が自己の有する信念を表明するという点で思　15　 ⇦○２つの権利について
　　 想・良心の自由（19条）により保障される。また，自己の有する　　 保護範囲OK
　　 情報を議員，そして市民に発信する点で表現の自由（21条１項）
　　 により保障される。
 (3) そして，自己の信念にそぐわない内容の文章を朗読させられる　　　　⇦○制約OK
　　 という意味で処分１は思想・良心の自由の制約であり，それに従　20
　　 わないことを理由とする処分は表現の自由の制約である。
 (4) まず処分１は，本来内心にとどめている限り絶対的に保障され
　　 る自由への制約であるから直ちに違憲である。処分２についても，　　 ⇦○権利の重要性，規制
　　 市民の代表として自律的に活動するという重要な価値を有する権　　　 態様に触れられている
　　 利に対するものである上，除名という処分内容も重いため，その　25　 ⇦△具体的な違憲審査基
　　 憲法適合性は厳格に審査されるべきである。　　　　　　　　　　　　 準（目的手段審査）を
　　　　　　　　　　　　　　　　　　　　　　　　　　　　　　　　　 立ててほしかった
 (5) 処分２の目的は議院の秩序維持である。もっとも，一度の発言
　　 を根拠に除名という重大な処分を科すという処分は必要最低限と
　　 はいえない。
 (6) よって，処分２も違憲である。　　　　　　　　　　　　　　30　 ⇦○結論OK
3　反論
 (1) 処分1，2はいずれも住民代表機関（93条）として，その自律　　　 ⇦×「法律上の争訟」に
　　 権に即して下したものであり内部事項にとどまるから，適法性の　　　 ついて対立点を示すこ
　　 審査はそもそも司法権の限界を超える。　　　　　　　　　　　　　　 とは，問題文で求めら
　　　　　　　　　　　　　　　　　　　　　　　　　　　　　　　　　 れていない
 (2) 仮に司法権の限界を超えないとしても，処分１は単に事態の経　35　 ⇦○制約について反論
　　 緯を報告させるものにすぎず，思想・良心の自由の制約とはなら　　　 OK
　　 ない。
 (3) また，Xの主張する上記自由も，議院における秩序維持，他の
　　 議員の自律的活動の保障という要請から，一定の制約に服する。
　　　 そして前記のとおり，議会には自律権があるのであるから，そ　40　 ⇦△議会の自律権に触れ
　　 の審査は市議会の判断を尊重し，緩やかになされるべきである。　　　 られているものの，具
　　　　　　　　　　　　　　　　　　　　　　　　　　　　　　　　　 体的な違憲審査基準を
　　　　　　　　　　　　　　　　　　　　　　　　　　　　　　　　　 立てていない
 (4) 処分1，2の目的は，議院の秩序維持に加え，Dの名誉回復に　　　 ⇦○Xの言動につき評価
　　 ある。Dもまた住民の代表の一人であるから，その自律的な活動，　　 できている
　　 名誉は保障されるべきであり，Xの根拠なき発言，それに続く不

誠実な態度に鑑みれば，処分1，2には合理性がある。　　　　　45

(5)　よって，処分1，2はいずれも合憲である。　　　　　　　　　　←○結論OK

4　私見

(1)　市議会もまた住民代表機関で一定の自律的な活動が保障される　　　←×問題文を正しく読め
　　べきではあるものの，国会と異なり三権分立の要請はなく，議院　　　ていない（32行目の右
　　自律権も明示的には保障されていない。そこで，その処分の適法　50　欄参照）
　　性については，一般市民法秩序に直接関わりのある事項について
　　は，司法権の限界を超えないと考える。
　　　本件についてみると，除名処分はXの議会内での地位ではなく，
　　議員そのものの地位に関わるものであるから，一般市民法秩序に
　　直接関係するといえる。したがって司法権の限界を超えない。　　55

(2)　上記自由の保障については，Xの主張のとおりである。

(3)　反論のとおり，処分1は単に事態の経緯を報告するにとどまる　　　←△反論をそのまま受け
　　から，思想・良心の自由に対する制約には当たらない。もっとも，　　いれるのではなく，そ
　　自己の有する情報を発出し，市議会で質問する行為は表現行為に　　　れを受けて議論を深め
　　当たるから，処分2と同様に21条1項に対する制約となる。　　60　る論述を展開してほし
　　　　　　　　　　　　　　　　　　　　　　　　　　　　　　　　　かった

(4)　そして，前記のとおり，市議会の自律権は一定程度保障される　　　←○権利の重要性につき，
　　べきではあるものの，上記自由は住民代表たる議員の自由な活動　　　より深めた論述ができ
　　を保障する点で極めて重要な価値を有するし，議会での質問は民　　　ている
　　主主義の根幹をなすという点で自己統治の価値も有する。一方，
　　処分2は除名という重いものであり，制約の態様は強度である。　65　←△規制態様について，
　　　そこでやや厳格に，処分の目的が重要で，目的に照らし適合性，　　より深めた論述を展開
　　必要性が認められる限りにおいて合憲であるとする。　　　　　　　　してほしかった

(5)　本件処分の目的は，Xの主張，反論が述べるとおりである。そ
　　してXの発言内容は誤りだったのであり，これらの処分に適合性
　　は認められる。　　　　　　　　　　　　　　　　　　　　　70
　　　もっとも，Xの発言は一度きりである上，他の市議会議員の教　　　←○Xの発言およびその
　　科書採択に対する圧力という疑惑の有無は公共性が高い事項であ　　　根拠となった調査につ
　　り，調査，質問をすることは議員の責務である。またXは調査に　　　き詳細に検討できてお
　　当たり，関係者に面談するなど独自の調査を尽くしている。それ　　　り，萎縮効果にも触れ
　　にもかかわらず除名のような重い処分を科すことは，議員活動を　75　られている
　　萎縮させるおそれがある。したがって，必要性が認められない。

(6)　よって，本件処分はいずれも違憲である。

　　　　　　　　　　　　　　　　　　　　　　　　　　　以上

　本問は，地方議会の内部における紛争について，①その法律上の争訟性を論じた上で，②陳謝の懲罰（処分１）を科すことがXの良心の自由を侵害し，憲法第19条に反しないか，③処分１に従わなかったことを理由とする除名の懲罰（処分２）を科すことが，Xの議員としての活動の自由を侵害し，憲法第21条に反しないかを論ずることを求める問題である。①については，地方議会における除名処分が司法審査の対象となることを示した最高裁判例（最高裁昭和35年10月19日大法廷判決，民集第14巻第12号2633頁等）を踏まえて検討することが求められる。②は，最高裁判例（謝罪広告事件・最高裁昭和31年７月４日大法廷判決，民集第10巻７号785頁）を参照しながら，本問における事情の下で，Xの良心の自由を侵害するものであるかを論ずる必要があろう。③は，地方議会の議員としての活動の自由が憲法第21条で保障されるかを論じた上で，議会における発言を理由として科された処分１に従わなかったことを理由として，議員としての身分を剥奪する処分２が科されたことについて，その合憲性を検討することが求められる。②・③については，いずれも，地方議会に自律権として認められている懲罰権を意識しながら論ずることが重要である。

優秀答案における採点実感 ||||

1 全体

　この答案は，Xの憲法上の主張，それに対する反論，私見でかみ合った議論が展開できており，よく練られている。ただし，法律上の争訟性について主張反論を展開することは，設問で要求されていない。予備試験において，問題に適切に答えることは初歩中の初歩であるため，しっかり問題文を読んでほしい。

2 法律上の争訟性，司法権の限界

　法律上の争訟性，司法権の限界ともに判例を意識した規範を立てることができており，素晴らしい。また，あてはめについても，判例を意識して端的になされている。しかし，上記のように設問に沿った解答ができなかった点は，残念である。

3 処分１について

　全体的によく書けている。制約の有無を主な対立点として論述を展開できているうえ，処分２をみこして短く書けている点は，試験戦略として上出来である。また，謝罪広告強制事件もしっかりと意識できており，好印象である。

　ただし，保障の範囲について少しでも対立点を書ければ最上位の答案になっていただろう。思想・良心の自由の保護範囲について，広義説と限定説の対立があることは基礎知識であり，これらについてほとんどの受験生が書くものと思われる。最重要の対立点は制約の有無であるため，これについて大展開する必要はないが，相対的な観点から，少しでも触れるべきであっただろう。

4 処分２について

　これもよく書けている。対立軸を審査基準定立に絞っており，原告と被告でかみ合った議論ができている。被告の反論で議会の自律権について触れられている点，および私見で議員活動の重要性につき議会制民主主義を根拠にあげられている点は，優秀である。ただし，私見で一方の主張をそのまま受けいれるだけの記述をするのは，避けるべきである。

　原告の主張および被告の反論におけるあてはめについて，分量が少なく淡白な印象を受ける。しかし，これらを受けた私見を厚く論じることができており，書くべきことの多い本問では，試験戦略としてやむをえなかったと推察する。問題に応じてメリハリをつけることが肝要である。

　残念なのは，違憲審査基準を「厳格に審査」や「ゆるやかに審査」としか書かずに，その具体的な中身を明示していない点である。たとえば，目的が重要で手段が効果的かつ過度でない，という具体的な規範を書かなければ，詳細なあてはめをすることができない。時間がないなかでも，これは徹底してほしい。

次の文章を読んで，後記の〔設問〕に答えなさい。

甲市は，農業や農産品の加工を主産業とする小さな町である。近年，同市ではこれらの産業に従事する外国人が急増しているが，そのほとんどはA国出身の者である。甲市立乙中学校は，A国民の集住地区を学区としており，小規模校であることもあって生徒の4分の1がA国民となっている。A国民のほとんどはB教という宗教の信者である。

XはA国民の女性であり，乙中学校を卒業し，甲市内の農産品加工工場で働いている。Xの親もA国民であり，Xと同じ工場に勤務している。この両名（以下「Xら」という。）は熱心なB教徒であり，その戒律を忠実に守り，礼拝も欠かさない。B教の戒律によれば，女性は家庭内以外においては，顔面や手など一部を除き，肌や髪を露出し，あるいは体型がはっきり分かるような服装をしてはならない。これはB教における重要な戒律であるとされている。

ところで，Xが工場に勤務するようになった経緯として，次のようなことがあった。Xらは，Xの中学校入学当初より毎年，保健体育科目のうち水泳については，戒律との関係で水着（学校指定のものはもちろん，肌の露出を最小限にしたものも含む。）を着用することができず参加できないので，プールサイドでの見学及びレポートの提出という代替措置をとるように要望していた。なお，Xは，水泳以外の保健体育の授業及びその他の学校生活については，服装に関して特例が認められた上で他の生徒と同様に参加している。

しかし，乙中学校の校長は，検討の上，水泳の授業については，代替措置を一切とらないこととした。その理由として，まず，信仰に配慮して代替措置をとることは教育の中立性に反するおそれがあり，また，代替措置の要望が真に信仰を理由とするものなのかどうかの判断が困難であるとした。さらに，上記のように，乙中学校の生徒にはB教徒も相当割合含まれているところ，戒律との関係で葛藤を抱きつつも水泳授業に参加している女子生徒もおり，校長は，Xらの要望に応えることはその意味でも公平性を欠くし，仮にXらの要望に応えるとすると，他のB教徒の女子生徒も次々に同様の要望を行う可能性が高く，それにも応えるとすれば，見学者が増える一方で水泳実技への参加者が減少して水泳授業の実施や成績評価に支障が生じるおそれがあるとも述べた。

Xは，3年間の中学校在籍中に行われた水泳の授業には参加しなかったが，自主的に見学をしてレポートを提出していた。担当教員はこれを受領したものの，成績評価の際には考慮しなかった。調査書（一般に「内申書」と呼ばれるもの）における3年間の保健体育の評定はいずれも，5段階評価で低い方から2段階目の「2」であった。Xは運動を比較的得意としているため，こうした低評価には上記の不参加が影響していることは明らかであり，学校側もそのような説明を行っている。Xは近隣の県立高校への進学を希望していたが，入学試験において調査書の低評価により合格最低点に僅かに及ばず不合格となり，経済的な事情もあって私立高校に進学することもできず，冒頭に述べたとおり就労の道を選んだ。客観的に見て，保健体育科目で上記の要望が受け入れられていれば，Xは志望の県立高校に合格することができたと考えられる。

Xは，戒律に従っただけであるのに中学校からこのような評価を受けたことに不満を持っており，法的措置をとろうと考えている。

〔設問〕
　必要に応じて対立する見解にも触れつつ，この事例に含まれる憲法上の問題を論じなさい。
　なお，Xらに永住資格はないが，適法に滞在しているものとする。また，学習指導要領上，水泳実技は中学校の各学年につき必修とされているものとする。

① はじめに

本問は，剣道実技拒否事件（最判平成8年3月8日）を題材として，乙中学校が，代替措置をいっさいとらず，Xの保健体育の評定を5段階評価の2としたこと（以下「本件措置」）が違憲または違法といえるかどうかを問う問題である。

② 設問

1 判断枠組み

上記判例ではもっぱら裁量の逸脱濫用の問題として論じられているため，答案の大枠として，判例を意識した裁量だけのものにするのか，三段階審査にするのかをまず検討する必要がある。

題材となった判例と同様に，もっぱら裁量のみの問題として論じることが考えられる一方で，三段階審査の判断枠組みを用いて答案を書くことも十分可能である。

多くの受験生が三段階審査の判断枠組みを用いて答案を書いてくることが予想されるため，三段階審査を用いたほうが答案戦略上よいと思われる。したがって，答案例では，三段階審査を採用し，答案を作成している。

2 保障・制約

(1) まず，保障の段階では，XがB教の戒律に従う自由（以下「本件自由」）が信教の自由（20条1項）の性質を有することを端的に指摘したい。次に，XはA国民であり，日本国民ではないことから，外国人の人権享有主体性の論点に触れる必要がある。マクリーン事件（最大判昭和53年10月4日）を意識して本件自由がXにおいても保障されることを簡単にでよいので論述したい。

(2) 次に，権利の制約の段階では，本件措置がXの本件自由を制約することを論述しなければならない。本件措置が本件自由を直接的に制約するものではないとの反論をふまえたうえ，間接的・付随的に制約するものではあることを指摘できれば厚みがでる。

3 審査基準

審査基準を定立する際に問題となるのが，目的手段審査を用いるか，あるいは判断過程審査を用いるかである。

(1) ここでも多くの受験生は典型的な目的手段審査を用いてくると思われる。そこで，答案例では目的手段審査を採用している。

この場合には，まず権利の重要性と規制態様を本問の事情に照らして検討していくことが必要となる。本件自由がXのB教の信仰の核心部分と密接に関連すること，校長に教育上の裁量が認められること，本件自由に対する制約は間接的・付随的制約にとどまっていることなどは落とさず指摘したい。なお，出題趣旨はXの未成年者の人権の論点への言及も求めているが，この論点に気づくことは困難であったと思われる。もっとも，落としたとしても他の受験生と差はつかないであろう。

これらの事情を考慮して審査基準を定立する場合には，中間審査基準が妥当ではないかと思われる。

(2) 一方で，判断過程審査を用いることも十分可能である。本問のベースとなっている剣道実技拒否事件は，判断過程審査を用いている。優秀答案は判断過程審査を用いたものとなっているため，そちらを参照していただきたい。

具体的には，「校長の裁量権の行使としての処分が，全く事実の基礎を欠くか又は社会観念上著しく妥当を欠き，裁量権の範囲を超え又は裁量権を濫用してされたと認められる場合に限り，違法であると判断すべき」という基準を用いることになる。同審査基準を用いる場合には，その前提として，乙中学校の校長に裁量が認められることは必ず指摘しなければならない。

その後は，本問が判例と異なる部分に着目して，審査基準の密度を本問に即したものにする必要がある。

まずは，権利の重要性について目的手段審査と同様に論じればよいだろう。

次に，判例を意識し，Xの受ける不利益の大きさを考慮する必要がある。処分による不利益の

大小は，処分権者の裁量の広狭を決定する要素であり，不利益が大きい場合には当該処分の決定にあたって「特に慎重な配慮」が必要となる。

判例は，退学処分については，学生の身分を剥奪する重大な措置であること等を理由に不利益の大きさを判断しており，原級留置処分については，「学生にその意に反して１年間にわたり既に履修した科目，種目を再履修することを余儀なくさせ，上級学年における授業を受ける時期を延期させ，卒業を遅らせる」ものであり同処分が「２回連続してされることにより退学処分にもつながるものである」ことを理由に不利益の大きさを判断している。

本問では，本件措置の時点で保健体育の評定が低いことは，Xが希望していた県立高校の入学試験不合格と直接の関係を有するものではないものの，入学試験において調査書の評価は重要な要素であること，経済的事情によりXは私立高校には進学することができず，県立高校が不合格になった場合には高校進学自体をあきらめなければならないことといった事情を考慮すれば，Xの受ける不利益は大きいと判断することは十分可能である。したがって，本問においても，「特に慎重な配慮」が必要であるといえる。

４　あてはめ

以下，目的手段審査におけるあてはめについて検討していく。問題文中に校長による反論が列挙されているため，これらをしっかりと拾い，評価していけば十分である。

なお，判断過程審査を用いた場合のあてはめについては，優秀答案を参照していただきたい。

(1) 本件措置の目的は，教育の中立性の確保と乙中学校における生徒間の公平性の確保にある。これらを２つとも指摘することまでは求められていないと思われるが，少なくとも１つは指摘したうえで，適切に評価することが大事である。平等原則（14条１項）や学習権（26条１項）などを絡めて，憲法をしっかり意識した論述ができると，たいへん説得力のあるものになる。

(2) 次に，手段であるが，ここで必ず論じなければならないのが教育の中立性の確保の目的との関係で，代替措置をとることが政教分離原則（20条１項後段，３項，89条前段）に反しないかである。かりに代替措置をとっても同原則に反しないこととなれば，本件自由を制約しない代替措置を遮断する本件措置は，手段としての適合性を欠くことになる。ここでは，津地鎮祭事件（最大判昭和52年７月13日）を意識した枠組みをしっかりと提示したうえで，コンパクトなあてはめをしなければならない。代替措置をとってもB教を特別扱いすることにはならないとの結論が妥当であろう。その場合には，同措置をとらずに強行された本件措置は手段としての適合性を欠くことになる。

また，Xによる代替措置の要望が真にXの信仰を理由とするものなのかの判断が困難であるため，同措置をとることはできないという校長の反論についても検討したい。かりに，校長が主張するように代替措置の要望が真にXの信仰を理由とするものなのかの判断が困難であるため同措置をとりえないとなれば，本件措置は過度な手段ではないということになり，その必要性が認められることとなる。Xの背景事情や，Xが特例のもとに学校生活で戒律に基づく服装を着用していることなどを事情として拾い，校長の反論が適切かを評価したい。

最後に，Xの要望に応えた場合には，水泳授業に参加している他のB教徒の女子生徒との関係で不公平となるだけでなく，他のB教徒の女子生徒が追随する可能性があり，その結果として成績評価に支障が生じるおそれがあるという校長の反論について検討する必要がある。校長によるこの反論が妥当であったとすれば，代替措置はとりえないため，本件措置の必要性が認められることになる。いずれの結論でも問題ないと思われるが，しっかりと事情を拾って評価することを意識しよう。

なお，題材となった剣道実技拒否事件では，剣道実技の履修が体育科目による教育目的の達成のために必須か否か，ひいては，当該教育目的の達成は，他の体育種目の履修等の代替的方法によってこれを行うことも性質上可能か否かが検討されている。この点について，「高等専門学校においては，剣道実技の履修が必須のものとまではいい難く，体育科目による教育目的の達成は，他の体育種目の履修などの代替的方法によってこれを行うことも性質上可能というべきである」としている。本問でも，水泳と剣道という違いはあるものの，基本的に判例と同様の判断が可能

といえるため，手段のあてはめにおいて，このような判例を意識した論述を展開できれば周囲と差をつけることができるだろう。

【関連判例】
最判平成８年３月８日民集50巻３号469頁（判例シリーズ23事件）
最大判昭和53年10月４日民集32巻７号1223頁（判例シリーズ１事件）
最大判昭和52年７月13日民集31巻４号533頁（判例シリーズ24事件）

【参考文献】
試験対策講座５章４節④【１】，８章２節②【２】・③【３】，判例シリーズ１事件，23事件，24事件。
条文シリーズ20条。

答案構成用紙

1　乙中学校が，代替措置をいっさいとらず，Xの保健体育の評定を5段階評価の2としたこと（以下「本件措置」という）は，水着のような服装を禁ずる旨のB教の戒律に従う自由（以下「本件自由」という）を侵害し，違憲ではないか。

(1)　まず，本件自由は，憲法20条1項前段（以下法名省略）の信教
　　の自由の一内容たる信仰の自由の一環として保障される。　　　　　5　　➡保護範囲

　　　　そして，A国民のXは外国人であるが，本件自由は，信仰とい　　　　　　➡外国人の人権享有主体
　　う精神的活動に関わるため，前国家的性格を有し，性質上日本国　　　　　　　性
　　民のみを対象としているものとは解されない。

　　　　したがって，本件自由は，Xにおいても保障される。　　　　　10

(2)　次に，本件措置は，その内容自体においてXにB教の戒律に反　　　　➡間接的・付随的制約
　　する行動，すなわち水着着用による水泳実技への参加を命じたも
　　のではなく，本件自由を直接的に制約するものとはいえない。た
　　だし，水泳実技の不参加が本件措置における低評価に影響してい
　　ることは明らかであるため，Xが低評価という不利益を避けるた　　　15
　　めにはB教の戒律に反する行動をとらざるをえなくなるといえ，
　　本件自由に対する付随的制約は認められる。

(3)　そして，このような制約は，乙中学校が在学生を規律する包括
　　的権能に基づくものとして，実質的に正当化されるか。

　　ア　まず，未成年者たるXの本件自由は，教育上の裁量のもとで　　　20　　➡未成年者の人権
　　　制限を受け，重要性が低いとの見解も考えられる。

　　　　しかし，B教における重要な戒律に基づく本件自由は，信仰　　　　　　➡最判平成8年3月8日
　　　の核心部分と密接に関連し，特に信者の精神生活を支えている　　　　　　（判例シリーズ23事件）
　　　ため，成年・未成年を問わず，重要である。　　　　　　　　　　　　　　のフレーズ

　　イ　他方，本件措置は，3年連続で行われ，志望の県立高校の不　　　25　　➡規制態様
　　　合格，ひいては進学の断念という重大な不利益を伴う点で，規
　　　制態様が強度であるとの見解も考えられる。

　　　　しかし，前述のように付随的制約にとどまること，また，不
　　　合格の結果には評定と別個の入学試験の成績も加味されており，
　　　本件措置の時点ではそのような不利益が直接に導かれないこと　　　30
　　　から，規制態様が強度とはいえない。

　　ウ　そこで，①目的が重要で，②手段が目的との関係で効果的か　　　　　➡規範定立
　　　つ過度でない場合にかぎり，上記制約が正当化される。

(4)　これを本件について検討する。

　　ア　まず，本件措置の目的は，i教育の中立性の確保およびii生　　　35　　➡目的
　　　徒間の公平性の確保にある。これらは，政教分離原則（20条1
　　　項後段，3項，89条前段），平等原則（14条1項）に基づいて
　　　いる。また，教育は，個人が人格を形成し，社会において有意
　　　義な生活を送るために不可欠の前提をなす以上，子どもが教育
　　　を受けて学習し，人間的に発達・成長していく権利たる学習権　　　40
　　　（26条1項）は国籍を問わず生徒全員が享受すると解する。そ
　　　して，iおよびiiは，適切な教育の実施に寄与し，もって学習
　　　権の充足に資する。そのため，目的iおよびiiは重要である
　　　（①充足）。

イ 次に，手段について検討する。 45

⇨手段

(ｱ) まず，目的ⅰとの関係で，代替措置をとることは，B教へ
の特権の付与といえ，政教分離原則に反するため，本件措置
は効果的であるとの見解も考えられる。

⇨政教分離

しかし，同原則に反するかは，当該行為の目的が宗教的意 50
義をもち，その効果が宗教に対する援助・助長・促進または
圧迫・干渉等になるかで判断すべきと解するところ，代替措
置をとっても，成果に応じた正当な評価をするかぎり，B教
を特別扱いすることとはならず，目的において宗教的意義を
有し，B教を援助・助長・促進する効果を有するとはいえな
い。そのため，政教分離原則に反しない代替措置を遮断する 55
本件措置は，目的ⅰとの関係で効果的ではない。

⇨最大判昭和52年7月13
日（判例シリーズ24事件）

また，代替措置は，その要望が真に信仰を理由とするか否
かの判断が困難であるためとりえず，本件措置が目的ⅰとの
関係で過度でないとの見解も考えられる。

しかし，XがB教の戒律を遵守していることは，特例のも 60
と，学校生活で戒律に基づく服装を着用している以上明らか
である。そして，Xらの要望は服装に関する重要な戒律に基
づくものであるため，上記の判断は，信仰を調査詮索せず，
外形的事情の調査によっても容易になしうるといえる。その
ため，代替措置をとりうる以上，本件措置は，目的ⅰとの関 65
係で過度である。

(ｲ) 次に，戒律との関係で葛藤を抱きつつも水泳授業に参加し
ている女子生徒もいるため，本件措置は，目的ⅱとの関係で
効果的であるとの見解も考えられる。

しかし，上記の女子生徒に対しては相応の成績を与える一 70
方で，授業に欠席することなく，自主的に見学をしたXの提
出したレポートを評価せず，水泳授業に参加した生徒と同等
の評価を得る機会を与えないことは，両者の間でかえって不
公平を生じさせている。そのため，本件措置は，目的ⅱとの
関係で効果的でない。 75

また，代替措置は，他の見学者の増加を招き，水泳授業の
実施や成績評価に支障が生じるおそれがあり，とりえないた
め，本件措置が目的ⅱとの関係で過度でないとの見解も考え
られる。

しかし，生徒の4分の1近くがB教徒であっても，戒律に 80
従い見学しうるのは女子生徒のみであり，授業の実施に支障
が生じるとまではいえず，また，レポート提出者が増えれば，
そのなかで優劣が生じ，より公平な成績評価も可能となる。
そのため，代替措置をとりうる以上，本件措置は，目的ⅱと
の関係で過度である。 85

(ｳ) したがって，本件措置という手段は，目的との関係で効果
的かつ過度でないとはいえない（②不充足）。

2 よって，本件措置は，違憲である。 以上

⇨結論

第1　水泳授業につき代替措置を取ることなく，保健体育の成績を低
　評価とした乙中学校の行為は，Xが宗教上の理由から水泳授業に参
　加しない自由を制約し，憲法20条1項に反し，違憲ではないか。　　　　　　　◀△正確には「20条1項
　1　まず，信教の自由は20条1項により保障されるところ，これに　　　　　　　前段」
　　は自己の信仰する宗教上許されない行為を強要されない自由を含　　5　　　◀○保護範囲OK
　　むと解する。そして，Xの上記自由は，Xの信仰するB教におい
　　て許されない服装での水泳授業への参加を拒むものであるから，
　　信教の自由の一環として同項により保障されうる。
　2　そうだとして，かかる自由が外国人たるXに保証されるか。　　　　　　　◀○外国人の人権享有主
　　　この点，憲法は国民主権（前文1項，1条）を掲げる以上，外　　10　　　体OK
　　国人に保障が及ばないとの見解もある。
　　　しかし，国際協調主義（11条，97条）の下，性質上可能な限り，
　　外国人にも憲法による人権保障が及ぶと解する。
　　　本件でも，信教の自由は精神的自由として性質上，外国人にも　　　　　　　◀×制約の指摘がない
　　保障されると考えられるから，上記自由がXにも保障される。　　15
　3　そうだとして，乙中学校が教育上いかなる措置を取るかについ　　　　　　　◀○裁量の認定OK
　　ては，学校長に裁量が認められる。
　　　そのため，乙中学校の上記行為が，校長の裁量権の行使の逸　　　　　　　◀○審査基準OK
　　脱・濫用となる場合に，違憲と解する。
　　　そこで，裁量権の逸脱・濫用があるか検討する。　　　　　　　　　　20
　(1)　まず，乙中学校の校長は，代替措置を取らなかったことにつ
　　　き，教育の中立性に反する恐れがあることを理由に挙げている。
　　　しかし，代替措置を講じることは政教分離原則（20条1項後段，　　　　　◀○政教分離の検討OK
　　　3項）に反せず，裁量権の逸脱・濫用ではないか。
　　　ア　この点，国家と宗教の関わり合いは絶対的に許されないと　　25
　　　　の見解がある。
　　　　　しかし，福祉国家（25条以下）の要請の下，いかなる形で
　　　　も関わり合いが許されないとすれば，かえって宗教団体等に
　　　　不利益となりかねず，妥当でない。
　　　　　そこで，同原則は国家と宗教の一切の関わり合いを許さな　　30　　　◀○規範OK
　　　　いものではなく，関わり合いをもたらす行為の目的及び効果
　　　　にかんがみ，関わり合いが社会通念上許される限度を超えた
　　　　と認められる場合にのみ，これを許さないものと解する。具
　　　　体的には，行為の目的が一般人から見て宗教的意義を有し，
　　　　その効果が宗教の援助・助長・促進，又は圧迫・干渉になる　　35
　　　　場合にのみ，許されないとかんがえる。
　　　イ　これを本件についてみると，Xに対して水泳授業の実技に
　　　　代えて，見学及びレポートの提出という代替措置を認めたと
　　　　しても，一般人から見て，乙中学校が宗教的意義を有する行
　　　　為をしているとは見られない。　　　　　　　　　　　　　　　40
　　　　　また，Xは実技は免除されるものの，同程度の負担である
　　　　レポートの提出を課題として課されるのであるから，教育上
　　　　有利もしくは不利な取扱いをされるわけでもなく，その効果
　　　　が宗教の援助・助長・促進，又は圧迫・干渉にあたるとも言

えない。45

　　　　よって，代替措置を取ったとしても，政教分離原則に反しない。

　　ウ　そのため，乙中学校の校長が教育の中立性に反する恐れがあることを理由に代替措置を取らなかったのは，事実の評価を誤っている。50

　⑵　また，校長は代替措置の要望が信仰を理由とするものなのか，判断が困難であることをも理由に挙げている。

　　　しかし，Ｘは水泳以外の保健体育の授業及び学校生活においては，服装に関して特例が認められているのであり，これはＢ教の戒律を学校側が十分に認識していたためであると考えられ，55
水泳授業での代替措置についても判断できるだけの知識が十分あったと考えられる。

　　　また，仮に十分な知識がなかったとしても，女性の服装に関する規律はＢ教の戒律のうちでも重要なものであったのだから，代替措置が信仰を理由とするものか判断するため，かかる戒律60
の内容を調べることは容易であったので，これを怠ったといえる。

　　　そのため，学校側の判断には考慮不尽がある。

　⑶　さらに，校長はＸの要望に応えれば，他のＢ教徒の女子生徒との関係で公平性を欠き，また水泳授業の実施や成績評価に支65
障が応じる恐れがあるとする。

　　　しかし，信教の自由は精神的自由であり，特に個人の尊厳にも関わるところであるから，他の者との関係性を必要以上に考慮すべきでない。本件では，Ｘ以外の生徒は代替措置を要望してきていないのだから，これをＸのみに認めても公平性を大き70
く損なうとまではいえないし，また，それらの生徒が要望した場合にはこれを認めればよいから，Ｘに認めてもかかる点では差し支えない。そのため，他のＢ教徒の女生徒との関係を考慮すべきではない。

　　　そして，仮にＢ教徒の女子生徒が全員水泳授業を見学するこ75
ととなっても，全生徒の８分の１にすぎないのだから，残りの生徒たちで十分に水泳授業を実施することは可能である。そのため，支障が生じるとする学校側の判断には誤りがある。

　　　そのため，学校側の上記判断には他事考慮・評価不当がある。

　⑷　よって，かかる点で学校側の上記行為は，裁量権の逸脱・濫80
用がある。

　４　したがって，乙中学校の上記行為は20条１項に反し，違反である。

第２　そして，かかる憲法上の違反がある点で，乙中学校の校長は職務上尽くすべき注意義務を怠ったとして，Ｘらは国家賠償法１条１85
項により，損害賠償請求することができる。

　　　　　　　　　　　　　　　　　　　　　　　　　　　　以上

⇐○事実の評価の誤りOK

⇐○反対の事実にも触れられている

⇐○評価OK

⇐○考慮不尽OK

⇐○自説が書けている

⇐○Ｂ教徒の人数にも触れられている

　本問では，主として①信教の自由に基づく一般的な義務の免除の可否，②代替措置を講じることの政教分離原則との関係など具体的な検討が問題となるほか，③教育を受ける権利，④外国人の人権享有主体性や未成年者の人権等の論点が含まれる。判例としては，剣道受講拒否事件（最高裁判所第二小法廷平成8年3月8日判決，民集50巻3号469頁）を意識することが求められる。もっとも，事案には異なるところが少なくないので，直接参考になるとは限らず，同事件との異同を意識しつつ，事案に即した検討が必要である。

　①については，水泳実技への参加とB教の教義との関係，代替措置が認められないことによる結果の重大性などを事案に即して把握し，信教の自由への影響の大きさを的確に把握して，判断枠組みを設定することが求められる。

　②は，①で設定した判断枠組みに基づく具体的検討に当たるものである。政教分離原則との関係の点も含め，代替措置をとらないことについて校長が示した理由が詳しく述べられているので，それに即して分析を進めることが必要である。

　以上が必ず論じてもらいたい内容であり，③④はそれに比較すると優先度は落ちるが，詳しく検討するためには必要な点である。特に，本件は，正面からその侵害を問題とするかどうかはともかく，社会権である教育を受ける権利が関わってくる事案である。社会権は外国人には保障されないという一般論が，学習権を背景とする教育を受ける権利との関係でも妥当するかという問題意識を感じてもらいたいところである。

優秀答案における採点実感 |||

1　全体

　この答案は三段階審査のうち，審査基準として判断過程審査を用いて作成されている。本問では検討すべき論点が多いが，本答案はこれらをおおむね拾っており，全体的にコンパクトに論じることができている。

2　設問

　権利の保護領域の段階では，外国人の人権享有主体性に言及する必要があるが，この答案ではそれがしっかりとできている。

　しかし，権利の制約の論述が抜けてしまっている点が大変残念である。多くの受験者が書いたであろう，間接的・付随的制約の論述がないことは痛い。

　審査基準定立の段階では，この答案は判断過程審査を用いる前提として，校長に裁量が認められることを認定できており，好印象である。

　あてはめの段階でも，校長の反論に対して適切に再反論ができており，印象がよい。事情をなるべく拾って，評価をしっかりとすることが高評価につながることをよく表している答案である。

　判断過程審査を用いた答案としてはレベルが高いものであるため，是非参考にしていただきたい。

次の文章を読んで，後記の〔設問〕に答えなさい。

　A市は，10年前に，少子化による人口減少に歯止めをかけるためA市少子化対策条例（以下「本件条例」という。）を制定し，それ以降，様々な施策を講じてきた。その一つに，結婚を希望する独身男女に出会いの場を提供したり，結婚相談に応じたりする事業（以下これらを「結婚支援事業」という。）を行うNPO法人等に対する助成があった。しかし，A市では，近年，他市町村に比べ少子化が急速に進行したため，本件条例の在り方が見直されることになった。その結果，本件条例は，未婚化・晩婚化の克服と，安心して家庭や子どもを持つことができる社会の実現を目指す内容に改正され，結婚支援事業を行うNPO法人等に対する助成についても，これまで十分な効果を上げてこなかったことを踏まえ，成婚数を上げることを重視する方向で改められた。これに伴い，助成の実施について定めるA市結婚支援事業推進補助金交付要綱も改正され，助成に際し，「申請者は，法律婚が，経済的安定をもたらし，子どもを生みやすく，育てやすい環境の形成に資することに鑑み，自らの活動を通じ，法律婚を積極的に推進し，成婚数を上げるよう力を尽くします。」という書面（以下「本件誓約書」という。）を提出することが新たに義務付けられた。

　結婚支援事業を行っているNPO法人Xは，本件条例の制定当初から助成を受けており，助成は活動資金の大部分を占めていた。しかし，Xは，結婚に関する価値観は個人の自由な選択に委ねるべきであるから，結婚の形にはこだわらない活動方針を採用しており，法律婚だけでなく，事実婚を望む者に対しても，広く男女の出会いの場を提供し，相談に応じる事業を行っていた。このため，Xは，改正後の本件条例に基づく助成の申請に際し，本件誓約書を提出できず，申請を断念したので，A市からの助成は受けられなくなった。

　そこで，Xは，A市が助成の要件として本件誓約書を提出させることは，自らの方針に沿わない見解を表明させるものであり，また，助成が受けられなくなる結果を招き，Xの活動を著しく困難にさせるため，いずれも憲法上問題があるとして，訴訟を提起しようとしている。

〔設問〕
　Xの立場からの憲法上の主張とこれに対して想定される反論との対立点を明確にしつつ，あなた自身の見解を述べなさい。なお，条例と要綱の関係及び訴訟形態の問題については論じなくてよい。

① はじめに

　本問は，比較的短い事例問題ではあるものの，「Xは，A市が助成の要件として本件誓約書を提出させることは，自らの方針に沿わない見解を表明させるものであり，また，助成が受けられなくなる結果を招き，Xの活動を著しく困難にさせるため，いずれも憲法上問題があるとして，訴訟を提起しようとしている」との記載があることから，2つの人権が問題となることに注意しなければならない。1つの人権として構成することも考えられなくはないが，問題文中「また」という表現が用いられていることからすれば，2つの人権として構成することが素直である。

② 設問

　設問の指示に従えば，検討すべき事項は，①Xの憲法上の主張，②想定されるA側の反論，③自己の見解である。そこで，以下，これらについて検討する。

1　Xの憲法上の主張

(1)　Xは，みずからの方針に沿わない見解を表明させるものであることについて，不満を有している。

　本件では，Xは，結婚に関する価値観は個人の自由な選択に委ねるべきであるとの思想に基づき，婚姻形態にとらわれずに結婚支援活動を行っている。そして，本件誓約書には，「申請者」は「法律婚を積極的に推進し，成婚数を上げるよう力を尽くします。」との記載があることから，本件誓約書の提出をXに要求すれば，Xは，自己の活動方針とは異なる見解を表明させられることとなる。そこで，Xは，本件誓約書の提出によって，消極的表現の自由（21条1項）が侵害され，違憲であると主張することが考えられる。

　なお，この点については思想・良心の自由（19条）として構成することも考えられよう。思想・良心の自由は，内心の自由や信仰告白の禁止のほかに，自己の思想と不可分の関係にある外部的行為についても，保障されるものと解されている。そうすると，「結婚に関する価値観は個人の自由な選択に委ねるべきである」との思想と不可分の関係にある行為と異なる外部的行為（本件では誓約書の提出）を強制させられない自由として構成することも可能であろう。

　一般に，消極的表現の自由として位置づけられるのは，政治的・イデオロギー的表現を強制する場合であり，思想・良心の自由として位置づけられるのは，それ以外の表現を強制する場合に問題になると考えられている。

　答案例では消極的表現の自由として構成しているが，説得的に論じられていれば，他の人権として構成することも可能である。思想・良心の自由として構成する場合は，判例（最判平成24年1月16日，最判平成23年5月30日および君が代ピアノ伴奏職務命令拒否事件〔最判平成19年2月27日〕）を意識しつつ論じることが望ましい。

(2)　また，Xは，助成が受けられなくなる結果を招き，Xの活動を著しく困難にさせることについて，不満を有している。

　本件では，Xは従来，助成金の給付を受けながら結婚支援事業を行ってきており，助成金が活動資金の大部分を占めていたとの事実が記載されている。そのため，Xにとって，助成金は活動を行ううえできわめて重要な資金であり，助成金を受けられなくなれば，結婚支援事業を行うことが著しく困難となりうる。そこで，Xは，助成金の不支給によって，Xという法人そのものの存続，すなわち結社の自由（21条1項）が侵害されるものと主張していくことになる。

　なお，この点については，営業の自由（22条1項）として構成することも考えられる。XはNPO法人であることから，営業の自由は保障されないとも思えるが，NPO法人であっても，収益の分配が規制されるにすぎず，収益をあげること自体は観念できることからすると，営業の自由として構成することも不可能ではないだろう。

　答案例では，結社の自由として構成しているが，説得的に論じられていれば，他の人権として構成することも可能である。

2 想定されるA側の反論
(1) 制約の有無について
　ア　A側としては，本件誓約書の提出はXに義務的に課されるものではなく，助成金を得るための任意の条件にすぎないから，Xの消極的表現の自由を制約しないと反論することができる。
　　　本件において，Xは，みずからの活動方針とは沿わない見解を表明させられることが不都合であれば，本件誓約書を提出せずに助成金を受けないことも選択肢としてありうる。そのため，Xの消極的表現の自由に対して制約を観念できないと反論するものと考えられる。
　イ　また，A側としては，助成金を受けなくとも，Xが結婚支援事業自体を行うことは妨げられないから，Xの主張する結社の自由に対する制約はないと反論することが想定できる。
　　　本件では，Xは，本件誓約書を提出しなければ助成金を受けられないだけであり，結婚支援事業を行うこと自体は可能である。そのため，Xの結社の自由に対し制約を観念できないと反論するものと考えられる。
(2) 規制態様，給付行政の性質について
　ア　A側は，助成金を受けなくとも活動それ自体が禁止されるものではないことから，消極的表現の自由や結社の自由に対する規制態様は強いとはいえないと反論できよう。
　イ　また，A側は，助成金の給付条件については，もっぱらA側に裁量権が認められることから，審査基準はよりゆるやかに設定されるべきであるとの反論をすることも考えられる。

3 自己の見解
(1) 制約の有無について
　A側の反論を受けて，制約の有無が対立点となることが想定される。
　たしかに，形式的にみると，本件誓約書の提出はXの任意であり，強制ではないことからすれば，消極的表現の自由に対する制約はないとも思える。しかし，助成金はXの活動資金の大半を占めるものであるとの事実に照らすと，Xにとって，助成金を受けられなくなれば，結婚支援事業を事実上断念させられる状況に追い込まれざるをえない。そうだとすれば，実質的にみると，本件誓約書の提出が事実上強制されていたものと考えられ，消極的表現の自由に対する制約があると考えられる。
　また，助成金を受けられなければ，活動それ自体が著しく困難となることからすれば，実質的にみて，結社の自由に対する制約があるものといえるであろう。
　よって，消極的表現の自由および結社の自由に対する制約が認められるといえる。
(2) 正当化について
　A側は，本件誓約書の提出はXの任意であるから，消極的表現の自由に対する規制態様は強いとはいえないと反論している。また，A側は，助成金の給付なくしてもXは結婚支援事業を行うことができるから，結社の自由に対する規制態様は強いとはいえないと反論している。
　これについては，前述したとおり，助成金がXの活動資金の大部分を占めていることから，規制態様が強いというべきであり，私見でもそのように論述することとなろう。
　また，A側は，助成金の給付条件については，A側に裁量権が認められるから，厳格な審査基準を定立すべきではないと反論している。
　この点については，私見でも同様に裁量権を認めるほうが答案を構成しやすいであろう。答案例では，A側の裁量権の範囲を限定することとして，厳格な審査基準を定立している。
　以上をふまえて，正当化を検討する。
　ア　本件誓約書の提出を助成金の給付条件としている目的は，法律婚を尊重・推進することで少子化を防止する点にある。たしかに，少子化の解消は現代における重要課題であることからすれば，同目的は必要不可欠なものであるとも思える。一方，判例（最大判平成27年12月16日）は，「近年家族等に関する国民の意識の多様化が指摘され」ているとしつつ，「国民の中にはなお法律婚を尊重する意識が幅広く浸透していると考えられる」と判示している。本問でも，同判例を活用することができるであろう。すなわち，家族等に関する国民の意識の多様化が指摘されていることからすれば，法律婚を尊重・推進する目的は必要不可欠なものであるとはいえ

ないと認定することも可能である。他方，これとは異なり，国民のなかにはなおも法律婚を尊重する意識が幅広く浸透していることを強調すれば，少なくとも目的としての重要性を認めることは可能であろう。

イ　次に，手段についてみると，少子化を防止するうえで，わざわざ法律婚に限定することは目的との関係で有効かつ適切な手段とはいえない。事実婚によっても子を授かることはできるし，法律婚を推進したからといって，必ずしも少子化問題が解消することの保障がないからである。

　　このことからすれば，手段として必要最小限度ではないし，実質的関連性（手段が効果的かつ過度でない場合）も認められないであろう。

【関連判例】

最大判平成27年12月16日民集69巻8号2586頁（百選Ⅰ29事件）

最判平成24年1月16日判時2147号127頁，139頁

最判平成23年5月30日民集65巻4号1780頁（百選Ⅰ37事件）

最判平成19年2月27日民集61巻1号291頁（判例シリーズ17事件）

【参考文献】

試験対策講座8章1節[1]【3】・[2]【1】・【2】，9章4節[1]【3】，10章1節[1]【2】。判例シリーズ17事件。条文シリーズ19条，21条，22条。

答案構成用紙

答案例

第1 　Xの立場からの憲法上の主張
　1 　A市が，助成の要件として本件誓約書の提出を要求することは，Xが，みずからの方針に沿わない見解を表明させられない自由（以下「本件自由①」という）を侵害し，違憲である。
　　(1)　憲法21条1項（以下法名省略）は，表現の自由を保障しているところ，同時に，みずからの見解を外部に表明しないことの自由についてまで保障しているとしなければ，表現の自由を保障した意義が失われる。そこで，消極的表現の自由も21条1項によって保障されると解する。
　　　　本件自由①は，自己の見解とは異なり，法律婚を尊重する旨の見解を表明させられないことを内容とするものであり，消極的表現の自由として保障される。そして，団体であっても，その性質上表現活動を観念できることからすれば，権利の性質上，団体にも本件自由①は保障される。
　　　　よって，Xに本件自由①は保障される。
　　(2)　また，本件誓約書の提出によって，Xは自己の見解とは異なる見解の表明を義務づけられるから，本件自由①への制約がある。
　　(3)　さらに，本件自由①は，Xの思想や世界観とも結びつき，人格的価値を有する重要な権利であるが，本件誓約書の提出によって，本件自由①は制約される。そこで，㋐目的が必要不可欠で，㋑手段が必要最小限度と認められる場合にかぎり，正当化される。
　　　　本件誓約書を提出させる目的は，法律婚を尊重しつつ少子化を防止することにある。しかし，現代では，家族形態に対する価値観が変化しており，法律婚の尊重が必要不可欠な目的であるとはいえない（㋐）。また，法律婚によらず，事実婚によっても子どもは生まれるのだから，法律婚に限定することは，目的達成のため必要最小限度の手段とはいえない（㋑）。そのため，正当な制約とは認められない。
　　(4)　以上より，本件誓約書は本件自由①を侵害し，違憲である。
　2 　また，本件誓約書の提出を求めることは，Xの結婚支援事業を行う自由を侵害（以下「本件自由②」という）し，違憲である。
　　(1)　本件自由②も，結社の自由（21条1項）として保障されるところ，権利の性質上，団体たるXにも保障が及ぶと解する。
　　(2)　そして，本件誓約書に従わなければ，助成金を受けられなくなり，これによってXは結婚支援事業を行うことが著しく困難となる。そのため，本件自由②は制約を受ける。
　　(3)　さらに，本件自由②は，Xの思想とも密接に関連する重要な権利である。また，助成金を与えないことでXの活動を困難にするものであるから，規制態様は強度である。そこで，㋐目的が必要不可欠で，㋑手段が必要最小限度と認められる場合にかぎり，正当化される。
　　　　そして，前述したとおり，現代では，法律婚の尊重が必要不可欠な目的であるとはいえないし，法律婚に限定することが必要最小限度の手段ともいえないから，㋐，㋑をみたさない。
　　(4)　よって，本件誓約書の提出を求めることによって，本件自由②を侵害するから，違憲である。
第2 　想定される反論

右欄注記：
→1つ目の人権
→消極的表現の自由
→団体の人権享有主体性
→制約
→正当化
→規範定立
→あてはめ，目的
→判例を意識する
→手段
→結論
→2つ目の人権
→制約
→正当化
→規範定立
→あてはめ

1　助成金の給付を受けなければ本件誓約書の提出は強制されないのであ 45
り，本件自由①を制約しない。また，助成金を受けなくても，Xが活動
すること自体はできるから，本件自由②を制約しない。

➡制約の有無について反論を想定する

2　かりに制約があるとしても，本件誓約書の提出を強制するものではな
いから，本件自由①の制約の程度は弱い。また，活動そのものに対する
制約ではないから，本件自由②の制約の程度は弱い。加えて，いかなる 50
助成条件を付するかは，国側の裁量事項である。

➡制約の程度について反論を想定
➡給付行政について反論を想定

第3　私見
1　本件自由①について
⑴　まず，制約の有無が問題となる。たしかに，本件誓約書は，形式上
は任意提出物であり，本件自由①への制約がないとも思える。しかし，55
助成金はXの活動資金の大部分を占めており，助成金を得られなくな
れば活動そのものが著しく困難となる。そのため，本件誓約書の提出
が実質的に強制されているものと評価できる。
　　　よって，本件自由①への制約がある。

➡制約の有無

⑵　次に，このような制約が正当化されるかが問題となる。 60
ア　たしかに，本件誓約書は形式上任意提出であるが，実質的に提出
が強制されるものであり，本件自由①は直接的に制約される。また，
助成条件については国家の裁量的事項であるとしても，思想の自由
市場を歪めるおそれのある場合には，裁量権を広く認めるべきでは
ない。そこで，㋐目的が必要不可欠で，㋑手段が必要最小限度であ 65
ると認められる場合にかぎり，正当化されるものと解する。

➡規範定立

イ　これを本件について検討する。まず，本件誓約書を提出させる目
的は，法律婚を推奨して少子化を防止する点にある。しかし，現代
では，婚姻・家族形態に対する国民の価値観も多様化・変化してい
ることからすれば，法律婚を事実婚と比べて尊重する必要性に乏し 70
い。そのため，㋐必要不可欠な目的であるとはいえない。
　　　また，子の出生は法律婚に限定されないから，少子化を防止する
という目的を達するうえで，法律婚に限定することは過度の制約で
あり，㋑必要最小限度の手段であるとはいえない。

➡あてはめ
➡目的
➡手段

ウ　よって，正当な制約とはいえない。 75
⑶　以上より，Xの本件自由①を侵害し，違憲である。

➡結論

2　本件自由②について
⑴　まず，制約の有無が問題となる。たしかに，助成金を受けなくとも，
結婚支援事業を行いうる。しかし，助成金はXの活動資金の大部分で
あり，助成金を得られなければXの活動は困難なものとなる。 80
　　　よって，本件自由②への制約がある。

➡制約の有無

⑵　次に，このような制約が正当化されるかが問題となる。
ア　助成金の不支給は，助成金がXの活動資金の大部分であることか
ら，結婚支援事業の遂行を著しく困難とさせるから，Xの本件自由
②への強い制約といえる。そこで，㋐目的が必要不可欠で，㋑手段 85
が必要最小限度と認められる場合にかぎり，正当化されると解する。

➡規範定立

イ　本件についてみると，前述のとおり，㋐，㋑を欠くといえる。
⑶　以上より，本件誓約書の提出を要求することは，違憲である。以上

第1　Xの主張

1　本件条例・要綱は，Xが，自らの方針に沿わない見解を表明させられ
ない自由（以下，「本件自由①」と称す）を侵害し，違憲である。

（1）本件自由①は，Xの，結婚に関する価値観は個人の自由な選択に委
ねるべきであるとの世界観・人生観に反する見解の表明を強制させら
れない自由といえる。したがって，思想・良心の自由（憲法19条，以
下法令名省略）として保障される。そして，法人の社会的実体として
の重要性に鑑み，性質上可能な限りにおいて法人にも人権享有主体性
が認められるところ，法人にも思想・良心の自由を観念できるから，
性質上Xに本件自由①が保障される。

（2）そして，本件条例・要綱によって，Xは自らの見解に反する本件誓
約書の提出をしなければ助成金を受けられないことから，本件自由①
への制約がある。

（3）そこで，制約が正当化されるかについて検討する。本件自由①は，
人格的価値を有する重要な人権である。また，思想・良心に反する誓
約書を求める点で，直接的な制約だから規制態様も強い。そこで，目
的が必要不可欠で手段が必要最小限度の場合に限り正当化される。

　本件条例・要綱の目的は，法律婚の推進による少子化の解消にある。
しかし，現代では婚姻形態に対する価値観が多様化しているといえ，
法律婚に限り推進する目的は必要不可欠ではない。また，手段につい
ても，法律婚を推進すれば少子化を解消できる科学的根拠はないし，
CMなどの他のより緩やかな手段があるから，有効かつ相当な手段と
はいえない。したがって，必要最小限の制約ともいえない。

（4）以上より，本件条例・要綱はXの本件自由①を侵害し違憲である。

2　また，本件条例・要綱は，Xの結婚支援事業（以下，「本件自由②」
と称す）を侵害し，違憲である。

（1）本件自由②は，Xの結婚支援事業を遂行する自由としての性質を有
するから，営業の自由に含まれる。そして，営業の自由は職業選択の
自由と不可分の関係にあることから，憲法22条1項により保障される。
そして，法人であっても営業の自由を性質上観念できるから，Xに本
件自由②が保障される（22条1項）。

（2）そして，本件条例・要綱により，本件誓約書に従わなければ助成金
を受けられないという制約がある。

（3）本件自由②は，人格的価値を有する重要な人権であるし，助成金が
活動資金の大部分を占めるのだから，規制態様は強い。

　そこで，本件自由①と同様の基準により判断すべきであるところ，
前述のように，目的が必要不可欠ともいえないし，手段が有効かつ相
当なものでもないから，必要最小限度の手段ともいえない。

（4）以上より，本件条例・要綱はXの本件自由②を侵害し違憲である。

第2　反論

1　本件自由①について

（1）Xは，本件誓約書に従うか従わないかの選択の余地があるのだから，
本件自由①に対する制約がない。

（2）仮に制約があるとしても，その制約の程度は，前述のとおり間接的

【欄外注記】

◯人権を2つに
分けることがで
きている

△消極的表現の
自由と構成する
ほうが的確

◯法人の人権享
有主体性OK

◯権利の重要性，
規制態様

◯判例を意識で
きている

△結社の自由と
構成するほうが，
的確である

△規制態様が強
い理由を説明で
きていない

◯制約の有無

なものにとどまる。そこで，緩やかに審査すべきであるところ，少子 45
化問題は現代では重要課題だから，目的は重要であるし，手段も不合
理であるとはいえない。

2　本件自由②について

⑴　Xは，本件誓約書に従わなくとも結婚支援事業を継続できるから，
本件自由②に対する制約がない。 50

⑵　制約があるとしても，間接的制約にとどまる。また本件自由②は経
済的自由権だから，民主制の過程で救済が可能である。そこで緩やか
に審査すべきであるところ，目的，手段が不合理とはいえない。

第3　私見

1　本件自由①，②がXに保障されることはXの主張の通りである。 55

2　では，本件自由①，本件自由②に対する制約があるか。

⑴　本件自由①についてみると，たしかに，Xは，本件誓約書を提出し
ないことも可能である。しかし，助成金という重要な活動資金を得る
必要があり，助成金なしでは活動が困難となることからすれば，事実
上本件誓約書の提出は義務化されるといえる。 60

　したがって，本件自由①に対する制約があり，反論は認められない。

⑵　次に本件自由②についてみると，確かに，Xは，本件誓約書を提出
しなくても結婚支援事業を継続できるように思える。しかし，助成金
が重要な資金であることに照らせば，本件誓約書の提出が義務となっ
ているといえる。 65

　よって，本件自由②に対する制約があり，反論は認められない。

3　そこで，制約の正当化について検討する。

⑴　本件自由①は，個人の世界観・人生観という人格的価値に直結する
重要な人権である。そして，反論のとおり，間接的制約とも思える。
しかし，前述したとおり，助成金が重要な活動資金であることに照ら 70
せば，直接的制約と同視し得るといえる。そこで，①目的が必要不可
欠で，②手段が必要最小限度である場合に，制約が正当化される。

　本件条例・要綱の目的は，法律婚を尊重・推進し，少子化を解消す
るという点にある。しかし，現代では婚姻形態についての価値観が多
様化しており，法律婚の推進が①必要不可欠といえない。また，法律 75
婚を推進すれば少子化を解消できる科学的根拠がないから手段に有効
性がないし，事実婚によっても子をもつことはできるから，法律婚に
限定することは過度である。また，法律婚の呼びかけを行うなどの他
の手段もある。そうすると，②必要最小限度の制約とはいえない。

　以上より，本件条例・要綱はXの本件自由①を侵害し，違憲である。 80

⑵　次に，本件自由②は，個人の生計手段のみならず，社会的機能分担
の一役を担うという人格的価値を有する。また，前述の事情に照らせ
ば，規制態様は直接的なものといえる。もっとも，経済的自由権は精
神的自由権と異なり，民主制での救済が可能である。そこで，目的が
重要で，手段が実質的関連性を有する場合に正当化されると解する。 85

　前述の事情に照らせば，本件条例・要綱の目的は重要であるともい
えないし，手段として必要最小限度の制約でない。

　以上より，本件条例・要綱はXの本件自由②を侵害し，違憲である。

⬅△あてはめに内容がない

⬅×正しくは「助成金を得なくとも」である

⬅△急に構成が変わり，読みにくい

⬅○制約の有無を的確に検討できている

⬅○あてはめOK

⬅△正しくは「一翼を担う」

⬅△最後に「以上」を書く

本問は，消極的表現の自由（憲法第21条第1項）及び結社の活動の自由（同）に対する制約の合憲性に関する出題である。ただし，ここでは，私的団体の活動に対する政府による助成の条件付けが論点となっており，これを踏まえた検討が求められる。現代国家において，国や地方自治体は様々な給付活動を行うが，その際，一定の条件を付すことがあり，その条件付けが，私人の憲法上の権利への制約となる場合があることに注意する必要がある。Xとしては，まず，①結婚に関する価値観は個人の自由な選択に委ねるべきであるとして，結婚という形にはこだわらない活動方針を採用しているところ，本件誓約書により法律婚の推進を積極的に支持するよう求められることについては，その法人・団体の基本方針に沿わない見解を表明させるものであって，Xの消極的表現の自由を侵害する，との意見主張が考えられる。他の議論も考えられないではないが，そうした主張が最も直截であり，的を得たものとなろう。次に，②本件誓約書を提出することができず，その結果助成が受けられなかったことについては，Xの活動の自由を著しく困難にさせ，結社としての活動の自由を侵害する，との違憲主張が考えられる。これに対し，解答者としては，A市の側から想定される反論を，助成の性質を踏まえつつ明確にした上で，基本的な判例・学説の知識を前提にしながら，説得力のある形で自身の見解を述べることが求められる。

優秀答案における採点実感 ▐▐▐

① 全体

この答案は，平成28年予備試験においてA評価を得た答案である。全体をとおして，人権を2つに分けて検討することができていることに加えて，十分な分量を書けている。制約の有無について，助成金の性質を考慮する姿勢も読みとれ，出題趣旨に合致しており，このような点が高く評価されたと思われる。

また，あてはめにおいては，最新判例を意識していることが読み取れ，このような点も評価されたものと考えられる。ただし，出題趣旨にもあるとおり，人権選択についてはもう少し悩みを見せたほうがよりよい答案になったであろう。

② 設問

1 Xの憲法上の主張について

この答案では，2つの人権に分けられているものの，両構成をそれぞれ思想・良心の自由と営業の自由と構成している。誤りではないが，出題趣旨にもあるとおり，消極的表現の自由と結社の自由として構成したほうが，より高い評価につながったであろう。

あてはめにおいては，目的審査において最新判例を意識した論述がなされており，一定程度の評価を得たものと考えられる。

2 A側の反論について

この答案では，制約の有無についてA側の反論を想定することができている。この点は，助成の性質をふまえた認定であるということができ，十分な論述といえる。

もっとも，A側の反論として，助成金の給付においては裁量権が認められることについての論述がいっさいなされておらず，その点は残念である。

3 自己の見解について

この答案では，A側の反論に対して，問題文中の事実を引用しつつ，再反論を加えることができているため，高く評価されたものと考えられる。

もっとも，2つの人権を交互に論述するという構成に切り替わっており，若干答案が読みづらい。答案構成段階で，より構成を練って答案を作成する必要があった。

また，最後に「以上」を書き落としている。A評価を得ているものの，途中答案ではないことを読み手に伝えるべく，「以上」を書くよう，心掛けてほしい。

報道機関による取材活動については，一般にその公共性が認められているものの，取材対象者の私生活の平穏の確保の観点から問題があるとされ，とりわけ，特定の事件・事象に際し取材活動が過熱・集中するいわゆるメディア・スクラムについて，何らかの対策がとられる必要があると指摘されてきた。中でも，取材活動の対象が，犯罪被害者及びその家族等となる場合，それらの者については，何の落ち度もなく，悲嘆の極みというべき状況にあることも多いことから，報道機関に対して批判が向けられてきた。

　　そのような状況の下で，犯罪被害者及びその家族等の保護を目的として，これらの者に対する取材活動を制限する立法が行われることとなった。

　　具体的には，まず，「犯罪及びこれに準ずる心身に有害な影響を及ぼす行為」を「犯罪等」とし，「犯罪等により害を被った者及びその家族又は遺族」を「犯罪被害者等」とした上で，報道を業とする者（個人を含む。以下「報道関係者」という。）の取材活動について，犯罪被害者等に対して取材及び取材目的での接触（自宅・勤務先等への訪問，電話，ファックス，メール，手紙，外出時の接近等）を行うこと（以下「取材等」という。）を禁止する。ただし，当該犯罪被害者等の同意がある場合はこの限りでない（この同意は，報道関係者一般に対するものでも，特定の報道関係者に対するものでもあり得る。）。なお，捜査機関は，捜査に当たる場合には，犯罪被害者等が取材等に同意するか否かについて確認し，報道関係者から問合せがあった場合には回答するものとするほか，犯罪被害者等が希望する場合には，その一部又は全員が取材等に同意しないことを記者会見等で公表することもできる。

　　次に，以上の取材等の禁止（犯罪被害者等の同意がある場合を除く。）に違反する報道関係者があった場合，捜査機関が所在する都道府県の公安委員会は，当該報道関係者に対して，行政手続法等の定めるところに従い憲法上適正な手続を履践した上で，取材等中止命令を発することができる。この命令に違反した者は処罰される。したがって，犯罪被害者等へ取材等を行うことは，犯罪被害者等の同意がある場合を除き禁止されるが，直ちに処罰されるわけではなく，処罰されるのは取材等中止命令が発出されているにもかかわらず，取材等を行った場合であるということになる。

　　なお，犯罪被害者等は，取材等中止命令の解除を申し出ることができ，その場合，当該命令は速やかに解除される。また，上述のとおり，犯罪被害者等の同意がある場合は，取材等の禁止は適用されない。

　　以上のような立法による取材活動の制限について，その憲法適合性を論じなさい。

1 はじめに

本問は，犯罪被害者等の私生活の平穏を確保するために報道機関の取材活動を制限する内容の架空の立法を題材とし，取材の自由との関係での憲法適合性を問う問題である。また，従来の主張反論形式とは異なり，憲法適合性に関する私見を述べていくことになるが，反対意見やそれに対する反論を加えることで論述に厚みをもたせたい。

2 設問

本件の立法（以下「本件立法」という）は報道関係者の犯罪被害者等に対する取材活動を制限しており，報道関係者の犯罪被害者等を取材等する自由（以下「本件自由」という）が問題となる。そもそも，取材の自由が憲法上保障されるかについては争いがある。そこで，本問では①取材の自由の保障，②違憲審査基準の定立，③あてはめが重要となる。

1 取材の自由の保障について

取材は報道の前提として情報等を摂取する活動であるから，表現の自由（21条1項）が問題となる。

表現活動は受け手の存在を前提としているところ，現代ではメディアという情報の送り手と国民という情報の受け手が顕著に分離していることから，表現の自由を受け手から再構成したものとして，知る権利が表現の自由で保障されるようになった。判例（最大判昭和58年6月22日）も，知る権利の一種である閲読の自由が憲法上保障されることは21条の趣旨，目的からその派生原理として当然に導かれるとしている。

そして，表現の自由は本来思想の伝達を保障しているが，事実の報道も国民の知る権利に資するし，編集という知的作業を経る点で思想が介在しているので，報道の自由も憲法上の権利として認められている（最大決昭和44年11月26日）。

一方で取材の自由については，判例（最大決昭和44年11月26日）は「十分尊重に値いする」とするのみで，明確な判断を示していない。しかし，報道は取材，編集，報道という過程を経る以上，取材がその不可欠の前提であるし，国民に情報を与える報道の正確性を期すためには，十分な取材が必要となる。よって，取材の自由も表現の自由として保障されると解するのが妥当であろう。もちろん，憲法上保障されないとの見解もあるので，そのような立場を採用しても誤りではない。しかし，憲法上保障されるとしたほうが後の論述が書きやすく，答案戦略上は有用であろう。

なお，報道機関は法人である場合もあるので，法人の人権享有主体性を論じてもよいであろう。もっとも，主要な論点でないので簡潔にまとめるべきである。

2 制約について

本件立法は，報道関係者が犯罪被害者等に対して取材等を行うことを原則的に禁止するから，本件自由に対する制約があることは明らかである。

3 違憲審査基準について

本件自由の重要性をみると，犯罪の報道は一般的に公共的性格が強く，犯罪等に対する国民の危機意識を啓発する役割を有するから，重要な権利といえる。

制約の態様をみると，違反者にはまず取材等中止命令が発出され，その命令に違反した場合に処罰されるという段階的規制である。また，犯罪被害者等の同意があれば取材等は可能であり，申出があれば取材等中止命令も解除されることから，規制は強くないとも考えられる。しかし，報道の内容や性質，犯罪の種類，犯罪被害者等の立場にかかわらず，同意がないかぎり取材が一律に禁止されるという事前抑制的側面を有するうえに，取材目的での接触すら禁止されるという規制範囲の広さからも，なお強度の規制であるといえる。

そこで答案例では，規制手段が強度であることを考慮し，目的が重要で手段が目的との関係で効果的かつ過度でない場合にかぎり，制約が正当化されるとした。もちろん，取材の自由の重要性を強調して，厳格に審査することも考えられる。

いずれの基準を用いても，反対意見に適切に反論しながら理由が説得的に書かれていれば，高評

価が得られるだろう。

4 あてはめについて

本件立法の目的は，私生活の平穏の確保という抽象的・主観的な概念である。しかし，犯罪被害者等に対する取材の過熱・集中が，何ら落ち度もない犯罪被害者等のプライバシーを侵害し，更なる精神的苦痛を与えることは社会的に認識されており，保護対象は具体的に認識できる。また，犯罪被害者等が一度受けた精神的苦痛の回復は容易ではない。よって，目的は重要といえる。

本件立法のように，報道関係者による犯罪被害者等に対する取材等を禁止すれば，取材の過熱により犯罪被害者等の私生活の平穏が害されるという事態を防止することができる。よって，手段は効果的といえる。

あてはめでの重要な部分は，手段が過度かどうかであろう。まず，同意があれば取材等の禁止は解除されるし，報道関係者は捜査機関への問合せや公表により同意の有無を確認できる。しかも，同意は特定の報道関係者のみを対象として行うことも可能なので，犯罪被害者等にとって同意がしやすい。また，規制に違反しても必ずしも取材等中止命令が出されるわけではなく，かりに命令がだされても，犯罪被害者等の申出により命令は解除される。さらに，違反者は処罰されるが，ただちには処罰しない段階的規制である。以上のように，一律禁止といっても報道関係者に生じる不利益を緩和する措置が多数設けてあるため，規制は強くないと考えることも可能であろう。

しかし，犯罪被害者等は報道関係者とコミュニケーションをとることで信頼関係が生じ取材協力に同意したり，命令の解除を申し出たりする可能性があるし，時間の経過とともに心情が変化していくことも考えられる。それにもかかわらず，本件立法は取材等への同意を得るための接触すらも禁じており，報道関係者が捜査機関をとおして犯罪被害者等に働き掛けを行うことも考えられないから，犯罪被害者等に報道関係者が働き掛けることは事実上不可能である。さらに，捜査機関が捜査をするにあたり，犯罪被害者等に同意するか否かを確認することになるが，捜査の初期段階における精神的動揺の大きさに照らせば，取材に協力できる状態でないために同意を得られない可能性が高いといえる。以上をふまえると，報道関係者の不利益はなお大きいといえそうである。

また，犯罪の性質によって精神的苦痛の程度も異なるし，取材の時間や場所，報道関係者の数によっても取材の過熱する程度や精神に与える影響は異なる。そうすると，個別的な制限によっても目的を達成することが可能であり，一律に禁止するほどの必要性があるとはいえない。さらに，時間の経過とともに被害者等の心情も変化するから，時期を問わずに規制する必要性もない。よって，規制の必要性に比して報道関係者の不利益が大きいから，手段は過度といえる。

本件立法には，規制手段を強いと捉える要素も強くないと捉える要素もあり，先述した不利益の回避措置を重視して手段は過度でないと論じることも可能である。どちらの結論をとるにしても，反対意見にも配慮しながらできるだけ多くの事実を拾って説得的に論じていく必要がある。

③ 補足──明確性の原則について

本件立法は「犯罪及びこれに準ずる心身に有害な影響を及ぼす行為」を「犯罪等」に定義づけているが，この点が明確性の原則に反するかを論じることも誤りではない。しかし，出題趣旨では特に触れられていないため，論じなくてもそれほど合否に影響はないと思われる。あくまでも上述の実質的正当化が本題であるから，論じるとしても端的に論じるべきである。

【関連判例】
最大判昭和58年6月22日民集37巻5号793頁（判例シリーズ9事件）
最大決昭和44年11月26日民集23巻11号1490頁（判例シリーズ38事件）

【参考文献】
試験対策講座9章2節①【1】・【2】。判例シリーズ9事件，38事件。条文シリーズ21条。

　　報道関係者の犯罪被害者等に対する取材等を制限する立法（以下「本件立法」という）は，報道関係者の犯罪被害者等を取材する自由（以下「本件自由」という）を侵害し，違憲ではないか。 ➡問題提起

1　まず，本件自由は憲法上保障されるか。

　(1)　報道は，事実の伝達にすぎないものの，編集という知的作業　5　➡保護範囲
　　　を経る点で送り手の思想の伝達という側面を有するとともに，
　　　国民の知る権利に奉仕するものとして重要な意義を有するため，
　　　報道の自由は表現の自由（憲法21条１項。以下法名省略）の一
　　　環として保障される。ここで，判例は，取材の自由について，
　　　同条の精神に照らし十分尊重に値すると述べるにとどまるが，　10
　　　取材は，重要な意義を有する報道の不可欠の前提といえるので，
　　　報道の自由の一環として取材の自由が同条１項で保障されると
　　　考える。

　　　　また，報道関係者には法人も含まれるが，取材の自由は性質
　　　上法人にも保障が可能である。　15

　(2)　したがって，犯罪被害者等に対する取材行為を意味する本件
　　　自由は，同項で保障される。

2　次に，本件立法により，報道関係者は，犯罪被害者等に対して　➡制約
　取材等を行うことを原則的に禁止されるから，本件自由に対する
　制約が認められる。　20

3　このような制約は，「公共の福祉」（12条後段，13条後段）によ
　り正当化されるか。

　(1)　まず，犯罪報道は一般的に公共性を有するうえ，犯罪被害者
　　　等の声は事件の実態を世に知らしめ，社会の犯罪等に対する危
　　　機意識を高める役割を有するから，本件自由は重要な権利であ　25
　　　る。

　(2)　一方で，報道関係者が取材等の禁止に違反した場合，取材等　➡規制態様
　　　中止命令がされてもなお違反した場合にかぎり処罰が科される
　　　から，規制は段階的であるうえ，命令が発出されても犯罪被害
　　　者等の申出があれば当該命令はすみやかに解除されるため，規　30
　　　制は強度でないとも思える。

　　　　もっとも，本件立法は，報道の内容や性質，犯罪の種類や犯
　　　罪被害者等への立場などにかかわらずに，取材活動を同意のな
　　　いかぎり一律に禁止している。また，取材目的での接触を行う
　　　ことまで禁止されており，事前抑制的側面がある。したがって，　35
　　　規制は強度である。

　(3)　そこで，①目的が重要で，②手段が目的との関係で効果的か　➡規範定立
　　　つ過度でない場合にかぎり，上記制約が正当化される。

4　本件立法の目的は，犯罪被害者等の私生活の平穏の確保である。　➡あてはめ，目的
　私生活の平穏は抽象的な利益であり，目的は重要でないとも思え　40
　る。しかし，犯罪被害者等への取材が過熱・集中することで，犯
　罪被害者等は何の落ち度もなく精神的苦痛を強いられることにな
　り，私生活に重大な悪影響が及びかねないことは社会的に認識さ
　れている。そうだとすると，本件立法は，取材の過熱・集中によ

り害される私生活の平穏を保護対象としていると考えれば，目的 45
は十分に具体的である。したがって，上記目的は重要であるとい
える（①充足）。

　手段についてはまず，本件立法により報道関係者による取材等 →手段
を禁止すれば，犯罪被害者等に取材が過熱・集中することにより
犯罪被害者等の私生活の平穏が害されることを防げるため，本件 50
立法は目的に適合的といえ，効果的である。

　次に，犯罪被害者等の同意がある場合は，取材等の禁止は適用 →反対意見
されず，報道関係者は，捜査機関への問合せまたは捜査機関の公
表により犯罪被害者等の同意の有無を確認することで，取材等の
可否を明確に把握できるし，同意は個別的に行うことも可能なの 55
で犯罪被害者等は同意がしやすい。さらに，報道関係者が取材等
の禁止に違反した場合，必ず取材等中止命令が発出されるわけで
はなく，また，発出されても犯罪被害者等の申出があれば当該命
令はすみやかに解除される。こうした措置により，取材等の禁止
により生じる報道関係者の不利益は一定程度緩和されるとも思え 60
る。

　しかし，そもそも報道関係者が犯罪被害者等から取材等への協 →あてはめ
力を得るために，犯罪被害者等に対し地道な働き掛けを行うこと
は，取材対象者への配慮が特段必要となる犯罪報道の性質上，取
材活動にとって不可欠なプロセスであり，犯罪被害者等は，取材 65
者とのコミュニケーションにより取材活動への協力に積極的にな
る可能性がある。それにもかかわらず，本件立法は，報道関係者
が犯罪被害者等から取材等への同意や取材等中止命令の解除の申
出を得るための接触すらも禁止している。捜査機関は犯罪被害者
等に対し取材に応じるよう働き掛けることはしないうえ，捜査の 70
初動段階では，犯罪被害者等が事件のショックで取材に協力でき
る状態にない可能性が高いから，報道関係者が犯罪被害者等から
取材等への同意を得ることはきわめて困難であるといえる。その
ため，取材等の禁止により生じる報道関係者の不利益は大きい。

　また，取材の集中度や犯罪被害者の精神的動揺は犯罪等の種類 75
により異なるから，犯罪等を分類し，類型ごとにひとつの事件に
つき取材可能な報道関係者の数を制限したり，取材の方法や時間，
場所等につき条件を設けたりすることで，取材の過熱・集中を回
避することができる。更に時間の経過とともに犯罪被害者の心情
も変化するので，時期に応じた規制を施していくべきである。 80

　したがって，上記制限は目的との関係で必要性を欠き，過度で
あるといえる（②不充足）。

5　よって上記制約は正当化されず，本件立法は違憲である。 →結論

　　　　　　　　　　　　　　　　　　　　　　　　　　以上

第1　設問

1　本設問の立法による取材活動の制限（以下，「本件制限」という。）は，報道関係者が犯罪被害者等に取材等をすることを原則として禁止する点で，取材活動の自由を侵害し，憲法21条1項に反して違憲とならないか問題となる。　　　　　　　　　　　　5

⇦○問題提起OK

(1)　憲法21条1項は，表現の自由を保障するとともに，情報の受け手の自由である知る権利をも保障する。また，報道機関による報道は，かかる知る権利に資するもので，情報の受け手の自己実現の価値及び自己統治の価値のために不可欠なものとして，憲法21条1項により保障される。そして，取材活動は，かかる　　10報道のために不可欠なものであるから，取材活動の自由は憲法21条1項により十分に尊重される。

⇦○保護範囲OK

(2)　本件制限は，報道関係者が犯罪被害者等に対して当該犯罪被害者等の同意を得ない限り取材等を原則として禁止しているため，取材活動の自由を制約する。　　　　　　　　　　　　15

⇦○制約OK

(3)　犯罪は，人の生命身体財産といった法益に関するもので社会において重要な関心事であり，その報道は社会的に重要といえるため，そのための取材活動の自由も重要性が高い。また，本件制限は，犯罪被害者等への取材等を原則として禁止し，例外的に認める点で制約の態様が強いといえる。　　　　　　20

⇦×いきなり違憲審査基準の論証をするのではなく，いかなる場合に制約が正当化されるかという問題提起をすべき
⇦△規制態様についてもう少し検討したい

一方で，取材等は，いわゆるメディア・スクラムの発生といった取材等の対象者のプライバシー権（憲法13条後段）を損なうこともあり，制限が求められる場合が想定しやすい。また，取材活動の自由は，憲法21条1項で十分に尊重されるにとどまるものである。　　　　　　　　　　　　　　　　25

そこで，本件制限は，目的が重要で，手段が目的達成のために効果的かつ過度でないといえる場合でなければ，取材活動の自由を侵害するものとして憲法21条1項に反し，違憲となると考える。

⇦○違憲審査基準の定立OK

ア　本件制限の目的は，犯罪被害者及びその家族等の保護にあ　　30り，犯罪被害者等の平穏な生活やプライバシー権といった重要な権利利益を守るために資するものといえ，重要な目的といえる。

⇦○目的OK

イ　また，本問の状況においては，特定の事件・事象に際し取材活動が過熱・集中するいわゆるメディア・スクラムといっ　　35た犯罪被害者等の平穏な生活やプライバシー権を侵害する現象が発生していたが，本件制限によって原則として犯罪被害者等に対する取材等が禁止されることにより，犯罪被害者等に対する取材活動の過熱集中が避けられるといえる。したがって，本件制限は，上記の目的適合性があるものといえる。　　40

⇦○手段の効果OK

そして，本件制限は，原則として犯罪被害者等への取材等を禁止するものであるものの，当該犯罪被害者等の同意があれば例外的に禁止されないとしていて，かかる同意についてはまず報道等の点については中立と考えられる捜査機関が捜査

⇦○以下，問題文の事実を十分に拾えている
⇦○規制の許容性について検討できている

に当たる場合には犯罪被害者等へ取材等に同意するか確認し，45
報道関係者等から問い合わせがあった場合には回答するとし
ていて，報道関係者等が同意について確認できるようになっ
ており，手続的に充足されている。また，本件制限による取
材等の禁止に違反する報道関係者であっても，直ちに処罰さ
れるわけではなく，処罰されるのは行政手続法等の定めると 50
ころに従い憲法上適正な手続を履践した上で公安委員会によ
り発出される取材等中止命令が発出されているにもかかわら
ず，取材等を行った場合に限定されており，報道関係者等の
処罰に対する予測もできるといえる。そうだとすると，本件
制限は，上記目的達成のために過度な制約ではないとも考え 55
得る。

　　しかし，本件制限は，犯罪被害者等の要件である「犯罪
等」について，単に「犯罪」としていて犯罪に関する一律の
取材活動の制限をするものである。犯罪は，被害者遺族の精
神的損害や財産的損害が極めて大きいと考えられる殺人罪と 60
いった重大な犯罪からこのような重大な犯罪に比べて比較的
軽微な損害を被るものである器物損壊罪のような比較的軽微
な犯罪まで様々なものが存在する。にもかかわらず，本件制
限は，一律に「犯罪」の被害者等に対する取材活動を禁止す
るものであって，被害者等に過度の精神的負担やプライバ 65
シーの侵害が想定し難い比較的軽微な犯罪を除外していない点
で過度の制限であるといえる。したがって，本件制限は目的
達成のために過度でないとはいえない。

(4)　よって，本件制限は，憲法21条１項に反し，違憲である。

2　本件制限は，「犯罪等」について「犯罪及びこれに準ずる心身 70
に有害な影響を及ぼす行為」とあいまいな文言で規定していて，
取材等が禁止される「犯罪被害者等」が不明確であるとして明確
性の原則に反し，違憲ではないか。

(1)　21条１項における表現の自由に関連する権利については，規
制が広汎に及ぶと国民の自己実現の価値や自己統治の価値を損 75
ねることになるため，規制については明確性が要求される。そ
して，明確性の程度は，規制について予測可能性が充足される
程度のもので足りると考える。

(2)　本問では，「犯罪」については，刑法等の刑罰法規で挙げら
れているものであると予測が十分にできるものといえる。また， 80
「犯罪……に準ずる心身に有害な影響を及ぼす行為」について
も犯罪に準じると記載されていて犯罪のように他者の法益を侵
害する行為であると予測できるものといえる。そうだとすると，
本件制限は，予測可能性が充足される程度に明確であるといえ
る。85

(3)　よって，本件制限は，明確性の原則に反しない。

以上

○処罰についても触れ
られている

○反対意見OK

○すべての犯罪を同一
に扱っていることにつ
いて指摘できている

○結論OK

○明確性の原則に触れ
てもよい

△刑罰との関係につい
ても触れたい

○以下，十分な検討が
なされている

○結論OK

　本問は，犯罪被害者等の私生活の平穏の確保を目的とする取材の自由の制限について，その憲法適合性を問うものである。取材の自由を，関連判例も参照しつつ，表現の自由との関係で適切に位置付けた上で，その制約の憲法適合性に関する判断枠組みを的確に定立し，本問の立法が憲法に適合するか否かについて，その目的と手段を評価して判断することが求められる。

　一方で，犯罪被害者等の私生活の平穏の確保は，それをある程度限定的に捉えるならば，取材活動を制約する立法目的として十分に重要なものでありえよう。また，犯罪被害者等にはそもそも取材に応じる義務はない。加えて，本問の立法による処罰は命令の発出を経た段階的なものとなっている。

　他方で，私生活の平穏ということを幅広く理解すれば，取材活動を制約する根拠としてこれを直ちに承認することは困難である。また，基本的には公共性を有するはずの犯罪報道について，本問の立法は，当該報道の内容や性質，犯罪の種類や犯罪被害者等の立場などにかかわらずに，取材活動を，取材目的での接触を行うことについてまで，同意のない限り一律に禁止し，命令違反については刑罰をもって臨んでいる。

　解答に当たっては，以上のような諸点について類型的・具体的に想定をして検討することが求められよう。捜査機関を同意確認のための主たるルートとすることの問題性や，犯罪被害者等の心情が時間とともに，また，取材者とのコミュニケーションの中で変化する可能性についても，考慮して論じることが期待される。

優秀答案における採点実感 |||

1　全体

　この答案は，本問で一番配点が高いと思われるあてはめについて十分な検討ができており，全体的にバランスのよい答案となっている。

2　設問

　まず，取材の自由が憲法上保障されることについては，十分な理由づけがなされている。また，取材の自由が制約されるのは問題文から明らかであるところ，この点を端的に述べられているのでバランスがよい。あてはめについては反対意見をふまえたうえで検討できているし，問題文の事情を多く拾えており，十分な検討ができている。

　しかし，違憲審査基準の検討は，制約をいかなる場合に正当化できるかという問題意識から生じるので，この点を明示して問題提起をすべきである。また，本問は違憲審査基準を厳格にすべきか否かが明らかな事案ではないので，規制手段の強度などを指摘しつつ，いかなる基準を採用すべきかという点を，ある程度厚く論じてほしかった。

第24問　オリジナル問題①

　日本では，第二次世界大戦以前に日本が統治を行っていたA国民の子孫について，日本国籍を取得していないにもかかわらず，特別永住を認める措置（以下「特別措置」という）がとられていた。このことについて不満をもっている一部の日本国民は，特別措置をとることに反対する団体を結成するなどして，抗議運動をたびたび行っていた。

　このような運動のなかでは，A国民が多く生活するB市において，「A国人に人権はない！」などといった民族差別的な言動がなされる事件が多発していた。このような運動は収束することなく全国に広まるとともに，日に日に過激化していった。そこで，B市においては，民族差別的言動を許さないという姿勢を明確に示すため，「B市ヘイトスピーチの対処に関する条例」（以下「本件条例」という）が制定された。

　制定から1年後，B市において，B市長選挙（以下「本件選挙」という）が行われた。本件選挙においては，現職のCのほかに，対立候補としてDが立候補した。Dの所属する政党E党では，特別措置に不満をもっている人たちが支持母体となっていた。Dは，元々A国民への優遇に不満をもっていたものの，それまではA国民への差別を助長するような言動等は公の場ではしていなかった。しかし，Dは，E党の支持者層を取り入れるため，その選挙活動において，A国人の運営する学校（以下「本件学校」という）への補助金打切りなどA国人に関しての優遇措置の全般の廃止を公約として掲げた。本件選挙の告示後，Dは，本件学校の校門前において，「B市の財政は，B市民以外の者によって食い物にされている」「いらない学校を叩き潰して，子どもたちのために保育所を作ろう」などと街頭演説を行った。なお，B市においては外国籍の住民に選挙権を認める条例は存在しない。

　Dの選挙活動の実態を知ったB市は，Dの行為は本件条例第2条第1項(1)イ・(2)イ・(3)および第2項(2)・(3)に該当すると判断し，本件条例5条1項に基づく措置として，本件学校前での街頭演説の中止（以下「本件措置」という）を命じた。Dは，選挙期間中に，同5条2項に基づく公表がされることで選挙結果に影響がでるのをおそれ，本件措置に従った。その後，本件選挙ではCが圧倒的多数の票数を得て当選し，Dは落選した。

　選挙後，Dは，本件条例はDの選挙活動の自由を侵害するものであり，憲法違反といえ，かりに本件条例が違憲でなくとも，Dの行為は選挙活動の一環で行われたものであり，本件に関しての適用については，本件条例第2条1項(2)イに該当しないのに行われた以上，その限度で違憲であると主張して，国家賠償請求訴訟を提起した。

〔設　問〕
　上記Dの主張は認められるか。なお，法律と条例の関係および条例の文言の明確性については触れなくてよい。

【資料】B市ヘイトスピーチへの対処に関する条例（抄録）
（目的）
第1条　この条例は，（中略）市民等の人権を擁護するとともにヘイトスピーチの抑止を図ることを目的とする。
（定義）
第2条　この条例において「ヘイトスピーチ」とは，次に掲げる要件のいずれにも該当する表現活動をいう。
　(1)　次のいずれかを目的として行われるものであること
　　ア　人種若しくは民族に係る特定の属性を有する個人又は当該個人により構成される集団（以下「特定人等」という）を社会から排除すること
　　イ　特定人等の権利又は自由を制限すること

(2) 表現の内容又は表現活動の態様が次のいずれかに該当すること

　ア　特定人等を相当程度侮蔑し又は誹謗中傷するものであること

　イ　特定人等（当該特定人等が集団であるときは，当該集団に属する個人の相当数）に脅威を感じさせるものであること

(3) 不特定多数の者が表現の内容を知り得る状態に置くような場所又は方法で行われるものであること

2　この条例にいう「表現活動」には，次に掲げる活動を含むものとする。

(1) 他の表現活動の内容を記録した印刷物，光ディスク（これに準ずる方法により一定の事項を確実に記録することができる物を含む。）その他の物の販売若しくは頒布又は上映

(2) インターネットその他の高度情報通信ネットワークを利用して他の表現活動の内容を記録した文書図画又は画像等を不特定多数の者による閲覧又は視聴ができる状態に置くこと

(3) その他の表現活動の内容を拡散する活動

（拡散防止の措置及び認識等の公表）

第5条　市長は，次に掲げる表現活動がヘイトスピーチに該当すると認めるときは，事案の内容に即して当該表現活動に係る表現の内容の拡散を防止するために必要な措置をとるとものとする。（以下略）

(1) 本市内で行われた表現活動

（中略）

2　前項の措置に従わなかった場合，当該表現活動がヘイトスピーチに該当する旨，表現の内容の概要及びその拡散を防止するためにとった措置並びに当該表現活動を行ったものの氏名又は名称を公表するものとする。

１　はじめに

　本問は，近年新法が制定され，話題となったヘイトスピーチ規制を内容とするものである。そして，本問では，ヘイトスピーチを規制する**本件条例の合憲性**だけでなく，**本事例における適用の合憲性**の検討も求められている。検討の際には，①ヘイトスピーチ規制は表現内容規制であり厳格に判断するべきという議論が妥当するのか，②かりに本条例が合憲だとしても，本件のDの街頭演説は政治的活動のひとつであるから，堀越事件（最判平成24年12月7日）と同様の考え方ができるのかが問題となり，堀越事件の射程が及ぶとした場合には，その規範に基づき，本問における事情を考慮して，「特定人等……に脅威を感じさせるものであること」（本件条例2条1項(2)イ）の該当性について実質的に判断をしていくことがそれぞれ要求される。なお，本件条例の文言は必ずしも明確とはいえないが，問題文にあるとおりこの点については論じる必要がない。

２　法令違憲について

1　保護範囲について

　本件条例はヘイトスピーチを規制するものであるから，法令違憲の検討にあたっては，ヘイトスピーチを行う自由（以下「本件自由」という）を問題とすべきであろう。本件条例はヘイトスピーチ全般に適用されるものであり，選挙活動の一環として行われるものに対象を限定するわけではない。Dが選挙活動を行っていたことに引きずられて，選挙活動の自由そのものの問題としないように気をつけたい。

　ヘイトスピーチは思想の表明ではあるものの，言論の自由（21条1項）として保障されるかどうかについては，説明が必要である。この点，ヘイトスピーチは他人を侮辱するような言論であり，低価値表現として，保護に値しないとの立場が考えられる。これに対しては，低価値かどうかの区別は困難であり，保護の範囲が恣意的に決定されるおそれがあるので，ヘイトスピーチを行う自由も保障されるとの反論が可能である。

2　制約について

　本件条例によれば，ヘイトスピーチに対して市長が一定の拡散防止措置をとることができ（本件条例5条1項），その措置に従わない場合には，当該表現活動を行った者の氏名または名称を公表することになる（本件条例5条2項）。もっとも，これらの措置・公表は当該措置に応じるように強制する法的効力を当然に有するとはいえず，刑罰等ではなく公表が措置の実効性を担保しているにすぎないことから，本件自由に対する制約があるといえるかは争いがある。

　この点，インターネットやSNSが発達した現代では，ヘイトスピーチを行った者の氏名等が公表されれば，それらの情報はただちに拡散され，その者の名誉が侵害されるおそれがある。一度侵害されると事後的な回復が困難であるという名誉の性質に照らせば，ヘイトスピーチを行った者は公表をおそれ，拡散防止措置に従わざるをえないであろう。措置の有するこのような事実上の拘束力や，ヘイトスピーチに対する萎縮的効果に着目すれば，本件条例が上記自由に対する制約であると考えることができる。

3　違憲審査基準について

　ヘイトスピーチも思想の表明にあたるから，自己実現・自己統治の価値を有する重要な権利と考えられる。また，本件条例は表現活動のうちヘイトスピーチを対象としており（本件条例2条1項），表現の内容に着目した内容規制といえる。内容規制は国家が思想の選別を行うものであり，思想の自由市場をゆがめるおそれがあるので，厳格な審査基準により合憲性を判断するのが一般的である。

　もっとも，ヘイトスピーチに対しては対抗言論の法理がはたらかないという問題が指摘されている。対抗言論の法理とは，思想の自由市場のなかで，表現の対象とされた者がみずからそれに対する反論をし，公衆の判断力に訴えて自身の尊厳を守るしくみをいう。これについてヘイトスピーチをはじめとする差別的表現は，しばしば社会的マイノリティに対して行われるところ，マジョリティのなかに身を潜めざるをえない事情や，差別対象となる属性の先天性といった理由から，マイノリティの側からの有効な反論は期待できないのである。したがって，反論を受けないヘイトスピー

チは一方的にまん延しやすく、その結果として、思想の自由市場がゆがめられる。このような弊害に着目して、ヘイトスピーチの重要性は低下する、という議論がある。

答案例では、以上の理由から審査基準を一段下げ、目的が重要で手段が効果的かつ過度といえる場合に制約が正当化されるという審査基準を採用した。

4　あてはめ

本件条例の目的は問題文に明示されているわけではないが、本件条例が制定された背景や本件条例1条をふまえると、ヘイトスピーチによる特定民族の人格権の保護や差別を防止することにあると考えられる。この点、人格権は13条で、平等権は14条でそれぞれ保障される憲法上の重要な権利であるから、これを保護するという目的は重要といえる。

手段については、ヘイトスピーチを行った者に対して市長が必要な拡散防止措置（本件条例5条1項）をとり、当該措置に従わない場合にはその者の氏名または名称の公表（同条2項）を行うことになる。制約のところで述べたようなヘイトスピーチに対する萎縮的効果を生じさせることによって、新たなヘイトスピーチの出現を抑制することができる。また、拡散防止措置に事実上従わせることによって、一度行われたヘイトスピーチに含まれる差別感情の拡散を防止することができる。その結果、ヘイトスピーチによる人格権の侵害や差別の助長に歯止めをかけることができるといえるから、手段は効果的といえるであろう。

もっとも、本件条例の萎縮的効果により言論活動全般を制約することにもなりかねず、その意味で過度の手段とも考えることができる。しかし、人格権や平等権は憲法上保障されており、その重要性は明白だから保護の必要性が高い。また、公表は事後的な措置であり、刑罰も伴わない以上、制約はそれほど強くない。以上を考慮すると、得られる利益が失われる利益を上回るから、過度の手段とはいえないと考えられる。

③　適用違憲について

適用違憲の検討にあたっては、いかなる場合に当該法令が適用されるかについて、制約される権利の重要性などを考慮した文言の解釈を示したうえで、その解釈に従ってあてはめをしていくことになる。本問では、問題文にあるように、本件条例第2条1項(2)イの「特定人等……に脅威を感じさせるもの」の解釈が問題となる。

1　規範について

Dは選挙活動の一環として本件演説を行っているから、選挙活動の重要性を強調すれば、堀越事件判決（最判平成24年12月7日）の射程を及ぼして、本件条例第2条1項(2)イの該当性を実質的に判断すべきという結論が導かれる。答案例ではこの見解を採用した。

他方で、ヘイトスピーチの重要性の低さを強調して、堀越事件の射程が及ばないとしたうえで、要件該当性の判断が著しく不合理でないかぎり、違憲とならないという立場をとることも考えられる。

2　あてはめについて

要件該当性の判断にあたっては、肯定的な事実と否定的な事実の双方を指摘・評価して、結論を導くことが求められる。

本問における肯定的な事実としては、まず、Dの所属する政党EはA国民に対する特別措置について不満をもっていた人たちが支持母体となっていたこと、Dも優遇措置に不満をもち、優遇措置全般の廃止を公約として掲げていたこと、A国民の運営する本件学校の前で演説が行われていたことがあげられるところ、これらの事実からは、優遇措置の廃止によりA国民を排除するというDの意思が外部的に明らかであったという評価が導かれる。また、Dが市長選の候補者であることからは、Dの当選により優遇措置の廃止が現実化するように感じられるという評価が導かれ、A国民が選挙権を有しないという事実からは、A国民にとってDの廃止計画は投票により阻止できない脅威であるとの評価が導かれる。

逆に、否定的な事情としては、Dは街頭演説の際にA国民に対することを明示していないこと、今まで公の場ではA国民への差別を助長するような言動などをしていなかったことがあげられ、本件演説がA国民に向けられているものとは感じとれず、A国民という「特定人」に対して「脅威を

感じさせる」ものとはいえない，との評価を導きうる。
　以上のような事実を考慮したうえで結論をだすことが求められる。

【関連判例】
最判平成24年12月7日刑集66巻12号1337頁（百選Ⅰ13事件）
横浜地川崎支決平成28年6月2日判時2296号14頁
大阪地判令和2年1月17日裁判所ウェブサイト

【参考文献】
試験対策講座9章2節4，3節1【3】。

答案例

第1　法令違憲について

　　本件条例は，ヘイトスピーチに対して市長が必要な措置をとることを認め，この措置に従わない場合には氏名または名称を公表することを認めている点において，Dのヘイトスピーチを行う自由（以下「本件自由」という）を侵害し違憲とならないか。　　　　　　　　5

1　ヘイトスピーチは思想を表明する行為であるから，言論の自由（憲法21条1項。以下「憲法」法名省略）として保障されると解する。

　　　この点，ヘイトスピーチは他者の人格権を損ない，差別を助長するおそれがあるため，価値が低く保護に値しないとの見解も考　　10
えられる。しかし，低価値がどうかの評価は困難であり，保護の範囲が恣意的に決定されるおそれがあるため，ヘイトスピーチであっても言論の自由として保障される。

2　市長の拡散防止措置（本件条例5条1項）は公表（本件条例5条2項）により担保されるにすぎない以上，制約がないようにも　　15
思える。

　　　しかし，現代はSNSの発達により情報が広範囲かつ迅速に拡散されるため，ヘイトスピーチを行う者は公表による自己の名誉の侵害をおそれ，拡散防止措置に事実上従わざるをえない。よって，本件条例はヘイトスピーチを萎縮させる効果を有する。　　20

　　　したがって，本件条例は本件自由を制約するものといえる。

3　もっとも，本件自由も「公共の福祉」（12条後段，13条後段）による制約に服する。そこで，いかなる場合に上記制約が正当化されるか。違憲審査基準が問題となる。

　(1)　ヘイトスピーチは思想の表明であり，自己実現の価値を有す　　25
る重要な権利といえそうである。また，言論の内容に着目した内容規制であり，国家が思想に介入し，思想の自由市場を害するおそれもあるから，厳格に審査すべきとも思える。

　　　　しかし，ヘイトスピーチに対しては有効な反論が期待できず，対抗言論の法理がはたらかない。そうであれば，かえって思想　　30
の自由市場を害するものとして，本件自由の重要性は低下する。

　(2)　そこで，目的が重要で，手段が効果的でありかつ過度でない場合に，上記制約が正当化されると解する。

4　本件条例の目的は，1条や制定の背景をふまえると，ヘイトスピーチによる人格権の侵害や国籍による差別の助長を防止するこ　　35
とにある。人格権は13条により，平等権は14条によりそれぞれ保障されるため，その保護という目的は重要といえる。

　　　手段については，先述のようなヘイトスピーチに対する萎縮的効果によってその出現を抑制し，拡散防止措置に事実上従わせることによって差別感情の拡散を防止できる。その結果，ヘイトス　　40
ピーチによる人格権の侵害や差別の助長を阻止できるから，手段は効果的といえる。

　　　もっとも，言論活動全般を制約するおそれもあるため，手段が過度とも思える。しかし，人格権や平等権の重要性は明白である

- 法令違憲
- 保護範囲
- 制約
- 反対意見
- 規範定立
- 目的
- 手段
- 反対意見
- 反対利益への配慮

うえ，ヘイトスピーチに対しては対抗言論の法理もはたらかない　45
ことから，その保護の必要性は高い。また，公表は事実上の措置
にすぎず，刑罰を伴わないため制約がそれほど強くない。よって，
手段は過度とはいえない。
　　　したがって，上記制約は正当化される。
　5　以上より，本件条例は合憲である。　　　　　　　　　　　50
第2　適用違憲について

➡適用違憲

　　そうだとしても，Dの選挙活動が本件条例第2条1項(2)イに該当
するとしてB市が本件措置をとったことは，Dの選挙活動の自由を
侵害し，違憲でないか。いかなる場合に「特定人等……に脅威を感
じさせるもの」といえるかが問題となる。　　　　　　　　　　55
　1　ヘイトスピーチは特定の者の人格権を侵害し差別を助長するお
それがあり，人格権は一度侵害されると原状回復が困難であるか
ら，要件該当性の実質的な判断までは必要ないとも思える。しか
し，選挙活動の自由は国民の選挙権行使の判断に役立つ資料を提
供する重要な権利であるから，むやみに抑制すべきではない。　60

➡規範定立

　　　そこで，行為者の地位，行為が行われた場所，行為の態様，目
的，内容等の諸般の事情を総合的に考慮して，「脅威を感じさせ
るもの」と実質的に認められる場合をいうと解する。

➡あてはめ，反対意見

　2　本件において，Dの街頭演説（以下「本件演説」という）はA
国民に対することを明示していないし，Dはこれまで公の場では　65
A国民への差別を助長するような言動等をしていなかったことか
ら，A国民という「特定人」に対して「脅威を感じさせるもの」
と実質的には認められないとも考えられる。
　　　しかし，Dの所属する政党EはA国民に対する優遇措置につい
て不満をもっている人々が支持母体となっていたし，Dは，もと　70
もとA国民への優遇に不満をもつとともに，優遇措置全般の廃止
を公約として掲げていた。そのうえで，「B市の財政は，B市民以
外の者によって食い物にされている」との発言を伴う本件演説が

➡行為の行われた場所

A国民の運営する本件学校の前で行われていたことからすると，
優遇措置の廃止によりA国民を排除するというDの意思が外部的　75
に明らかであったといえる。

➡Dの意志，目的

　　　さらに，本件演説は個人的なもので なく，市長の候補者として
行われているため，Dが市長になれば優遇措置の廃止が現実化す
るとA国民は感じる。しかも，本件演説は本件学校の前で行われ
ていることから，「いらない学校を叩き潰して」との発言は本件　80
学校という具体的な対象を示しているといえ，現実味をおびてい
る。それにもかかわらず，選挙権を有しないA国民は投票による
対抗ができず，Dの計画を阻止する手段を有しない。

➡Dの地位

➡行為の態様と内容

　　　以上を考慮すると，本件演説はA国民らという「特定人」に対
し優遇措置や本件学校の廃止という「脅威を感じさせる」実質的　85
な危険があるといえる。
　3　よって，本件演説は本件条例2条1項(2)イに該当するから，本
件措置は合憲である。　　　　　　　　　　　　　　　　　以上

➡結論

第1　法令違憲について

　　本件条例5条はヘイトスピーチに対して市長が必要な措置を採り，当該措置に従わない場合に氏名等を公表することとしていることはDの選挙活動の自由を侵害し，違憲とならないか。

1　「表現」とは，思想・信条の表明をいう。Dの行った街頭演説は，自己の政治的信条を述べたものであり，「表現」にあたる。したがって，憲法21条1項（以下法名省略）により保障される。

　　この点，ヘイトスピーチは表現としての価値が乏しく，「表現」に該当しないとの反論が考えられる。

　　しかし，保障される表現か否かは明確な基準をもって区別できるものではない。そのため，表現の内容により保障の有無が異なると，表現の自由の保障を弱めることになる。したがって当該反論は妥当でない。

2　本件条例5条1項は，ヘイトスピーチに該当すると認める表現の拡散を防止するために必要な措置をとるものとしているし，同条2項は当該措置に従わない場合に氏名等を公表するものとしているので当該表現の伝達を阻害するものである。したがって制約はある。

3　もっとも上記自由も公共の福祉による制約に服する。そこでいかなる場合に上記制約が許されるかが問題となる。

　　この点，本件条例の制定のきっかけは，特別措置に対する抗議活動の過激化にあるところ，このような抗議活動は自己の政治的思想を表明し民主政に参画するものであって，自己統治の価値を有し，重要な権利とも考えられる。また，本件条例は，ヘイトスピーチという表現内容に着目した規制であるところ，内容規制は恣意的運用の危険が大きく，重大な制約とも考えられ，厳格に審査すべきとも考えられる。

　　もっともヘイトスピーチは他人を侮辱する低価値言論であり，制約も刑罰を伴わないのでそれほど強くない。そこで目的が重要であり，手段と目的の間に実質的関連性がある場合に合憲となると考えられる。

4　目的は人権擁護及びヘイトスピーチの抑止である。そしてヘイトスピーチの抑止も人権擁護のためのものであり，憲法の目的が人権保護にあるので目的は重要である。

　　しかし対抗する表現活動により深刻な人権侵害が生じることが避けられる一方で，特定の表現の伝達を阻害することは思想の自由市場を歪めるため，行きすぎである。

　　この点，ヘイトスピーチは社会的弱者に対してなされるものであるから，対抗言論がはたらきづらく，拡散防止という手段は目的との間に実質的関連性を有するとの反論が考えられる。しかし政治活動の一環としてなされる表現の場合には対立する政党が存在するのが通常であるから，対抗言論が働かないとはいえない。したがって，手段として必要性を欠き，目的との間に実質的関連性があるとはいえない。

5

10

15

20

25

30

35

40

⇐○法令違憲の問題提起OK

⇐△本件条例は選挙活動以外にも適用される

⇐△公表がどのようにして表現の伝達を疎外するのか，説明がほしい

⇐△本件条例は抗議活動以外のヘイトスピーチ一般に適用される
⇐○反対意見OK

⇐○権利の重要性OK
⇐○規制態様OK

⇐○目的OK

⇐○あてはめOK

⇐○反対意見OK

⇐×法令違憲は一般的に考えるべきである

5　よって本件条例は違憲である。　　　　　　　　　　　　　45
第2　適用違憲について
　　仮に本件条例が合憲だとしても，Dの街頭演説は，本件条例第2
　条1項(2)イに該当しないため，本件条例をDに適用することは違憲
　とならないか。
1　前述の権利の重要性にかんがみれば，「特定人等に脅威を感じ　50
　させるもの」をやや厳格に解し，特定人等が脅威を感じさせる危
　険性が実質的に認められる場合をいう。
2　本件では，Dは具体的に対象を明示しておらず，「特定人等」
　に向けられたものとはいえないし，また方法も比喩的なものであ
　り，現実的な脅威を感じるものではないとも考えられる。　　　　55
　　しかし，Dは公約として本件学校への補助金の打切りなどA国
　人に関しての優遇措置全般の廃止を掲げており，それに加えて，
　演説が本件学校の校門前でなされていることからすれば，A国人
　を対象としていることは明らかである。またDが当選すれば上記
　公約を実現するための権限を得ることになる。さらに，当選は一　60
　定数の市民の同意が得られたことを意味するものであり，他の議
　員の協力も得て市政がDの公約の実現に向けて動く可能性は決し
　て低いものではない。そうすると，A国人が，公約が実現されて
　A国人排除の動きを具体的なものとして恐れることが考えられる。
　そのため，Dの街頭演説について，特定人等が脅威を感じる危険　65
　性が実質的に認められるといえる。
3　よって，違憲である。
　　　　　　　　　　　　　　　　　　　　　　　　　　　　以上

◀○適用違憲の問題提起
　OK

◀○規範OK
◀○反対意見OK

◀○あてはめOK

　本問は，近年報道番組でも取り上げられ，実務においても注目されているヘイトスピーチを題材とした問題である。ヘイトスピーチに関する憲法上の問題点については，表現の自由との関係で論じられることが多い。特に，従来型の表現の自由と比べて，他者に対する名誉毀損的表現を含みうることのほか，一方的な言論活動であるため，従来型の表現の自由にあてはまる対抗言論の法理が妥当しないことに注意が必要である。そのため，従来型の表現の自由にあてはまらないという意味において，現場思考力を養ってもらうべく，本問を出題した。

　また，現在の司法試験や予備試験では，従来の三者間での主張反論形式から，憲法適合性に関する私見を論じることが求められるようになった。そこで，この形式に慣れてもらうために，同様の形式の問題を出題した。

　なお，ヘイトスピーチ規制と関連して，ヘイトクライムに対する規制も，注目されている。ヘイトクライムとは，差別的感情をもちつつ，他者に対する暴行・傷害といった犯罪を行うことをいい，これを特に重く処罰することの是非が問題となる。このようなヘイトクライムに対する規制を行うことは，思想・良心の自由や，法の下の平等に反するのではないかという問題を含んでいる。ヘイトスピーチ規制と並行して，この機会に学んでほしい。

優秀答案における採点実感 ▌▌▌

① 全体

　この答案は，法令違憲と適用違憲を明確に分けて論じることができており，出題趣旨に沿っている。法令違憲と適用違憲の双方にまたがることを出題された場合には，この答案のように，項目を立てて，両者を混同しないように論じるように心掛けてほしい。

　また，三者間での主張反論形式でなくても，反対意見やそれに対する反論等に配慮しながら論じることができれば高評価となるところ，優秀答案は反対意見やそれに対する反論，反対利益にも配慮しながら論じられており，高い評価が得られると考えられる。

② 法令違憲について

　本問が表現の自由の問題であることについて指摘できており，出題趣旨に沿っている。また，従来型の表現の自由とは異なり，対抗言論の法理が妥当しないことについても自分なりの言葉を用いて論述できており，現場で考える能力が非常に高いことがうかがえる。未知の問題が出題された場合においても，焦らずに，既存の知識を前提としつつ，応用することができれば，合格点に届くであろう。また，違憲審査基準の定立やあてはめの際には，反対意見に反論しながら説得的に論じられている。

　他方で，法令は一般的に適用されるのに，優秀答案は本問のDの選挙活動にのみ適用されることを想定して論じている部分があった。法令違憲の検討では立法事実が問題となるので，具体的な事案における個別的な事実を考慮すべきではない。また，公表という行為は法的効力を有するものではなく，刑罰でもない。ゆえに，公表されるからといってただちに制約が認められるとはいえないので，制約があることに対してなんらかの理由を付して説明すべきであった。

③ 適用違憲について

　適用違憲については，いかなる場合に本件条例が適用されるかについて文言を解釈し，その解釈に従って検討できているので，流れのよい答案となっている。

　あてはめにおいても多くの事実を拾い，適切な評価も加えられているので，説得的に論じられている。適用違憲の検討では，肯定事情と否定事情を考慮しながら論じることで，説得的な答案となるであろう。

　　A県B市の中心部には，江戸時代に宿場町として栄え現在もその趣を濃厚に残しているC地区があり，B市の住民Dらはc地区の歴史的な環境を維持し向上させるための運動を続けてきた。その結果，c地区の看板等の7割程度が街並み全体に違和感なく溶け込んだ江戸時代風のものとなっているが，Dらはそれでもまだ不十分だと考えている。他方，c地区の整備が進み多くの観光客が訪れるようになると，観光客を目当てにして，c地区の歴史・伝統とは無関係の各種のビラが路上で頻繁に配布されるようになり，Dらは，c地区の歴史的な環境が損なわれることを心配するようになった。そこで，DらはC地区の歴史的な環境を維持し向上させるための条例の制定をB市に要望した。この要望を受けて，B市は「B市歴史的環境保護条例」案をまとめた。

　　条例案では，市長は，学識経験者からなるB市歴史的環境保護審議会の意見を聴いた上で，歴史的な環境を維持し向上させていくために特に規制が必要な地区を「特別規制区域」に指定することができる（C地区を特別規制区域に指定することが想定されている。）。そして，特別規制区域については，当該地区の歴史的な環境を維持し向上させていくという目的で，建造物の建築又は改築，営業活動及び表現活動などが制限されることになる。このうち表現活動に関わるものとしては，広告物掲示の原則禁止と路上での印刷物配布の原則禁止とがある。

　　まず第一に，特別規制区域に指定された日以降に，特別規制区域内で広告物（看板，立看板，ポスター等。表札など居住者の氏名を示すもので，規則で定める基準に適合するものを除く。）を新たに掲示することは禁止される（違反者は罰金刑に処せられる。）。しかし，市長が「特別規制区域の歴史的な環境を向上させるものと認められる」として許可を与える場合には，広告物を掲示することができる。

　　条例案の取りまとめに携わったB市の担当者Eによれば，この広告物規制の趣旨は，江戸時代に宿場町として栄えたc地区の歴史的な環境を維持し向上させていくためには，屋外広告物は原則として認めるべきではない，ということにある。また，Eは，「特別規制区域の歴史的な環境を向上させるものと認められる」かどうかは，当該広告物が伝えようとしているテーマ，当該広告物の形状や色などを踏まえて総合的に判断されるが，単に歴史的な環境を維持するにとどまる広告物は「向上させるもの」と認められない，と説明している。

　　第二に，特別規制区域内の路上での印刷物（ビラ，チラシ等）の配布は禁止される（違反者は罰金刑に処せられる。）。しかし，特別規制区域内の店舗の関係者が自己の営業を宣伝する印刷物を路上で配布することは禁止されない。これは，担当者Eの説明によれば，そのような印刷物はC地区の歴史・伝統に何らかの関わりのあるものであって，C地区の歴史的な環境を損なうとは言えないからである。

　　「B市歴史的環境保護条例」案のうち，表現活動を規制する部分の憲法適合性について論じなさい。なお，同条例案と屋外広告物法・屋外広告物条例，道路交通法などの他の法令との関係については論じなくてよい。

① はじめに

本問は広告物の掲示等によりC地区の歴史的な環境が損なわれることを心配した住民が条例の制定を要望したことを背景に、歴史的な環境を維持し向上させていくことを目的として作成された架空の「B市歴史的環境保護条例」案（以下「条例案」という）を題材とするものである。

問題文末尾の指定に従って、本問の条例案の憲法適合性を表現の自由との関係で論じていくことになる。そして、広告物掲示の禁止と印刷物配布の禁止は、それぞれ背景や規制の範囲について異なる部分があるので、独立して構成していくのが素直であろう。

② 設問

1 広告物掲示の禁止（以下「規制1」という）について

(1) 保障について

「表現活動を規制する部分の」という限定があることから、表現の自由を議論すべきことは明らかである。広告物は思想や情報を伝える手段のひとつであるから、広告物掲示の自由が表現の自由として保障されることも明白である。このことは特に争いようもないから、簡潔に述べてほしい。

(2) 制約について

規制1は特別規制区域での新たな広告物の掲示を禁止しているので、広告物掲示の自由が制約されていることは明らかである。制約についても簡潔に指摘すればよいであろう。

(3) 形式的審査

規制1は、「特別規制区域の歴史的な環境を向上させるものと認められる」という許可基準を定めている。精神的自由を規制する立法は明確でなければならないという明確性の理論があるところ、上記許可基準の文言が明確であるかが問題となるため、この点について検討が必要となる。

この点について、徳島市公安条例事件（最大判昭和50年9月10日）は、「通常の判断能力を有する一般人の理解において、具体的場合に当該行為がその適用を受けるものかどうかの判断を可能ならしめるような基準が読みとれ」るか否かを判断基準としており、これに沿って検討していけばよいであろう。

本問の場合、広告物が「特別規制区域の歴史的な環境を向上させる」か否かは、当該広告物が伝えようとするテーマ、形状や色などをふまえて総合的に判断されるが、このような多角的な判断はきわめて難しく、通常の判断能力を有する一般人の理解において、当該広告物が「特別規制区域の歴史的な環境を向上させる」ものとして具体的場合に適用を受けるかどうかを判断することはできないといえるだろう。

そのため、規制1は明確性の理論に反し、違憲無効といえるだろう。

もっとも、説得的な論証がなされていれば、逆の結論も考えられるところである。実際に、優秀答案は明確性の理論に反しないとの結論をとっている。

(4) 実質的審査

答案上においては、形式的審査により違憲無効となると結論づけたとしても、実質的に正当化されるかについても検討する必要がある。そこで、違憲審査基準について検討することになる。

表現の自由は一般的には自己実現や自己統治の価値がある重要な権利であるから、その制約の合憲性は厳格に審査していくことになる。

しかし、単に重要な権利だからといってただちに厳格な基準を用いるべきではない。規制1は特別規制区域という特定の場所での広告物掲示を禁止するものであり、表現の内容に着目した表現内容規制ではなく、表現の時・場所・方法を制約する表現内容中立規制であるとも思える。内容中立規制は、思想の自由市場をゆがめるおそれが小さいから、ある程度ゆるやかな審査基準（目的が重要であり、手段が効果的かつ過度でないと認められる場合）を定立していくことになる。

もっとも、形式的には内容中立規制であっても、実質的には表現内容に着目したものである場合や、制約された時・場所・方法に代替する情報伝達経路が確保されていない場合には、思想の自由市場の歪曲効果が大きいため、表現内容規制と同様に厳格に審査すべきという議論がある。ここで、

規制1における市長の許可が「当該広告物が伝えようとしているテーマ……を踏まえて総合的に判断される」という記述をみると、実質的には、広告物の「テーマ」という内容に着目した許可制という内容規制であるといえる。すなわち、規制1のもとでは、どのようなテーマがふさわしいかということを市長が恣意的に決定できてしまうのである。また、広告物の掲示に市長の許可を要するという事前抑制的側面や、命令等を介さず違反者にはただちに罰金が科せられるといった規制態様の強さからも、厳格審査基準を導くことが可能である。

どのような基準を採用するとしても、反対意見に反論しながら適切な理由づけをすべきである。

(5) あてはめ

規制1の目的は、特別規制区域の歴史的な環境を維持し、向上させていくことである。たしかに、当該区域の住民にとっては歴史的な環境の維持・向上は精神的平穏に資するものであり、歴史的環境は一度失われると回復が困難である。しかし、表現の自由に対する制約を正当化するためには、保護法益に相応の重要性が求められる。そう考えると、歴史的環境に対する評価は個人の主観に左右されるものである以上、やむにやまれぬものとまでは評価できないであろう。

手段については、新たな広告物の掲示を禁止し、広告物がそれ以上増えなくなれば、少なくとも現時点における歴史的な環境は維持されるから、目的達成のために効果的とはいえる。

しかし、広告物のうち歴史的環境を「維持」できるものは、歴史的環境の維持・向上という目的に反するものではないだろう。それにもかかわらず、「向上させる」という掲示許可の要件のもとでは、このような広告物も掲示できないこととなってしまうため、目的達成との関係で要件が明らかに厳しすぎる。また、要件該当性の判断方法も、広告物の形状や色などをふまえた総合的な判断という不明確さを有しており、予測可能性がないばかりか、恣意的な運用がなされるおそれもある。このような事情から、手段が必要不可欠かつ必要最小限とはおよそいえないであろう。

もちろん、ゆるやかな審査基準を定立したうえで、例外事由があること、歴史的環境の重要性などを積極的に評価して合憲とすることも、必ずしも誤りではない。反対意見に反論しながら説得的に論じられていれば、結論がどちらでも高評価を期待できる。

2 印刷物配布の禁止（以下「規制2」という）について

(1) 保障について

印刷物の配布も、思想を外部に表明する手段であるから、表現の自由（21条1項）として保障される。この点に関しては特に争いがないので、簡潔に述べればよいであろう。

(2) 制約について

規制2は特別規制区域での印刷物の配布を禁止しているから、印刷物配布の自由の制約にあたる。

(3) 違憲審査基準について

路上での印刷物の配布は、だれでも自己の思想を多数の者に容易かつ効率的に伝達できる手段である。さらに、公道は本来だれもが配布行為を行うことのできる伝統的パブリック・フォーラムであるから、路上での印刷物の配布は、原則として禁止が許されない重要な権利であるといえる。

また、規制態様は、特別規制区域の路上という場所に着目している点で内容中立規制であり、特別規制区域の店舗関係者以外であっても、それ以外の場所での印刷物の配布は可能である。しかし、観光客の多いC地区の路上での配布に意味があるのであって、それ以外の場所では同様の伝達効果をあげることができないから、代替的情報伝達経路は確保されておらず、思想の自由市場の歪曲効果が大きい。さらに、事前抑制的側面や全面的禁止という点からも、規制態様は厳しいといえる。

そこで、厳格な審査基準（目的がやむにやまれぬものであり、手段が必要不可欠かつ必要最小限のものと認められる場合）を用いることになろう。ゆるやかに審査することも誤りではないが、相当説得的な理由づけが必要であろう。

(4) あてはめ

目的は規制1と同様に歴史的な環境の維持、向上であるが、やむにやまれぬものとまではいえないということは、上述のとおりである。

手段としては、印刷物配布の全面的禁止によって、ビラの数を減らすことはたしかに可能であろう。しかし、上記目的を達成するためには当該地区の歴史・伝統に関係のない印刷物を排除すべき

であるのに，配布主体を基準に禁止するという方法には合理的根拠がなく，適合性を欠く。

　逆に考えると，店舗関係者でなくてもC地区の歴史・伝統と関係のある印刷物を配布することもあるのだから，それらの者による配布を一律に禁止するまでの必要性もない。

　したがって，手段が必要不可欠で必要最小限とはいえず，違憲という結論が妥当であろう。

【関連判例】
最大判昭和43年12月18日刑集22巻13号1549頁（百選Ⅰ55事件）
最大判昭和50年9月10日刑集29巻8号489頁（判例シリーズ45事件）
最判昭和62年3月3日刑集41巻2号15頁（判例シリーズ31事件）
最判昭和59年12月18日刑集38巻12号3026頁（百選Ⅰ57事件）

【参考文献】
試験対策講座9章3節①【3】・②【2】・【4】(3)(a)・(b)。判例シリーズ31事件，45事件。条文シリーズ21条。

　本問は，地域の歴史的な環境を維持し向上させていくためになされる表現活動の規制について，憲法第21条等との関連で検討することを求めるものである。本問の条例案は，歴史的な環境を維持し向上させていくために特に規制が必要な地区である「特別規制区域」について広告物掲示と印刷物配布の規制をするとしている。

　街の美観風致の維持のための屋外広告物法・条例について，大阪市屋外広告物条例事件判決（最大判昭和43年12月18日）は「公共の福祉」論により簡単に合憲であるとしたが，「特別規制区域」における広告物規制は原則的に広告物掲示を禁止するものであるから，屋外広告物法・条例よりも強力な規制である。表現の自由が民主主義国家の基盤をなし，国民の基本的人権のうちでもとりわけ重要なものであるということも踏まえれば，より緻密な合憲性の判断が必要であろう。

　まず，表現内容規制・内容中立的規制二分論を採る場合，この広告物掲示の原則禁止が表現内容規制か表現内容中立的規制かを検討する必要がある。その際，例外的に掲示が許される「特別規制区域の歴史的な環境を向上させるものと認められる」場合に当たるかどうかは，市長によって当該広告物が伝えようとしているテーマ等を踏まえて総合的に判断されるということをどう評価するかが問題となろう。また，市長が広告物のテーマ等を審査した上で広告物の掲示の許可について判断することが，表現活動に対する事前抑制ではないかも論点となる。その上で，「歴史的な環境を維持し向上させていく」という目的の実現にとって，広告物掲示の原則禁止まで必要なのかが問われる。特別規制区域の歴史的な環境を維持するにとどまらず，「向上させるもの」でなければ広告物掲示が認められない点について着目した検討が望まれる。

　さらに，「特別規制区域の歴史的な環境を向上させるものと認められる」という許可基準が，表現の自由を規制する法令の定めとして，あるいは，刑罰法規の構成要件の一部を定めるものとして，不明確に過ぎないかも検討しなければならない。この点は，徳島市公安条例事件判決（最大判昭和50年9月10日）の基準を参考にすべきであろう。また，合憲限定解釈を試みるのであれば，表現の自由を規制する法律の合憲限定解釈についての税関検査事件判決（最大判昭和59年12月12日）の判示が参考になろう。

　印刷物配布の規制についても，まず合憲性判断の枠組み又は基準を設定する必要があるが，その際，道路が本来的に表現活動に開かれている場所であることが踏まえられなければならない。さらに，表現内容規制か表現内容中立的規制かについては広告物規制の場合とはまた別の考察が必要である。その際，特別規制区域内の店舗の関係者が自己の営業を宣伝する印刷物を配布する場合以外は全て路上での印刷物配布が禁止されていることをどう評価するかが問題となる。印刷物配布の原則禁止の合憲性を判断する枠組み又は基準を設定した上で，この規制が「歴史的な環境を維持し向上させていく」という目的の実現のためにどれほど必要かが問われることになる。その際，果たして店舗の関係者が通行人に対して自己の営業を宣伝するために配布する印刷物が地域の歴史的な環境を損なわないと言えるのか，店舗の関係者以外の者が配布する印刷物であっても店舗の関係者による印刷物以上に地域の歴史的な環境の維持，向上に資するものもあるのではないかといった点を考慮することになろう。

答案例

第1　広告物掲載の禁止について
　　B市歴史的環境保護条例案（以下「条例案」という）の，特別規制区
　域内における広告物の新たな掲示の禁止（以下「規制1」という）は，
　特別規制区域内で広告物を掲示しようとする者の広告物掲示の自由（以
　下「本件自由①」という）を侵害し，違憲とならないか。　　　　　　　5
　1　広告物の掲示は思想を表明する手段であるから，本件自由①は，表
　　現の自由（憲法21条1項，以下法名省略）として保障される。
　2　規制1は，特別規制区域で広告物を新たに掲示することを禁止して
　　いるため，本件自由①を制約している。
　3　規制1は，「歴史的な環境を向上させるもの」という許可要件を定　　10
　　めているところ，かかる文言は漠然としており明確性の理論に反し，
　　違憲無効となるのではないか。
　　(1)　明確性の理論に反するか否かは，通常の判断能力を有する一般人
　　　の理解において，具体的場合に当該行為がその適用を受けるものか
　　　どうかの判断を可能ならしめるような基準が読みとれるか否かによ　　15
　　　り判断すべきであると解する。
　　(2)　本問において，広告物が「特別規制区域の歴史的な環境を向上さ
　　　せる」か否かは，当該広告物が伝えようとするテーマ，形状や色な
　　　どをふまえて総合的に判断されるが，このような多角的な判断はき
　　　わめて難しく，通常の判断能力を有する一般人の理解において具体　　20
　　　的場合に適用を受けるかどうかを判断することはできない。
　　(3)　したがって，規制1は明確性の理論に反し，違憲無効となる。
　4　また，本件自由①も「公共の福祉」（12条後段，13条後段）による
　　制約に服する。そこで，上記制約が実質的に正当化されるか，違憲審
　　査基準が問題となる。　　　　　　　　　　　　　　　　　　　　　　25
　　(1)　広告物は多数の者の目に触れることで自己の意見を効率的に伝達
　　　できるから，本件自由①は自己実現に資する程度の高い重要な権利
　　　である。また，広告物の掲示に市長の許可を要する点で規制1は事
　　　前抑制的側面を有し，違反者にはただちに罰金刑が科されることか
　　　らも，規制態様は強いと考えられる。さらに，規制1は形式的には　　30
　　　特別規制区域という場所に着目した内容中立規制にあたるが，市長
　　　の許可に際しては広告物のテーマも考慮されるため，実質的には広
　　　告物の内容に着目した規制といえ，恣意的運用のおそれがある。
　　(2)　そこで，目的がやむにやまれぬもので，手段が必要不可欠かつ必
　　　要最小限と認められる場合に，制約が正当化されると解する。　　　35
　5　規制1の目的は，特別規制区域の歴史的な環境を維持し，向上させ
　　ていくことである。たしかに，歴史的な環境の維持・向上は当該区域
　　の住民の精神的平穏に資するし，一度失われた歴史的環境を回復する
　　ことは困難である。しかし，これは主観的利益にすぎず，表現の自由
　　を制約するに足りるほど目的がやむにやまれぬものとはいえない。　　40
　　　次に，手段については，新たな広告物の掲示を禁止することでも現
　　時点の歴史的な環境を維持することができるから，適合性が認められ
　　る。しかし，歴史的な環境を維持できる広告物は上記目的を阻害しな
　　いのに，「向上させる」という要件のもとでは許可が得られず，目的

▶広告物掲示の禁
　止について

▶保護範囲

▶制約

▶明確性の理論

▶規制態様

▶違憲審査基準の
　定立

▶目的について

▶手段について

達成との関係で要件が厳しすぎるといえる。また，上述のとおり許可 45
の基準が不明確であるため，恣意的な運用がなされるおそれもある。
したがって，手段は必要不可欠かつ必要最小限のものといえない。
　　よって，規制1は実質的にも正当化されない。
　6　以上より，規制1は違憲である。 ➡️結論
第2　印刷物配布の禁止について 50 ➡️印刷物配布の禁
止について
　　条例案の，特別規制区域内の路上での印刷物の配布の禁止（以下「規
制2」という）は，同区域内で印刷物を配布しようとする者の印刷物配
布の自由（以下「本件自由②」という）を侵害し違憲ではないか。
　1　印刷物の配布は思想を表明する手段のひとつであるから，本件自由 ➡️保護範囲
　　②は表現の自由（21条1項）として保障される。 55
　2　そして，規制2は，特別規制区域の路上における印刷物の配布を禁 ➡️制約
　　止しているため，本件自由②を制約している。
　3　もっとも，本件自由②も「公共の福祉」による制約に服する。そこ
　　で，上記制約が正当化されるか，違憲審査基準が問題となる。
　⑴　路上での印刷物の配布はも，広告物の掲示と同様に，自己実現に 60
　　　資する程度の高い重要な権利である。また，本来公道はだれもが印
　　　刷物を配布できる伝統的パブリックフォーラムであるから，路上で
　　　の配布は原則として禁止されない。
　　　　規制態様としては，規制2は特別規制区域の路上という場所に着 ➡️反対意見
　　　目した内容中立規制である。しかし，観光客の多いC地区の路上以 65 ➡️反対意見に対す
る反論
　　　外での配布では，従来と同様の伝達効果をあげることができない。
　　　したがって，特別規制区域の店舗関係者以外の者にとっては，十分
　　　な代替的情報伝達経路が確保されておらず，思想の自由市場の歪曲
　　　効果が大きい。また，事前抑制的側面や全面的禁止という点からも， ➡️規制態様
　　　規制態様が強いといえる。 70
　⑵　そこで，目的がやむにやまれぬものであり，手段が必要不可欠か ➡️違憲審査基準の
定立
　　　つ必要最小限のものと認められる場合に上記制約が正当化されると
　　　解する。
　4　規制2の目的は，規制1と同じく特別規制区域の歴史的な環境を維 ➡️目的について
　　持し，向上させていくことであり，前述のとおりやむにやまれぬ目的 75
　　とはいえない。
　　　　次に，手段としては，たしかに，特別規制区域の店舗関係者以外の ➡️手段について
　　者による印刷物配布を禁止することにより，配布される印刷物の絶対
　　量が減少し，歴史的環境を損なうおそれは減少する。しかし，店舗関
　　係者であっても，C地区の歴史・伝統とは無関係の印刷物を配布する 80
　　おそれがないとは断定できない以上，配布主体を基準に禁止すること
　　には合理的な根拠がなく，適合性が認められない。また，店舗関係者で
　　なくてもC地区の歴史・伝統と関係のある印刷物を配布することもあ
　　るから，それらの者による配布を一律に禁止するまでの必要性はない。
　　したがって，手段が必要不可欠かつ必要最小限とはいえない。 85
　　　　よって，規制2は正当化されない。
　5　以上より，規制2は違憲である。 ➡️結論
　　　　　　　　　　　　　　　　　　　　　　　　　　　　　　　以上

1 B市歴史的環境保護条例案（以下「本件条例」という）は広告物掲示の自由を侵害し違憲とならないか。

(1) 広告物を掲示することは表現活動の一内容をなし，「一切の」表現活動として憲法（以下法名略）21条1項により保障される。

(2) 上記自由は本件条例により罰則をもってできなくなっており制約がある。

(3) 本件条例は，市長が「歴史的な環境を向上させるもの」と認める場合には，例外的に許可されることとなっている。かかる文言は抽象的であり明確性の原則に反し，制約が形式的に正当化されないのではないか。

ア 明確性の原則の根拠は，表現の自由を規制する立法は，行政庁の恣意的な運用のおそれや表現の自由の萎縮的効果にかんがみ，明確な規定でなければならないとする点にある。そこで，通常の判断能力を有する一般人を基準として，具体的状況において当該行為が法規に適合するか否か判断可能な程度に具体的である場合には明確性の原則には反しないと解する。

イ 本件条例の目的は江戸時代に宿場町として栄え趣を濃厚に残している歴史的な環境が損なわれることを防止する点にある。目的との関係でみると，「歴史的な環境を向上させるもの」とは街並み全体に違和感なく溶け込むものである，と一般人を基準として，具体的状況において当該行為が法規に適合するか否か判断可能な程度に具体的であるといえる。

ウ よって，明確性の原則に反せず形式的に正当化される。

(4) 上記自由も無制約ではなく公共の福祉（12条後段，13条後段）による制約を受けるが，制約は実質的に正当化されるか。

ア 表現の自由は，表現活動を通じて自己の人格を発展させる自己実現の価値，民主主義の過程に資する自己統治の価値を有する重要な権利である。また，広告物を掲示する方法は多数人に対して簡便な方法で表現活動をできる有用な方法であるため，表現方法として有用である。

イ 規制態様についてみると，許可制であること，規制態様は単に歴史的な環境を維持するにとどまるものは「向上させるもの」とは認められず，許可要件は厳しい。そして例外が認められるかどうかは歴史的な環境を向上させるものかどうか，すなわち表現内容に関する規制である。また，条例に違反した場合には罰則も設けられていることからも，強力な規制態様である。

ウ そこで，厳格審査基準により，目的がやむにやまれぬものであり，手段が目的との関係で必要最小限度かつ必要不可欠である場合に正当化されると解する。

(5)ア 目的は，江戸時代に宿場町として栄えた地区の歴史的な環境が損なわれることを防止する点にあり，かけがえのない歴史的環境を保存することは，知識だけで歴史を知るよりも肌で感じることができるため個人の人格発展にも資するためやむにやまれぬものといえる。

［欄外コメント］
◯問題提起OK
◯保護範囲OK
◯制約OK
◯明確性の原則の問題提起OK
◯自分なりに評価を加えて充実したあてはめができている
◯権利の重要性OK
△表現中立規制なのか，表現内容規制なのか，もう少し悩みを見せてほしい
◯審査基準の定立OK

イ　手段についてみると，広告物掲示を原則禁止すれば，歴史・45
　　伝統とは無関係な広告物により街並みとの違和感が生ずること
　　はなく，歴史的な環境が損なわれることを防止できる。しかし，
　　広告物の撤去は比較的容易であり，事前規制としなくても事後
　　に，歴史的な環境を損なうものについて対応することで足りる。
　　よって必要不可欠な手段とはいえない。50
　　　　また，原則禁止とされ，例外を認める市長の許可も歴史的な
　　環境を維持するにとどまるものは「向上するもの」とは認めら
　　れず，違反した場合には罰則も課される。歴史的環境を維持す
　　るものであれば目的に反することはなく，向上させるものしか
　　認めないというのは過度な規制といえる。よって必要最小限度55
　　の規制ともいえない。
ウ　したがって制約は実質的に正当化されない。
(6)　以上より，本件条例の広告物掲示の原則禁止を規制する部分は
　　21条1項に反し違憲である。
2　本件条例は路上での印刷物配布の自由を侵害し違憲とならないか。60
(1)　印刷物を配布することは表現活動の一内容をなし，21条1項に
　　より保障される。
(2)　上記自由は本件条例により罰則をもってできなくなっており制
　　約がある。
(3)　制約は公共の福祉として実質的に正当化されるか。65
ア　表現の自由は自己実現の価値，自己統治の価値を有し重要な
　　権利である。また，路上で印刷物を配布する方法は多数人に対
　　して簡便な方法で表現活動をできる有用な方法であるため，表
　　現方法として有用である。
イ　規制態様についてみると，原則禁止され，違反した場合には70
　　罰則も定められているため強い。
ウ　そこで，厳格審査基準により，前述と同様の基準で正当化さ
　　れるか判断する。
(4)ア　目的は歴史的な環境を維持し向上させていくという点にあり，
　　　前述のとおりやむにやまれぬものである。75
イ　手段についてみると，歴史・伝統とは無関係な印刷物配布を
　　禁止することは，歴史的な環境を維持することができるとも思
　　える。もっとも，特別規制区域内の店舗の関係者は路上で配布
　　することができると定められ，これらについては歴史・伝統と
　　何らかの関りがあるとされ，規制対象にはならない。そうする80
　　と，当該区域の店舗が必ずしも歴史・伝統と関わりのあるもの
　　の印刷物を配布するとはいえず，目的達成に必要不可欠な規制
　　とはいえない。また，印刷物配布に関しても事後に判断し，不
　　適当と認められたものの配布を禁止するという方法をとること
　　も可能であり，目的達成のためこれで足りる。よって事前に原85
　　則禁止とすることは必要最小限度の規制とはいえない。
(5)　以上より，本件条例の印刷物配布の原則禁止を規制する部分は
　　21条1項に反し違憲である。　　　　　　　　　　　　　以上

⟵○事前規制であることに触れることができている

⟵○結論OK

⟵○問題提起OK
⟵○保護範囲OK

⟵○制約OK

⟵△ここでも，表現中立規制なのか，表現内容規制なのかについて検討してほしい

⟵○十分なあてはめがなされている

優秀答案における採点実感

1 全体

　本問は条例案の2つの規制について検討する必要があり，分量が多いため時間的制約が厳しいが，この答案はコンパクトにまとめることができている。そのなかでも，充実したあてはめがなされており，ぜひ参考にしてほしい答案である。

2 設問

1 広告物掲示の禁止について

　保護範囲と制約については端的に検討し，形式的正当化と実質的正当化についてはそれぞれ厚く論じることができているので，バランスがよい。

　明確性の原則については，出題趣旨でも触れることが要求されている論点であり，この点についてしっかりと論述できている点が評価できる。

　違憲審査基準の定立においては，権利の重要性や規制態様についてさまざまな要素をあげて十分な検討を行っているものの，表現内容規制と内容中立規制のどちらであるのかについては，もう少し悩みをみせてほしかった。

　あてはめにおいては，事前規制である点について触れられており，ここは落としやすい部分であるので，加点要素となった可能性がある。

2 印刷物配布の禁止について

　時間的・紙面的な制約のためか，1に比べて薄い答案とはなっているものの，必要十分な論述がされており，しっかりと書ききっているため，高評価が期待できる答案といえるであろう。

　もっとも，違憲審査基準は厳格な基準を用いることが明らかな事案とまではいえないので，1と同様に，内容中立規制であるか検討したり，反対意見にも配慮しながら検討したりできるとよりよい答案となったであろう。

　あてはめにおいては，特別規制区域内の店舗関係者による印刷物の配布が例外的に許可されていることについて触れ，評価を加えることができているため，この点において評価される答案であったといえる。

A市内の全ての商店街には，当該商店街に店舗を営む個人又は法人を会員とする商店会が組織されている。会員は，店舗の大きさや売上高の多寡にかかわらず定額の会費を毎月納入し，その会費で，防犯灯の役目を果たしている街路灯や商店街のネオンサイン等の設置・管理費用，商店街のイベント費用，清掃美化活動費用などを賄っていた。しかし，A市内に古くからある商店街の多くが，いわゆるシャッター通りと化してしまい，商店街の活動が不活発となっているだけでなく，商店街の街路灯等の管理にも支障が生じており，防犯面でも問題が起きている。

　A市内には，大型店やチェーン店もある。それらの多くは，商店街を通り抜けた道路沿いにある。それらの大型店やチェーン店は，商店街の街路灯やネオンサイン等によって立地上の恩恵を受けているにもかかわらず，それらの設置や管理等に掛かる費用を負担していない。また，大型店やチェーン店は，商店街のイベントに参加しないものの，同時期にセールを行うことで集客増を図るなどしている。大型店やチェーン店は，営業成績が悪化しているわけでもないし，商店会に加入しなくても営業に支障がない。それゆえ，多くの大型店やチェーン店は，商店街の活性化活動に非協力的である。このような大型店やチェーン店に対して，全ての商店会から，商店街がもたらす利便に「タダ乗り」しているとする批判が寄せられている。A市にとって，市内全体での商業活動を活性化するためにも，古くからある商店街の活性化が喫緊の課題となっている。

　このような状況に鑑みて，A市は，大型店やチェーン店を含む全てのA市内の店舗に対し，最寄りの商店会への加入を義務付ける「A市商店街活性化条例」（以下「本条例」という。）を制定した。本条例の目的は大きく分けて二つある。第一の目的は，共同でイベントを開催するなど大型店やチェーン店を含む全ての店舗が協力することによって集客力を向上させ，商店街及び市内全体での商業活動を活性化することである。第二の目的は，大型店やチェーン店をも含めた商店会を，地域における防犯体制等の担い手として位置付けることである。

　本条例は，商店会に納入すべき毎月の会費を，売場面積と売上高に一定の率を乗じて算出される金額と定めている。そして，本条例によれば，A市長は，加入義務に違反する者が営む店舗に対して，最長で7日間の営業停止を命ずることができる。

　A市内で最も広い売場面積を有し，最も売上高が大きい大型店Bの場合，加入するものとされている商店会に毎月納入しなければならない会費の額が，その商店会の会員が納入する平均的な金額の約50倍となる。そこで，大型店Bを営むC社としては，このような加入義務は憲法に違反していると考え，当該商店会に加入しなかったために，A市長から，7日間の営業停止処分を受けた。その結果，大型店Bの収益は大幅に減少した。

　C社は，A市を被告として，本条例が違憲であると主張して，国家賠償請求訴訟を提起した。

〔設問1〕
　あなたがC社の訴訟代理人であるとしたら，どのような憲法上の主張を行うか。
　なお，本条例による会費の算出方法の当否及び営業停止処分の日数の相当性については，論じなくてよい。

〔設問2〕
　想定される被告側の反論を簡潔に述べた上で，あなた自身の見解を述べなさい。

① はじめに

本問は条例の違憲性を問う問題であり，問題文の事実が多く，条例の目的も2つ存在するという，時間内で解答することが非常に難しい問題である。このように短い時間のなかで事案を処理するためには，問題となる人権をいち早く見つけ，あてはめにできるだけ時間を割くことが大切である。

② 設問1　C社の訴訟代理人としての主張

1　保障・制約

本問を解いた受験生のなかには，まず，どの人権で保障させるかを悩んだ者もいるであろう。人権設定を間違えた場合，それだけで他の受験生と差ができてしまうため，人権設定については慎重な検討を要する。

人権設定を考えるうえで一番重要なことは，「当事者が何を不満に思っているのか」を当事者の立場に立ち具体的に考えてみることである。その具体的に考えた当事者の不満が「制約」にあたり，「制約」されたと考えられる人権を「保障」の枠組みで記載するのである。

では，本件でC社はどのような点を不満であると考えているのか。まず考えられるのは，①本条例により営業活動ができなくなった点である。本条例は，最寄りの商店会への加入が義務づけられており，売り場面積と売上高に一定の率を乗じて算出される金額を毎月支払わなくてはならないという内容である。この制度によってA市内の店舗が経営をしていくためには，商店会に加入しなくてはならず，加入しなければ営業停止処分を受けてしまう。これを商店街で店舗を営業する自由に対する侵害であると考えると，このような自由は職業選択の自由として22条1項で保障される（以下「①構成」という）。

次に考えられるのは，②本条例により，商店会への加入が義務づけられ，その加入が制裁で担保されている点である。本条例の仕組みをみると，商店会の加入は義務であり，加入しなければ，最長7日間の営業停止処分を受けることとなる。この点は，C社が加入したくない，商店会に加入しない自由に対する制約と捉えることができる。結社の自由は，団体を結成しそれに加入する自由，その団体が団体として活動する自由はもとより，団体を結成しない，もしくはそれに加入しない，あるいは加入した団体から脱退する，という自由をも含む（芦部228頁）。そのため，C社の商店会に加入しない自由は消極的結社の自由として21条1項によって保障される（以下「②構成」という）。

では，①と②のどちらの構成が適切か。出題趣旨には「本問は，職業の自由に対する制約，そして結社に対する制約の合憲性に関する出題である」との記載がなされており，結論からすれば，どちらの構成も適切である。そのため，どちらの構成も書くことが理想的である。しかし，予備試験は時間との戦いである。かぎられた時間のなかで人権を複数書くことにより，あてはめに時間を割くことができなくなれば本末転倒である。実際にも①の構成のみで書いた者も，②の構成のみで書いた者もA評価を得ている。どちらか一方の人権を検討すれば十分であろう。

答案例では，C社が「加入義務は憲法に違反していると考え，当該商店会に加入しなかった」ことから，C社が一番不満に思っていることは，商店会への加入が義務づけられている点であると考えた。そこで，より直接的に主張できる②の構成に立った。もっとも，本問のような強制加入制を定める法律の合憲性が問題となった最判平成17年4月26日は，22条1項で保障されることを前提に判決をしている。

なお，上にあげた自由以外の人権を主張した受験生は，もう一度，問題文をよく読み，C社は何を不満に思っているのかC社の立場になって考えてみてほしい。人権選択で失敗すると点数は必然的に低いものとなってしまう。注意が必要である。

2　正当化

まず，①の構成に立った場合には，薬局距離制限事件（最大判昭和50年4月30日）をふまえて，厳格な合理性の基準が妥当するとの主張が考えられる。ここで注意してほしいのは，本条例の目的は，商店街および市内全体での商業活動を活性化するという点と，商店会を地域における防犯体制等の担い手とする点の2点であることである。積極目的と消極目的が混在しており，いわゆる規制目的

二分論に従い一義的に判断することはできない。

　このように判例に引き付けることが難しい場合には，問題文の事実を拾い，権利の重要性や規制態様を丁寧に認定すべきである。具体的には，本条例は，商店会の会費という経済的負担を強制的に負担させ，Bのような大型店では商店会の会員が納入する平均的な金額の約50倍となり非常に過大な負担であるといえる。そのような非常に過大な負担を課することは職業選択そのものに対する制約といえるほどの強度の制約といえる。そこでC社としては，厳格な合理性の基準が本件では妥当すると主張することになる。なお，薬局距離制限事件が採用している違憲審査基準（規制が「重要な公共の利益のために必要かつ合理的な」手段といえるか，規制手段について，「よりゆるやかな制限」によって「目的を十分に達成することができない」かどうか）の実態は，いわば中間審査基準である。そこで，薬事法判決の上記基準をあてはめにおいて使いにくいと考える受験生は，これに固執するのではなく，中間審査基準（目的が重要であり，手段が効果的かつ過度でないと認められる場合）を採用して答案を書いてよい。予備試験を最終合格するために必要なのは，飛びぬけた優秀答案を作成することではなく，相対的に上位の答案を作成する力である。予備試験の憲法，特に人権分野で相対的に上位の答案を作成するには，いかに問題文の事実を，「保障」「制約」「正当化」のうちのあるべき場所に落とし込むことができるかにかかっている。あくまで違憲審査基準は当該法令の違憲性を検討する「便利な道具」なのであり，道具の選択に時間をかけすぎないように注意が必要である。このような思考に基づき，答案例では中間審査基準を採用した。

　②の構成に立った場合においても，同様である。普段なじみのない消極的結社の自由がなぜ重要な権利であるといえるのか，自分の言葉で表現することが大切である。その際には，21条1項が自己実現に資する権利であるからというだけではなく，結社をしないことがなぜ自己実現に資するのかを現場で想像して具体的に書くことが大切である。なお，制約態様について，本条例により商店会への加入が強制されており，さらに加入が罰則で担保されている時点で消極的結社の自由に対する強度な制約が認められる。そのため，制約の認定にあたっては，①の構成のように経済的負担の大きさは強く言及する必要はない。

3　あてはめ

　原告側の主張としては，①の構成，②の構成いずれの構成に立ったとしても，おおまかには，立法目的が重要でないことや，目的達成のために手段が相当であるとはいえないことを主張していくことになる。予備試験の憲法は三者間の主張を書かなければならず，分量が多い。しかし，答案は4頁しか書くことができない。そのため，原告の主張の段階では，コンパクトに立法目的が重要とはいえないことを述べたうえで，目的達成のためにより軽い手段を1つ具体的にあげて，手段が相当でないことを端的に論じることをおすすめしたい。

　①の構成では，商業活動の活性化という目的との関係では，既存の商店会で努力し売上げを伸ばすことで目的は達成することができ，C社の店舗を営業する自由に対する過度な制約であるといえる。

　次に，地域における防犯という目的との関係では，防犯体制の担い手として商店会を位置づけるのであるならば，商店会に加入する店舗は平等に防犯体制の確立に協力すべきである。それにもかかわらず，売り場面積と売上高に一定の率を乗じて算出される金額を会費とするような，一部の店舗のみが過度に経済的負担を負う仕組みを設けることは，C社の店舗を営業する自由に対する過度な制約であるといえる。または，そもそも防犯は警察がパトロールするなどすべきであり，地方公共団体の責務であるにもかかわらず，商店会に責任を転嫁させている点で，C社の店舗を営業する自由に対する過度な制約であると主張することも考えられる。

　②の構成であっても同様にあてはめを行えばよい。ただし，上で述べた，一部の店舗のみが過度に経済的負担を負う仕組みを設けることはC社の店舗を営業する自由に対する過度な制約であるという主張は，消極的結社の自由においては妥当しないであろう。消極的結社の自由に対する制約は経済的負担の大小で変化するものではないからである。

③　設問2　被告側の反論

　①の構成からは，本条例は職業遂行の自由の制約にとどまるからゆるやかな審査が妥当する。本

条例の目的はいずれも正当であり，上記目的を達成するためには，経済的余裕のある大型店により多くの負担を課すことは過度でないとの反論が考えられる。

　一方②の構成からは，本件自由は結社の自由として保障されない権利である。商店会という団体は，経済活動が中心であり，公益性を帯びた政策的判断に基づき設立されたという当該団体の実態・目的に照らし，本件自由は22条１項で保障されるにとどまる。C社の商店会に加入しない自由は商店会に加入したところで，大型店舗に見合った適度な経済的負担を課すにとどまるから，重要な自由であるとはいえないため，ゆるやかな審査基準が妥当する。以上のような反論が考えられる。

④ 設問２　自身の見解

　①の構成でまず，問題となるのは，商店街で店舗を営業する自由に対する制約の程度である。Bのような大型店では商店会の会員が納入する平均的な金額の約50倍となる点を，収益が高い大型店にとって，その程度の金額であれば，過大な負担とはいえないと考えればゆるやかな審査基準が妥当する。一方，本条例は，商店会に入会を強制され，共同でのイベント開催や，店舗外の防犯対策まで協力を強いられる。この点に着目し，大型店Bを営むC社にとって，店舗を営業する自由に対する制約は強度であるとすれば中間審査基準が妥当する。自分なりの言葉で説得的に論じたい。

　次に①の構成では，目的と手段との関連性が問題となる。本条例の目的は商業活動の活性化と防犯体制等の整備にある。商業活動の活性化については経済活動を活性化させ，市民の生活をよりよくすることはまさに市の責務であるといえる点で重要であり，防犯体制等の整備についても市内の治安をよくすることは市の責務であるといえる点で重要である。

　しかし，商業活動の活性化との関係では，市が既存の商店会と協力し，イベントを開催するなどすれば足りる。このような自助努力をなしていないにもかかわらず，すでに売上げの高いBなどの大型店を巻き込んで会費の支払を強制することは過度な制約である。また，防犯体制等の整備については，そもそも地域の防犯対策は市が行うべきことであり，市が行うべき行為を商店会に押し付けている点で，商店街で店舗を営む自由に対する過度な制約である。

　なお，７日間の営業停止処分が，A市内でもっとも売上高が大きいC社にとって，あまりにも過度な処分であると考えた受験生もいるかもしれない。しかし，本問で問われているのは「本条例」の違憲性である。条例の違憲性を主張する際に，当該事件の個別的な事実（司法事実）を主張してはならない。問題文をよく読んで，何が問われているかを確認してほしい。

　②の構成でも，消極的結社として保障されるかという点以外は，①の構成と同様の点を検討することになる。商店会に加入しない自由がどれだけ重要な権利なのか，商店会とはどのような団体なのか，具体的に検討して考えてほしい。また，目的と手段との関連性についても①構成と同様の点を主張していくことになる。いずれにしても，自分の言葉で説得的に書かれていれば高評価となるであろう。

【関連判例】

最大判昭和50年４月30日民集29巻４号572頁（判例シリーズ51事件）

最判平成17年４月26日判時1898号54頁

【参考文献】

試験対策講座９章４節①【３】，10章１節①・②。判例シリーズ51事件。条文シリーズ22条③１。
芦部信喜『憲法　第７版』228頁。

答案構成用紙

第1　設問1について
1　私がC社の訴訟代理人であった場合，本条例は，C社の商店会に加入しない自由（以下「本件自由」という）を侵害し，憲法21条1項（以下法名省略）に反すると主張する。

2　まず，商店会は，多数の者が商店街の活性化等の共通の目的をもって，継続的に結合するものであるから，「結社」にあたる。そして，本件自由は，この結社に参加しないことを内容とする自由であるから，消極的結社の自由の一内容として，21条1項により保障される。　　　　　　　　　　　　　　　　　　　　　　5　➡保護範囲

3　そして，C社は加入を強制されており，商店会に加入しないと最大で7日間の営業停止処分を受けるので，本条例により本件自由は制約されている。　　　　　　　　　　　　　　　　　　　10　➡制約

4　また，本件自由は，商店会に参加しないことで自己の意図しない活動に協力することを拒み，自律的に意思決定し自己の個性を実現するという価値を有するから，重要である。また，本条例は商店会に加入する義務を課し，さらには，営業停止処分という罰則を担保に加入を強制している。したがって，規制態様は，強度のものといえる。　　　　　　　　　　　　　　　　　　　15
　　　　そこで，厳格な審査基準により判断すべきである。　　　➡権利の性質
　　　　　　　　　　　　　　　　　　　　　　　　　　　　➡規制態様
　　　　　　　　　　　　　　　　　　　　　　　　　　　　➡規範定立

5　これを本件についてみると，商業活動の活性化という目的は，　20　➡あてはめ，目的
現に営業をなしえており，弱者といえないA市内の店の利益を増やすというものであり，各店が自助努力により達成すべきであるので，この目的との関係で強制加入制は必要最小限度の手段といえない。また，地域における防犯という目的は，本来，地方公共団体の活動により達成されるべきものなので，この目的との関係　25
でも強制加入制は必要最小限度の手段といえない。　　　　　　➡手段

6　よって，本条例は21条1項に反する。　　　　　　　　　　➡結論
第2　設問2について
1　想定される反論
（1）まず，商店会のような強制加入団体を個人が自由に作ること　30　➡被告の反論を端的に指
はできず，強制加入団体を作ることが結社の自由として保護さ　　　　摘
れていないから，それと表裏の関係にある本件自由は，結社の
自由として憲法上保障されない。また，そもそも結社の自由の
保護範囲は表現活動のための結社に関する自由にかぎられる。
　　そして，加入が強制されても，経済的余裕のある大型店にと　35　➡原告・被告の議論をか
っては，営業にあてることのできる金額が大きく変わることは　　　　み合わせる
考えにくいので，規制態様が強度であるとはいえず，ゆるやか
に審査されるべきである。
（2）これを本件についてみると，商業活動の活性化や防犯強化は，
大型店を営むものも商店会に加入させないと達成できないのに　40
加え，C社は商店会の街路灯やネオンサイン等によって立地上
の恩恵を受けているから，C社に商店会への加入を強制するこ
とも過度とはいえない。よって，制約は正当化される。　　　　➡コンパクトにあてはめ
2　私見

（1）　まず，21条1項が強制加入団体を設立する自由を含まないか　45
らといって，当然にそれに加入しない自由が排除されることに
はならない。継続的に結合する団体に参加させられることによ
る不利益は，強制加入団体であってもそうでなくても同様に生
じるのであるから，強制加入団体に加入しない自由も，消極的
結社の自由の一内容として，21条1項により保障されうると考　50
えるべきである。
　　また，結社の自由は，人々の結びつきを強め，一定の目的の
ための活動をより大規模に行うことを可能にすることで表現の
自由の現実的保障のために重要な役割を果たしているので，結
社の自由の保護範囲を表現活動のための結社に関する自由に限　55
定すべきでない。
　　よって，本件自由は消極的結社の自由の一内容として憲法上
保障されると考える。
　　そして，本件自由は，原告主張のとおり自己実現の価値を有
するものの，商店会は政治団体のように民主政の過程に参加す　60
るための表現をする団体ではないので，政治的意思表明に関わ
るものでない。
　　そうだとすると，本件自由はいわゆる自己統治の価値が希薄
なので，権利の保障の程度は低く厳格な審査基準によるべきで
ない。そこで，目的が重要であり，手段が効果的かつ過度でな　65
いと認められる場合に正当化されると考える。
（2）　まず，商業活動の活性化という目的は，A市の経済的発展の
中心となるものであり，ひいてはA市全体の発展に資するもの
であるから重要である。また，加入を強制することで集客力を
向上させることができるので，規制手段は効果的である。しか　70
し，同じ商売圏に大型店がありながら営業を続けられている店
は，地方公共団体の手を借りるべき弱者ではないから，上記の
目的は，商店街の各店が自助努力により達成すべきであるとい
え，規制手段が過度である。
　　次に，防犯強化という目的は，国民の身体・財産等を守ると　75
いう公共団体の責務にかんがみて重要である。また，商店会の
会費を防犯灯の設置等に使うことで夜間の窃盗などといった犯
罪を未然に防ぐことができる点で，規制手段は効果的である。
しかし，A市民は，防犯の強化により等しくその利益を受ける
のであるから，住民間の公平性を確保すべく，上記目的は税金　80
の運用により達成されるべきである。そうだとすると，商店会
への加入強制は防犯強化という目的達成に必要といえず，規制
手段が過度である。
　　したがって，上記制約手段は目的達成のために効果的かつ過
度でないとはいえず，正当化されない。　85
3　以上より，本条例は21条1項に反する。

　　　　　　　　　　　　　　　　　　　　　　　　　　以上

被告の反論をふまえた
検討

通常の表現の自由と異
なることの指摘

規範定立

あてはめ，目的

手段

目的

手段

結論

1 設問1

　本件営業停止処分は，C社が商店会に加入せずにA市で事業を営む自由（以下，「本件自由」という）を侵害し違憲である本件条例に基づくもので21条1項に反し違憲である。

(1)　本件自由は，商店会という団体に加入しない自由であるところ，　5
消極的結社の自由ということが出来る。そして，憲法（以下，省略）21条1項は結社の自由を保障している。そして，それと表裏をなす特定の団体に加入しない自由，つまり消極的結社の自由も保障しているといえ，本件自由も21条1項で保障される。

(2)　そして本件条例は商店会に加入しなければ営業停止命令が出さ　10
れることを規定しているから，加入しなければ満足にA市内で一切店舗経営しえなくなり，C社が企業として存続することを不可能にするものである。したがってC社は商店会への加入を本件条例によって強制されるといえ，本件条例は本件自由を侵害する。

(3)　本件自由は，特定の団体に参加せず一個の独立の社会的実体と　15
してC社が活動することを通して企業価値を実現し発展させていくという点で重要な権利といえる。また，一切の例外なく加入義務が課せられ，加入しないと営業停止処分が下される点で直接的かつ強度の規制であるといえる。

　そこで，目的が必要不可欠で手段が目的達成のため最小限度で　20
ない限り本件条例は違憲である。

　本件条例の目的は，①商店会加入店が協力することでA市内での商業活動を活性化する点，②商店会加入店を地域における防犯体制の担い手にして市民の生活の安全を向上させることにある。

　しかし，目的①に関しては加入を強制してもイベントに協力す　25
ることまでは期待できず，目的達成のため適合性がない。また目的②に関しても強制加入とせずとも防犯協力を求めることは出来る上，警察の見回りを増やすことでも達成できる。

　したがって，目的①②いずれとの関係でも手段が最小限度ということは出来ず，本件条例は違憲である。　30

2 設問2

(1)　第一に，本件自由は21条1項で保障されないとの被告の反論が考えられる。

　消極的結社の自由は，少数者の表現の自由を裏打ちするため21　35
条1項で保障されるところ，本件自由はC社の一定の思想表現活動とは関連性が薄い。そうだとすれば被告反論のとおり，本件自由は21条1項で保障されるものではない。

　むしろ，本件自由は商店会という特定の団体に加入することなくC社が独立して店舗営業を営むという経営判断の自由であり，　40
営業の自由の一内容であるということが出来る。

　そして，22条1項が職業選択の自由を保障しているところ，職業は自己の生計を維持するための継続的活動であると共に，分業社会において各人が自己の持つ個性を全うすべき場として，個人の人格的価値とも不可分の関連を有する。かかる職業の意義に照

（右側注釈）

◁△職業選択の自由と混同している

◁△「憲法21条1項（以下法名省略）」のほうが望ましい

◁○消極的結社の自由OK

◁○規制態様OK

◁△正しくは「制約する」である

◁○審査基準の定立OK

◁○保障レベルでの反論を想定できている

らせば，22条1項は営業の自由をも保障していると解すべきである。 45

したがって，私は本件自由は営業の自由として22条1項で保障されると考える。

←△保障根拠について，もう少し丁寧に認定してほしい

(2) 第2に，本件自由は経済的自由であり，人格的発展に寄与するものではなく権利としての重要性が低い。また営業活動には立法 50
裁量が認められるため基準を緩やかに解すべきとの被告からの反論が考えられる。

←△もう少しコンパクトに論じてほしい

確かに，営業活動は本質的に社会的経済的な活動であるから性質上社会的相互関連性が大きく，その規制判断に当たっては政策的判断が要求されるため立法裁量が広く認められる。したがって， 55
基準は緩やかに解されるとも思える。もっとも，前述のように営業活動は人格的価値とも不可分の関連を有するものである以上，
重要な権利であることに変わりはない。そこで，目的が重要かつ，
手段が実質的関連性ある場合には本件条例は合憲となると解する。

(3) 目的①は市民生活の充実につながるという意味で重要であり， 60
目的②は市民生活の安全につながるという意味で重要である。そして，強制加入させることで共同体意識が生まれる上，大型店舗の協力なくして地域経済の発展を図ることは困難であるため目的
①との関係で実質的関連性がある。さらに，大型店舗がより多く
の防犯灯の管理費を会費として支払う等防犯の担い手になること 65
は，社会的影響が大きく有効かつ適切といえ，目的②との関係で
実質的関連性があるとの被告の反論が考えらえる。

←○十分なあてはめがなされている

C社等大型店舗は非協力的であったから，共同体意識が強制加入によって生まれるとは言えないため，強制加入という手段は目的①に対する適合性がない。また，経済の活性化は補助金や税制 70
の優遇などで図ることも可能である。したがって，目的①との関係で実質的関連性がない。

また，確かに防犯灯の管理費が増えることは，目的達成のために有効であり適合性がある。もっとも，強制加入でなく一定額の協力金の支払いを求めることで足りる。また防犯の必要があるの 75
であれば，防犯灯の設置は，一次的には当該地方公共団体が行うべきものであり，かかる目的を達成するために強制加入という手段を講じることは，過度な営業活動の制限といえる。よって，目的②との関係でも実質的関連性がない。

よって，本件条例は22条1項に反し違憲であり，本件営業停止 80
命令も違憲である。

以上

　本問は，職業の自由に対する制約，そして結社の自由に対する制約の合憲性に関する出題である。職業の自由の制約に関しては，近時，規制目的二分論に言及することなく判断している最高裁判例（最三判平成12年２月８日刑集第54巻２号１頁，最三判平成17年４月26日判例時報1898号54頁）や租税の適正かつ確実な賦課徴収という第三の目的が示された最高裁判例（最三判平成４年12月15日民集第46巻９号2829頁）があり，まずは，規制目的二分論の有効性自体を検討する必要がある。その上で，設問の条例の目的を政策的目的と位置付けるとしても，その具体的内容や制約の合憲性審査の手法につき，定型的でない丁寧な論証が求められる。さらに，設問の条例は，目的達成手段として強制加入制を採用している点において，結社の自由への制約の問題についても検討する必要がある。強制加入制の合憲性をめぐっては，南九州税理士会事件（最三判平成８年３月19日民集第50巻３号615頁），群馬司法書士会事件（最一判平成14年４月25日判例時報1785号31頁）などで争われており，これらの判例も念頭に置きつつ，本問の条例では，条例が定める目的を達成するための手段として，営利法人に対して団体への加入を義務付け，さらに，違反に対して最長７日間の営業停止という処分を課すことができるとしている点などを踏まえ，制裁で担保された強制加入制の合憲性を論じる必要がある。

優秀答案における採点実感 ‖‖

①　全体

　この答案は，権利の選択，および２つの目的に着目したうえでの法の合憲性などといった，問題となる点をおさえ，論述することができている。

　また，答案全体をとおして，説得的な理由づけをしたうえで結論を導くことができており，論述能力の高さがうかがえる。

②　設問１

　設問１では，問題文中の「加入義務は憲法に違反していると考え，当該商店会に加入しなかった」との記載から，C社の不満を適切に捉え，消極的結社の自由として構成することができている。憲法の答案では，問題文中に示されている当事者の生の主張を把握することが解答するうえでの第一歩となる。

　審査基準の定立においては，権利の重要性と制約の強度から，厳格な審査基準を導いており，説得的な論述ができている。判断枠組みの定立にあたっては，内実を伴った理由を示す必要がある。ぜひともこの答案を見習ってほしい。

　目的手段審査のあてはめでは，問題文から２つの目的を抽出し，それぞれについて手段との適合性や必要性を検討できている。特に，問題文中の第２の目的については，目的達成のためにより軽い手段を１つ具体的にあげて，違憲であることを論じられている。ほかの手段を示す場合には，その手段によっても法の目的を達することができることを示すことが求められる。その点でも，この答案は参考になるであろう。

③　設問２

　設問２では，本問の重要な論点のひとつである権利選択の点について，反論で原告の主張を否定したうえで，私見でほかの権利もあわせて検討することにより，悩みを見せることができている。私見の論述を充実させるためにも，設問１で論点となるところを端的に論じ，設問２で厚く論じるといった手法は，ほかの問題においても有用であろう。

　また，目的手段審査のあてはめにおいて，１頁近い分量を使うことができている。予備試験や司法試験では，問題文に示された事実を抽出，評価すればするほど，答案に対する評価も高くなるため，この点も意識してほしい。そのためにも，抽象論に紙幅を割きすぎないことが重要である。

次の文章を読んで，後記の〔設問〕に答えなさい。

　A県の特定地域で産出される農産物Xは，1年のうち限られた時期にのみ産出され，同地域の気候・土壌に適応した特産品として著名な農産物であった。Xが特別に豊作になる等の事情があると，価格が下落し，そのブランド価値が下がることが懸念されたことから，A県は，同県で産出されるXの流通量を調整し，一定以上の価格で安定して流通させ，A県産のXのブランド価値を維持し，もってXの生産者を保護するための条例を制定した（以下「本件条例」という。）。

　本件条例では，①Xの生産の総量が増大し，あらかじめ定められたXの価格を適正に維持できる最大許容生産量を超えるときは，A県知事は，全ての生産者に対し，全生産量に占める最大許容生産量の超過分の割合と同じ割合で，収穫されたXの廃棄を命ずる，②A県知事は，生産者が廃棄命令に従わない場合には，法律上の手続に従い，県においてXの廃棄を代執行する，③Xの廃棄に起因する損失については補償しない，旨定められた。

　条例の制定過程では，Xについて一定割合を一律に廃棄することを命ずる必要があるのか，との意見もあったが，Xの特性から，事前の生産調整，備蓄，加工等は困難であり，迅速な出荷調整の要請にかなう一律廃棄もやむを得ず，また，価格を安定させ，Xのブランド価値を維持するためには，総流通量を一律に規制する必要がある，と説明された。この他，廃棄を命ずるのであれば，一定の補償が必要ではないか等の議論もあったが，価格が著しく下落したときに出荷を制限することはやむを得ないものであり，また，本件条例上の措置によってXの価格が安定することにより，Xのブランド価値が維持され，生産者の利益となり，ひいてはA県全体の農業振興にもつながる等と説明された。

　20XX年，作付け状況は例年と同じであったものの，天候状況が大きく異なったことから，Xの生産量は著しく増大し，最大許容生産量の1.5倍であった。このため，A県知事は，本件条例に基づき，Xの生産者全てに対し，全生産量に占める最大許容生産量の超過分の割合に相当する3分の1の割合でのXの廃棄を命じた（以下「本件命令」という。）。

　甲は，より高品質なXを安定して生産するため，本件条例が制定される前から，特別の栽培法を開発し，天候に左右されない高品質のXを一定量生産しており，20XX年も生産量は平年並みであった。また，甲は，独自の顧客を持っていたことから，自らは例年同様の価格で販売できると考えていた。このため，甲は，本件命令にもかかわらず，自らの生産したXを廃棄しないでいたところ，A県知事により，甲が生産したXの3分の1が廃棄された。納得できない甲は，本件条例によってXの廃棄が命じられ，補償もなされないことは，憲法上の財産権の侵害であるとして，訴えを提起しようと考えている。

〔設　問〕

　甲の立場からの憲法上の主張とこれに対して想定される反論との対立点を明確にしつつ，あなた自身の見解を述べなさい。なお，法律と条例の関係及び訴訟形態の問題については論じなくてよい。

[1]　はじめに

本問では，甲が「憲法上の財産権の侵害である」と主張していることから，財産権の問題として論じるべきことが明らかである。

一般論として財産権の問題は，財産権の侵害の問題（＝自由権の問題）と，損失補償請求権の問題（＝請求権の問題）に大別される。本問では，財産権の侵害であるという甲の主張のうち，「本件条例によってXの廃棄が命じられ」ることが前者に，「補償もなされないこと」が後者に，それぞれ位置づけられるであろう。

[2]　甲の立場からの憲法上の主張について

1　29条1項違反の主張について

(1)　保護範囲について

財産権とは，いっさいの財産的価値を有する権利をいう。そして，所有権は，個人が現に物を使用・収益・処分する権利であり（民法206条参照），財産的価値を有するから，財産権として保障される。本問でも，甲はXの所有権を有しており，これが29条1項により保障される財産権にあたるということは当然のようにも思える。しかし，所有権が財産権の一類型であるという説明を省いてしまうと論理が飛躍するので，忘れないようにしたい。

(2)　制約について

本件条例は，A県知事によるXの廃棄命令があれば，生産者にXの廃棄を余儀なくさせ，自由に使用・収益・処分させなくするものである。その意味で，生産者がXにつき有する所有権を制約するものといえるだろう。

(3)　違憲審査基準について

森林法共有林分割制限事件（最大判昭和62年4月22日）は，財産権規制立法の合憲性の判断基準について，「規制の目的，必要性，内容，その規制によって制限される財産権の種類，性質及び制限の程度等を比較衡量して決すべき」としている。

所有権は私有財産制度の核心をなし，財産権のなかでもっとも基本的な権利であるということは，審査基準の定立にあたり「財産権の種類，性質」として考慮される。本問でも，本件条例により制約される財産権が所有権であるという事情は，厳格な審査基準を導く事情となる。

また，廃棄されたXは滅失してしまうから，Xの廃棄を命ずるということは，生産者がそのXにつき有する所有権を永続的に消滅させることを意味する。販売先・価格の制限や備蓄命令などと比較してみると，廃棄命令の厳しさがわかるだろう。また，廃棄命令に従わない場合は廃棄が代執行されてしまうことも考えれば，生産者にとっては廃棄命令がなされた時点でXの廃棄を回避できないといえ，「制限の程度」は高いといえる。

以上より，甲としては本件条例を厳格に審査することを主張すべきである。財産権は経済的自由権の一種であるから，この場合の基準は，①目的が重要であり，②手段が効果的かつ過度でない場合という中間審査基準になろう。

(4)　あてはめについて

本件条例の目的は，問題文にあるとおり，Xのブランド価値を維持することでXの生産者を保護することにある。自身もXの生産者である甲が，この目的を重要でないと主張することには矛盾があるため，甲の立場から目的の重要性を争う必要はない。

よって，手段審査が重要となる。Xの生産量の調整によりXのブランド価値が維持され，生産者が保護される，という論理は何ら不合理ではないため，甲としては，本件条例が「過度」の手段であると主張したい。

そこで，甲が，特別の栽培方法により天候状況に左右されず一定量を生産することが可能であったこと，その結果20XX年も平年並みの生産高となっていたことに着目する。毎年一定量の生産が可能である甲にとっては，そうでない生産者において特別の豊作になったせいで，甲の生産したXを廃棄させられるのは納得がいかないであろう。すなわち，例年より豊作だった生産者に対しての

み廃棄させれば目的が達成できるから，甲のような生産者にまで廃棄を命ずるのは行きすぎである，という主張が可能である。

2 29条3項違反の主張について

本件条例は，Xの廃棄に起因する損失については補償をしない旨を定めており，甲は補償がなされないことに不満を感じている。そこで甲の立場からは，本件条例と甲に対する適用が損失補償請求権（29条3項）を侵害し，違憲である，という主張をしていくこととなる。

⑴ 本件条例が損失補償規定をおいていないことについて

本件条例にはXの廃棄に起因する損失については補償をしない旨が定められている以上，そもそも損失補償規定がおかれていないということがわかる。そこで，甲としてはまずその点に着目して，本件条例が損失補償規定をおいていないことが29条3項に違反すると主張すべきであろう。

⑵ 本件条例を甲に適用することについて

かりに本件条例が損失補償規定をおいていないことが合憲であるとしても，甲が29条3項を直接の根拠とした損失補償請求権を有するのであれば，Xの廃棄に起因する損失については補償をしない旨定める本件条例を甲に対して適用することは，損失補償請求権を侵害する。

そこで，甲は，自己が損失補償請求権を有するという主張をしたい。通説によれば，補償を要するのは，特定の者に対してその財産権に内在する社会的・自然的制約を超えて，特別の犠牲を強いる場合である。ここにいう「特別の犠牲」とは，㋐侵害行為が特定の範囲に属する人を対象としており（形式的要件），㋑受忍限度を超えて財産権の本質的内容を侵すほどに強度（実質的要件）である場合をさすとされる。

本問では，本件条例の適用対象は，Xの生産者という特定の範囲に属する人であるといえる（形式的要件）。また，個人の生産量が例年どおりであっても，ほかの生産者との合計生産量次第でXを破棄するということは，Xの所有権という財産権に内在する制約として受忍限度内にあるとはいえず，財産権の本質的内容を侵すほどに強度の制約である（実質的要件）と主張できる。

③ 反論について

1 29条1項違反の主張について

まず，本件条例が，Xの価格やブランド価値を調整し，生産者を保護するという経済政策的な目的を有する積極目的規制にあたることを指摘できよう。財産権は経済的自由権であり，消極目的規制と積極目的規制で違憲審査の厳格度が異なるという規制目的二分論に立てば，積極目的規制であることはゆるやかな審査基準を導く。

すべての生産者を対象として総流通量を一律に規制すれば，Xの価格の安定とブランド価値の維持が実現できるから，本件条例による規制は著しく不合理とはいえず，合憲であると反論できるだろう。

2 29条3項違反の主張について

⑴ 本件条例が損失補償規定をおいていないことについて

本件条例が損失補償規定を設けなかったからといって，甲が主張するように29条3項を直接の根拠とした損失補償請求ができるのであれば，損失補償条項の不存在は損失補償請求権を何ら侵害するものではない，という反論が可能である。

⑵ 本件条例を甲に適用することについて

本件条例の制定過程では，一定の補償が必要ではないかとの議論に対し，「価格が著しく下落したときに出荷を制限するのはやむを得ないものであり，また，本件条例上の措置によってXの価格が安定することにより，Xのブランド価値が維持され，生産者の利益とな」る旨の説明がなされている。

このように，Xの廃棄を命ずることでむしろ生産者はXのブランド価値の維持という利益を被ることに着目すると，廃棄命令はXを生産するうえで受忍すべき限度の制約にとどまるといいうる。したがって，甲には損失補償請求権が認められず，甲への本件条例の適用は合憲である，と反論することが可能である。

④ 自己の見解について

1 29条1項違反の主張について

(1) 違憲審査基準について

上記のA県側からの反論は，規制目的二分論を前提とするが，これは財産権制約の判断枠組みにも妥当するかが問題となる。この点，森林法共有林分割制限事件も，証券取引法164条1項事件（最大判平成14年2月13日〔百選 I 97事件〕）も，規制目的二分論に明示的には依拠していない。これらの判決の位置づけについて学説の理解は多岐に分かれているが，少なくとも，形式的論理的な二分論の適用を意識的に避けたということはたしかである。そこで，規制目的のみならず，権利の重要性，規制態様をも考慮して審査密度を決定することが妥当であろう。

そこで，これらの点に着目すると，甲の主張するとおり，Xの所有権は重要な権利であることに加えて，規制態様も強度のものである。よって，①目的が重要であり，②手段が効果的かつ過度でない場合という甲と同様の基準を，答案例では採用した。

(2) あてはめについて

本件条例の目的は，Xの流通量を制限することでXの価格やブランド価値を維持し，これによってXの生産者を保護することにある。Xの価格が大きく下落すると，Xの生産者の利益が激減し，その生活が脅かされてしまうことを考えると，目的の重要性は否定できない。

次に，手段についてみると，流通量を制限することで，ある程度の価格やブランド価値の維持が達成されることを十分に期待できるから，目的達成のための効果的な手段であるといえる。

甲は，事前の生産調整や余剰分の備蓄・加工によっても目的が達成できると主張する。しかし，Xは，その特性から，事前の生産調整，備蓄，加工等が困難であるから，余剰分を廃棄するほかに目的達成手段がない。また，例年を上回った生産者のみを対象に廃棄等を命ずるという措置も主張するが，そもそも手続上煩雑で，迅速な出荷要請に対応できないという問題がある。

以上をふまえると，一律にすべての生産者を対象として廃棄命令等を行うこともやむをえないという結論になろう。

2 29条3項違反の主張について

(1) 本件条例が損失補償規定をおいていないことについて

通説や判例（河川附近地制限令事件〔最大判昭和43年11月27日〕）は，29条3項を直接の根拠とした損失補償請求を認めている。その理由としては，補償規定がないという理由で法令を違憲無効とすると，合憲的な財産権の制限が阻害されること，財産権の客観的価値である市場価格は立法府の判断を待つまでもなく裁判所による認定が可能であること，財産権は憲法が保障する具体的権利であり，29条3項はその財産権を公共のために用いた場合の救済規定であるということ，などがあげられている。私見では，この見解を採用すべきであろう。

(2) 本件条例を甲に適用することについて

適用違憲の検討においては，適用対象の個別事情を考慮・評価することが重要である。

ここで，本問での甲の事情に着目すると，「特別の栽培法を開発し，……20XX年も生産量は平年並みであった」ことや，「独自の顧客を持っていたことから，自らは例年同様の価格で販売できると考えていた」といった，ほかの生産者と異なる特殊事情がある。これらの事情からいえることは，そもそも甲の生産するXは，一般的なXとは異なり特別に豊作になることによって価格が下落することがない，ということである。したがって，A県がわざわざ介入して廃棄命令を発し，Xの流通量を調整する必要がない。そうすると，甲にとっては廃棄命令を受忍すべき理由がないといえるから，廃棄命令による廃棄は，甲の生産するXに内在する制約にあたらないということになる。

【関連判例】

最大判昭和62年4月22日民集41巻3号408頁（判例シリーズ54事件）
最大判昭和38年6月26日刑集17巻5号521頁（判例シリーズ55事件）
最大判昭和43年11月27日刑集22巻12号1402頁（判例シリーズ57事件）

答案構成用紙

答案例

第1　甲の立場からの主張について
⇨法令違憲の主張

1　本件条例は，Xの生産者がXを所有する権利を侵害するため，
憲法29条1項（以下「憲法」法名省略）に反し違憲である。
⇨問題の所在

(1)　所有権（民法206条）は財産的価値を有するから，財産権の
一種として29条1項によって保障される。よって，生産者がX
を所有する権利も，財産権として保障される。　　　　　　　5

(2)　本件条例は，①廃棄命令およびその②代執行によりXの所有
権を失わせるものであり，Xの所有権を制約している。
⇨制約

(3)　私有財産制のもとでは，所有権は原則的な財産支配形態であ
り，特に保護されるべき重要な権利である。また，廃棄命令は
所有権を完全に剥奪するものであり，従わない場合には代執行　　10
により強制的にXの廃棄が執行されるから，規制態様は強い。
⇨正当化

そこで，①目的が重要であり，②手段が効果的かつ過度でな
い場合を除き，違憲となるものと解する。
⇨規範定立

①本件条例の目的は，Xの価格およびブランド価値を維持す　　15
ることにあるが，②例年より豊作だった生産者に対してのみ廃
棄させれば，上記目的を達成できる。よって，一律の廃棄命令
は手段として過度である。
⇨あてはめ

(4)　以上より，本件条例は29条1項に反し，違憲である。

2　本件条例は損失補償条項を設けておらず，X生産者の損失補償　　20
請求権を侵害するから，29条3項に反し違憲である。

3　損失補償条項を設けていないことが合憲であるとしても，損失
補償を認めない本件条例を甲に適用することは，29条3項に反し
違憲である。
⇨適用違憲の主張

(1)　29条3項の趣旨は，「公共のために」犠牲となる者の財産権　　25
保障を徹底するとともに，平等（14条1項）を図る点にある。
そこで，㋐対象者が広く一般人ではなく特定人であり，㋑受
忍限度を超えて財産権の本質的内容を侵害する場合には，特別
の犠牲が認められ，損失補償が必要となるものと解する。
⇨規範定立

(2)　本件条例の適用対象は，Xの生産者という特定人である（㋐　　30
充足）。また，ほかの生産者との合計生産量次第でXを廃棄さ
せられるということは，Xの所有権という財産権に内在する制
約とはいえず，受忍限度を超える（㋑充足）。
⇨あてはめ

(3)　よって，甲はXの損失補償請求権を有するから，甲への本件
条例の適用は損失補償請求権の侵害にあたり，違憲である。　　35

第2　反論と対立点について

1　29条1項違反について

(1)　本件条例の規制は，Xの生産者の保護という積極目的規制で
あり，事柄の性質上，広範な立法裁量に服する。そこで，当該
規制が著しく不合理であることが明白である場合を除き，合憲　　40
である。
⇨規制目的二分論

(2)　Xの特性や価格安定の必要性からして，一律にXの廃棄を命
ずることは不合理ではなく，29条1項に反しない。

2　29条3項違反について

(1) 本件条例に損失補償規定がなくとも、生産者は29条3項を根拠に損失補償請求ができるため、29条3項に反しない。　45

(2) Xの廃棄を命ずることはXのブランド価値の維持につながり、むしろXの生産者の利益になるから、廃棄命令はXを生産するうえで受忍すべき限度の制約である（④不充足）。　　➡受忍限度論

第3　自己の見解について　　50

1　29条1項違反について

(1) 規制目的のみに着目して審査密度を決定することは、財産権保障をないがしろにするおそれがあるため、妥当でない。そこで、規制目的のみならず、権利の重要性、規制態様をも考慮して審査密度を決定すべきである。　55

そうすると、甲が主張するように、所有権の重要性、廃棄命令という規制態様の強さが認められるため、①目的が重要であり、②手段が効果的かつ過度でない場合を除き、違憲となるものと解する。　　➡規範定立

(2) 本件条例の目的は、Xの流通量を制限することでXの価格やブランド価値を維持し、これによってX生産者を保護することにある。Xの価格が大きく下落すると、X生産者の利益が激減し、その生活が脅かされるから、目的は重要である。　60　➡目的

次に手段についてみると、流通量を制限することで、ある程度の価格やブランド価値の維持が達成されることを十分に期待できるから、効果的な手段といえる。　65　➡手段

甲は、例年を上回った生産者のみを対象に廃棄等を命ずるという措置を主張する。しかし、そもそも手続上煩雑で、迅速な出荷要請に対応できないという問題があるから、一律にすべての生産者を対象として廃棄命令等を行うこともやむをえない。　70

(3) 以上より、本件条例は29条1項に反しない。　　➡結論

2　29条3項違反について

(1) そもそも、財産権は29条1項が保障する具体的権利であり、同条3項はその財産権を公共のために用いた場合の救済規定である。　75

よって、29条3項を直接の根拠とした損失補償請求が可能であると解されるから、本件条例が損失補償規定を設けていないことは29条3項に反しない。　　➡結論

(2) 反論で述べたとおり、一般的に廃棄命令はXの生産者の利益になる。しかし、甲は特別の栽培方法により、20XX年もXの生産量は平年並みであったうえ、独自の販売経路により、例年同様の価格でXを販売できるはずだった。そうすると、甲においては20XX年の廃棄命令によって価格維持の恩恵を受けることがない。よって、甲が廃棄命令を受忍すべき理由がなく、廃棄命令は甲の所有するXに内在する制約とはいえない（④充足）。　80　85

したがって、甲は損失補償請求権を有するから、損失補償を認めない本件条例を甲に適用することは、29条3項に反し違憲である。　　　　　　　　　　　　　　　　　　　　以上　　➡結論

第1 甲の主張について

1 本件条例は，甲のXの廃棄を命じられない自由を侵害し，違憲である。

(1) まず，財産「権」（29条1項）と規定されていることから，同項は私有財産制のみならず，個人が現に有する財産権についても保障していると解するところ，甲の上記自由は同項によって保障される。 5

> ⇐○保護範囲OK

(2) 次に，本件条例は，甲にXの廃棄を命じ，従わない場合には代執行できる旨を定めるものであるので，上記自由は制約されている。 10

> ⇐○制約認定OK

(3) そして，上記自由は人が生活する上で必要な物的手段の享有にかかわるものであり，重要である。また，上記制約はXの所有権を代執行の手段のもと一律に剥奪するものであり，強度である。

そこで，目的がやむにやまれぬものであり，手段が必要最小 15
限である場合に限り，上記制約は正当化される。

> ⇐△二重の基準論をふまえたうえで検討してほしい

(4) 上記制約の目的はA県産のXのブランド価値を維持することにあるところ，Xを一律に廃棄しなくても，Xの消費を生産者の家庭内やA県内のみにとどめる等の手段により目的の達成は可能である。そうだとすると，手段は必要最小限とはいえない。 20
したがって，本件条例は違憲である。

2 仮に上記制約が正当化されるとしても，③の部分は甲の補償を受ける権利を侵害し，違憲である。

(1) 29条3項の根拠は，個人の犠牲のもとに国民が利益を受けるのは平等原則に反することにある。そうだとすると，侵害の対 25
象が広く国民でなく個人に対するもので，その程度が財産権の本質的内容を侵すものであって，財産権に内在する社会的制約として受忍すべき限度内のものとはいえない場合には，補償を要すると解する。

> ⇐○29条3項の根拠から，損失補償の要否についての規範を導くことができている

本問について，侵害の対象はA県内のXの生産者に特定され 30
ている。そして，廃棄されるXには何らの瑕疵もなく，侵害の程度は，それに内在する社会的制約として受忍すべき限度内といえない。

> ⇐△個別の事情をふまえた検討がほしい

したがって，上記制約は保障を要する。

(2) それにもかかわらず，補償をしない旨定める③の部分は違憲 35
である。

第2 甲に対する反論について

1 上記制約の目的は，A県産のXのブランド価値を維持することによって，もってXの生産者を保護する積極目的であり，その制約の正当化については緩やかに判断すべきである。 40

> ⇐×なぜ，積極目的だとゆるやかに判断されるのかの理由づけがない

本問について，Xを一律に廃棄することにより流通量が過大となるのが防止され，Xのブランド価値の維持及び生産者保護の目的が達成されるので，上記制約は正当化される。

2 また，Xの廃棄に伴い前述のようにXのブランド価値が維持さ

れる以上，その侵害はXに内在する社会的制約として受忍すべき　45
限度内のものといえ，補償を要しない。
第3　私見について
　1　本件条例は甲の上記自由を侵害し違憲となるか。
　　⑴　まず，甲の自由が保障され，制約を受けることは甲の主張す　50
　　　るとおりである。
　　⑵　では，上記制約は公共の福祉（29条2項）として正当化され
　　　るか。
　　　　まず，上記自由は人が生きていく上で必要な物的手段の享有
　　　にかかわるものであり，重要である。もっとも，上記自由はそ
　　　れ自体に内在する権利があるほか，国家が社会全体の利益のた　55
　　　めに加える制約を受けるものである。
　　　　次に，上記制約は所有権を剥奪するものであるが，結果とし
　　　てXのブランド価値の上昇につながる以上，制約は強度ではな
　　　いといえる。
　　　　また，規制目的は種々様々なものがあり，規制目的二分論は　60
　　　とりえない。
　　　　そこで，目的が重要であり，手段が目的と実質的関連性を有
　　　する場合には，上記制約は正当化されると解する。
　　⑶　まず，目的はA県におけるXの生産者を保護することにある
　　　ところ，XがA県の特産品であることにも鑑みると，目的は重　65
　　　要であるといえる。
　　　　そして，上記制約によりXの流通量が過大となるのが防げる
　　　こととなり，Xのブランド価値が維持されるため，手段は適合
　　　性を有する。また，Xのブランド価値の維持のためには，Xの
　　　消費をA県内のみにとどめるのみでは足らず，一律に廃棄を命　70
　　　じることもやむを得ないと考えられるため，手段は目的と実質
　　　的に関連しているといえる。
　　　　したがって，上記制約は正当化される。
　2　本件条例は補償の規定を欠くものとして違憲となるか。
　　⑴　まず，補償の要否について甲の主張する基準で判断するに，　75
　　　侵害の対象はA県内のXの生産者に特定されている。そして，
　　　Xのブランド価値が維持されることはXの価値の向上にかかる
　　　ものであり，廃棄されるXには何らの瑕疵もない以上，侵害の
　　　程度は，それに内在する社会的制約として受忍すべき限度内と
　　　いえない。　80
　　　　したがって，補償を要する。
　　⑵　もっとも，29条3項は被侵害者の裁判的救済を図るものであ
　　　るところ，同項により直接補償の請求が可能であると解する。
　　　　そうだとすると，本件条例が積極的に補償を要しない旨定め
　　　るものであったとしても，同項により補償の請求が可能である　85
　　　以上，違憲とはならないと解すべきである。
　　　　　　　　　　　　　　　　　　　　　　　　　　　以上

⬅︎△規制目的二分論が採用しえない根拠が乏しい
⬅︎△この基準を採用する理由がわかりづらい
⬅︎○自説OK
⬅︎○本件条例が損失補償規定を設けていないことについての言及がなされている

　本問は，架空の条例を素材に，憲法上の財産権保障（憲法第29条）についての理解を問うものである。

　本件条例は，Xのブランド価値を維持し，Xの生産者を保護する目的で，生産量が増大し，Xの価格を適正に維持できる最大許容生産量を超えるときに，A県知事は，全ての生産者に対し，全生産量に占める最大許容生産量の超過分の割合と同じ割合で，収穫されたXの廃棄を命じることとしている。まず，このような措置を定める本件条例が，憲法第29条第1項で保障される財産権を侵害する違憲なものであるかを論じる必要がある。その際，本件条例の趣旨・目的と，それを達成するための手段の双方について，森林法違憲判決（最高裁昭和62年4月22日大法廷判決，民集41巻3号408頁）及び証券取引法判決（最高裁平成14年2月13日大法廷判決，民集56巻2号331頁）などを参照しながら，検討する必要がある。特に，規制手段については，甲のように，平年並みの生産高となった者や，天候状況に左右されず一定量を生産することが可能な者が存在することを念頭に置きつつ，その合理性・必要性について考察することが求められるであろう。

　次に，本件条例では，Xの廃棄に起因する損失については補償をしないとされているが，それが，憲法上の損失補償請求権（憲法第29条第3項）を侵害する違憲なものであるかを論じる必要がある。この場合，①本件条例が一般的に損失補償規定を置いていないことの合憲性と，②仮に一般的に損失補償規定を置いていないことが合憲であるとしても，甲の事情が，損失補償が認められるべき「特別の犠牲」に該当し，損失補償請求権を侵害すると主張しうるか，という二つの論点がある。これらについて，河川附近地制限令事件（最高裁昭和43年11月27日大法廷判決，刑集22巻12号1402頁）などを参照しながら，検討することが求められる。

優秀答案における採点実感 ‖‖‖

① 全体

　この答案は，平成29年予備試験合格者が書き，A評価を受けた答案である。

　3頁にわたり答案が作成されており，ややあてはめの部分が不足しているものの，分量自体は申し分ないものといえる。また，適宜ナンバリングをすることで，論理の流れが読みやすく工夫が施されている。読み手に文意が伝わりやすいよう，ナンバリングにも配慮することを心掛けてほしい。

② 設問

1　甲の立場から考えられる憲法上の主張

　29条1項違反の点については，保護範囲，本件条例の制約の有無を検討したうえで，問題文中の事実を引用しつつ，十分な分量を書くことができている。もっとも，審査基準については，その侵害態様から当然に厳格審査基準とするのではなく，財産権は経済的自由であることをふまえたうえで審査基準を設定してもらいたかった。

　損失補償請求の点については，損失補償制度の趣旨から，自分なりに規範を導いている点は非常に評価ができる。しかし，そのあてはめにおいては，甲独自の事実（Xの販路について独自のルートをもっていること等）を考慮していないことから，十分な検討がなされているとはいえない。

2　想定される反論および私見

　29条1項違反の点については，規制目的二分論を対立軸にしつつ，審査基準を定立することができている。しかし，なぜ，規制目的二分論が採用できないのかについては，規制目的の複合性しか根拠としてあげておらず，検討が不足しているような印象を受ける。

　損失補償請求の点については，1と同様に甲自身の個別事情を考慮することができなかったことから，あてはめの部分が不足している印象を受ける。また，甲の主張する基準について，何ら根拠を示すことなく，当然に取り入れて書かれており，甲の主張と反論が十分にかみ合っていない。もっとも，本件条例に一般的に損失補償規定をおいていないことが29条3項に反するか否かについての検討がなされており，出題趣旨に照らすと，全体的に主要な論点を拾うことはできている。

202＊年時点では，衆議院小選挙区選出議員における，いわゆる「世襲」議員の数が増加する傾向にある。「世襲」議員とは，例えば，国会議員が引退する際に，その子が親と同一の選挙区から立候補して当選した場合の当選議員をいう。「世襲」議員には，立候補時において，一般の新人候補者に比べて，後援会組織，選挙資金，知名度等のメリットがあると言われている。このような「世襲」議員については賛否両論があるが，政党A及び政党Bでは，世論の動向も踏まえて何らかの対応策を採ることとし，立候補が制限される世襲の範囲や対象となる選挙区の範囲等について検討が行われた。その結果，政党Aから甲案が，政党Bから乙案が，それぞれ法律案として国会に提出された。

　甲乙各法律案の内容は，以下のとおりである。

　　（甲案）政党は，その政党に所属する衆議院議員の配偶者及び三親等内の親族が，次の衆議院議員選挙において，当該議員が選出されている小選挙区及びその小選挙区を含む都道府県内の他の小選挙区から立候補する場合は，その者を当該政党の公認候補とすることができない。

　　（乙案）衆議院議員の配偶者及び三親等内の親族は，次の衆議院議員選挙において，当該議員が選出されている小選挙区及びその小選挙区を含む都道府県内の他の小選挙区から立候補することができない。

　政党Cに所属する衆議院議員Dは，次の衆議院議員選挙では自らは引退した上で，長男を政党Cの公認候補として出馬させようとして，その準備を着々と進めている。Dは，甲案及び乙案のいずれにも反対である。Dは，甲案にも乙案にも憲法上の問題があると考えている。

〔設　問〕

　Dの立場からの憲法上の主張とこれに対して想定される反論との対立点を明確にしつつ，あなた自身の見解を述べなさい。

① はじめに

本問は，甲乙各法律案について法令違憲を検討させるものである。甲案・乙案によりいかなる権利がどのように制限されるか，制限態様の違いを意識した論述が求められる。問題文中で示された事実は多くはないため「世襲」議員のメリットを念頭におきつつ，一般常識も駆使してあてはめを充実させたい。また，２つの法律案についてそれぞれ検討を要するため，時間的制約・紙面的制約を意識したコンパクトな論述をする必要がある。

② 設問

1 甲案

(1) Dの立場からの憲法上の主張

甲案によれば，政党に所属する衆議院議員の配偶者および三親等内の親族が，当該議員が選出されている小選挙区およびその選挙区を含む都道府県内の他の小選挙区から立候補する場合に，当該政党の公認候補となることができない。したがって，甲案が公認候補を決定する自由を侵害するという主張をすることが考えられる。また，政党が「国民がその政治的意思を国政に反映させ実現させるための最も有効な媒体であって，議会制民主主義を支える上においてきわめて重要な存在である」とした共産党袴田事件（最判昭和63年12月20日）を想起すれば，政党の公認が受けられないことによる不利益に着目して，乙案と同様に立候補の自由を侵害すると主張することも考えられる。答案例は前者によっている。

Dとしては違憲となりやすい主張をすべきところ，公認候補の決定は政党の活動のひとつであるから，公認候補を決定する自由は，結社の自由（21条１項）の一内容として団体活動の自由に含まれ，保障されていることを明らかにしたうえ，権利の重要性，制約の重大性を示すことにより，厳格な基準を導いている。そして，手段審査において，ほかに選びうる手段を示すことで，手段が必要最小限度といえないとして，コンパクトに違憲の結論に結びつく立論をした。

(2) 想定される反論

設問では，「対立点を明確に」することが求められていることから，反論が原告の主張のどの段階に位置づけられるのかを示す必要がある。答案例では，保障，制約の有無については争わず，違憲審査基準の定立段階およびそのあてはめを対立点とした。なお，司法試験採点実感等に関する意見においては，反論は簡潔かつ端的に示すことが繰り返し要求されており，紙面的制約の大きい予備試験においては，これをより意識する必要があろう。

(3) 自己の見解

自己の見解では，想定される反論で明確化された対立点である違憲審査基準定立段階について展開した。政党の公的性格から公認候補を決定する自由は制約を受けることが予定された権利であることを示し，これをふまえて中間審査基準によった。

甲案の目的は選挙の公正の維持と考えられるところ，これは民主主義の根幹をなすものであるから重要性は肯定されよう。テクノロジーの発達により後援会組織等の人的資源の差は圧倒的なものであるとはいいがたく，是正の必要性は相対的に小さくなっており，それに加えて，資金力に差があっても，選挙資金を一律にすることで選挙の公正を実現することもできると考えられることから，必要性を欠くとして，答案例では違憲と結論づけた。

2 乙案

(1) Dの立場からの憲法上の主張

乙案によれば，衆議院議員の三親等内の親族は，当該議員が選出されている小選挙区およびその小選挙区を含む都道府県内の他の小選挙区から立候補することができない。したがって，端的に立候補の自由を侵害すると主張することとした。

立候補の自由の憲法上の根拠については学説上争いがあるものの，三井美唄労組事件（最大判昭和43年12月４日）では，「立候補の自由は，選挙権の自由な行使と表裏の関係にあ」ることから15条１項により保障されるとしており，これを意識した論述をすることが望ましい。

立候補の自由の重要性については民主主義の維持の観点から比較的容易に肯定されるであろうが，厳格な基準を導くべく，選挙地盤が形成された小選挙区を含む都道府県内での立候補ができなくなることは事実上立候補を困難にするものと評価することで制約の重大性を強調した。

(2)想定される反論

　反論では，選挙制度については広範な立法裁量がある（47条）ことから，それを尊重する必要があるとして，違憲審査基準の定立段階およびそのあてはめを対立点とした。

(3)自己の見解

　反論で違憲審査基準の定立段階を対立点としたことから，これをふまえて違憲審査基準を定立し，具体的検討を行った。審査基準としては，中間審査基準を採用した。

　目的の重要性については，甲案と同様に肯定し，手段については平等原則（14条1項）を意識しつつ，世襲議員にのみ広範な立候補の制限を課すことは必要性を欠く過度なものとして違憲と結論づけた。乙案についても事実の評価の仕方によっては合憲と結論づけることも可能であると考えられる。もっとも，甲案と乙案では適用を受ける人的範囲および不利益を受ける選挙区の範囲は同様である一方で，立候補そのものを禁止する点で乙案の方がより制約の強度が高いことから，甲案を違憲とする場合には乙案も違憲とすべきであろう。検討対象が複数にわたる場合にはそれぞれの関係についても注意して矛盾のない論述をするよう意識したい。

【関連判例】

最大判昭和43年12月4日刑集22巻13号1425頁（判例シリーズ72事件）

最判昭和63年12月20日判時1307号113頁（判例シリーズ92事件）

【参考文献】

試験対策講座9章4節①【3】，13章1節②【3】，16章1節③【2】。判例シリーズ72事件，92事件。条文シリーズ15条，21条。

答案例

第1　甲案について
 1　Dの主張
　　Dは，甲案は政党の公認候補を決定する自由（以下「本件自由
　①」という）を侵害し，違憲であると主張する。
　(1)　まず，団体の活動の自由は結社の自由（憲法21条1項。以下　　　5　➡️保護範囲
　　法名省略）の一内容として21条1項で保障されるところ，公認
　　候補の決定も政党の活動のひとつであるから，本件自由も21条
　　1項により保障される。
　(2)　次に，甲案は，一定の場合に政党が世襲候補者を公認候補と　　　➡️制約
　　することを禁止するものであり，本件自由を制約する。　　　　　　10
　(3)　そして，政党にとって公認候補の決定は本質的な活動であり，　　➡️権利の性質
　　本件自由は重要な権利である。また，甲案は世襲候補者を公認　　　➡️規制態様
　　候補とすることを事実上困難にするもので，規制態様は強度で
　　ある。そこで，上記制約は，目的を達するうえで必要最小限度　　　➡️規範定立
　　の制約であるといえる場合にのみ正当化されると考える。　　　　　15
　　　これを本件についてみると，甲案の目的は選挙の公正の維持　　　➡️あてはめ
　　にあるところ，このような目的は全候補者の選挙資金を一定額
　　に制限するなどの手段によっても達成され，上記制約は必要最
　　小限度の制約であるとはいえない。
　(4)　よって，甲案は21条1項に反し，違憲である。　　　　　　　　20　➡️結論
 2　想定される反論
　　政党が公的性格を有する団体であることから，本件自由①の相　　　➡️政党の性質
　当程度の制約が正当化される。そして，世襲候補者は後援会組織
　等のメリットを有し圧倒的優位に立つ以上，公認候補とできない
　とすることではじめて，選挙の公正を維持できるのであるから，　　25
　上記制約は相当程度のもので，甲案は合憲である。
 3　私見
　(1)　まず，Dの主張のように，本件自由①は21条1項により保障　　　➡️保護範囲，制約
　　されており，甲案により制約されている。
　(2)　では，上記制約が正当化されるか。　　　　　　　　　　　　　30
　　ア　この点について，本件自由は政党の構成員の決定に関わる　　　➡️権利の性質
　　　ものであり重要である。しかし，政党は議会制民主主義にお　　　➡️政党の性質
　　　いて民意の媒介となるという公的性格を有する団体であり，
　　　本件自由①は一定の制約を受けることを予定している。一方，　　➡️規制態様
　　　都道府県を変更し立候補することは大きな負担を伴う以上，　　　35
　　　甲案は世襲候補者を公認候補とすることを事実上困難にする
　　　ものであり，規制態様は強度である。
　　　　そこで，上記制約は目的が重要であり，手段が効果的かつ　　　➡️規範定立
　　　過度でない場合にのみ正当化されると考える。
　　イ　これを本件についてみると，甲案の目的は選挙の公正の維　　40
　　　持にあるが，この目的は議会制民主主義を適切に運営するた
　　　めに必要であり，重要なものといえる。しかし，インターネ
　　　ットを利用した選挙活動も可能である現在では，世襲候補者
　　　の人的資本によるメリットは圧倒的とはいえず，全候補者の

選挙資金を一定額に制限する等の手段でも上記目的は達成されるため，過度の規制である。　45

(3) 以上より，甲案は21条1項に反し違憲である。

第2　乙案について

1　Dの主張

Dは，乙案は世襲候補者の立候補の自由（以下「本件自由②」　50
という）を侵害し，違憲であると主張する。

(1) まず，立候補の自由は選挙の自由（15条1項）と表裏をなし
15条1項で保障されるので，本件自由②も15条1項で保障される。　■保護範囲

(2) 次に，乙案は世襲候補者が特定の小選挙区から立候補するこ　55
とを禁じるものであり，本件自由②を制約している。　■制約

(3) そして，立候補の自由は，自由かつ公正な選挙を維持する　■権利の性質
うえで不可欠の重要な権利であり，乙案は世襲候補者の立候補を　■規制態様
事実上困難にするもので，規制態様は強度であるから，上記制　■規範定立
約は必要不可欠な目的のための必要最小限度の制約であるとい　60
える場合にのみ正当化されると考える。

これを本件についてみると，乙案の目的は選挙の公正の維持　■あてはめ
にあるところ，この目的は全候補者の選挙資金を一定額に制限
する等の手段によっても達成されるのであって，上記制約は必
要最小限度の制約であるとはいえない。　65

(4) よって，乙案は15条1項に反し，違憲である。　■結論

2　想定される反論

選挙制度については，国会に広範な裁量があり（47条），これ
を尊重する必要がある。乙案は，選挙の公正という目的を達する
うえで，著しく不合理であることが明白でないため，制約は正当　70
化される。

3　私見

(1) まず，Dの主張のように，本件自由②は15条1項により保障
されており，乙案によって制約されている。

(2) では，上記制約が正当化されるか。　75

ア　この点について，本件自由②は，民主主義の根幹に関わる
ものであって重要な権利であるが，選挙制度については立法
府の裁量を尊重する必要性もある。一方，前述のように，候
補者が都道府県を変更することは大きな負担を伴う以上，乙
案は世襲候補者の立候補を事実上困難にするから，乙案の規　80
制態様は強度である。そこで，目的が重要であり，手段が効　■規範定立
果的かつ過度でない場合にのみ正当化されると考える。

イ　これを本件についてみると，乙案の目的は甲案と同様であ　■あてはめ，目的
り重要である。しかし，後援会組織等のメリットを有するの
は世襲候補者のみとはいえず，乙案は世襲候補者を不合理に　85
差別するものとして平等原則（14条1項）に反するから，乙　■手段
案の手段は過度な規制である。

(3) 以上より，乙案は15条1項に反し，違憲である。　　　以上　■結論

第1　甲案について

1　Dの立場からは，以下の理由により，甲案は，21条1項で保障される，Dおよび政党の結社の自由を侵害し，違憲である，と主張する。 ← ○結社の自由OK

　⑴　まず，政党は特定の政治的思想を持つ者が結集し，選挙でその思想に合致する候補者を当選させることで，議会においてその理念を実現することを目的とする団体であるから，政党およびその構成員であるDには，結社の自由の一内容として，特定の候補者を公認候補として支援する自由が保障される。 5

　　なお，政党は自然人ではなく団体であるが，性質上，政党にも結社の自由の保障は及ぶ。 10 ← ○団体の人権享有主体性OK

　⑵　甲案は，政党が世襲候補者を公認候補とすることを禁止する点で，上記の自由を制約する。

　⑶　そして，政党は，議会制民主主義にとって不可欠の存在として，高度の自律性が要求され，また，だれを公認候補とするかは，議会における政治的理念の実現を目指す政党にとって本質的な事柄であるから，政党が特定の者を公認候補とする自由は極めて重要な権利であり，これに対する制約の合憲性は，厳格に審査されなくてはならない。 15 ← △規制態様の強度についても言及してほしい

　　甲案による制約の目的は，世襲による弊害の防止にあると考えられるが，かかる目的は抽象的であり，重要なものとはいえない。 20 ← △手段についても審査してほしい

　　よって，制約は正当化されず，甲案は違憲である。

2　これに対しては，①選挙に関する事項については，広い立法裁量が認められている（47条参照），②議会制民主主義は，公正かつ公平な選挙を不可欠の前提としており，政党の公認の自由もこの枠内で与えられたものにすぎないから，制約の合憲性は緩やかな基準で審査すべき，との反論が想定される。 25 ← ○反論OK

3　この点について，確かに，選挙制度については，ある程度の立法裁量が認められ，また，議会制民主主義は，公正かつ公平な選挙を不可欠の前提としている。 30

　　しかし，現代の選挙においては，政党の公認を受けずに選挙活動を行うことには，事実上かなりの困難が伴うことを考えれば，政党が特定の者を公認候補にする自由は，候補者の立候補の自由とも表裏の関係をなす重要な権利であるといえるから，重要な目的のため，必要かつ相当な手段といえる場合でなければ，制約は正当化されないと解する。 35 ← △ここでも，規制態様の強度について言及してほしい

　⑴　そして，甲案の目的は，世襲候補者が，一般の新人候補者に比べて，後援会組織，選挙資金，知名度等のメリットがあることにかんがみ，この点についての不平等を解消することにあると考えられる。 40

　　しかし，これらの点で有利になるのは世襲候補者に限られないのに，世襲候補者についてのみ公認の制限を課すことは，かえって不平等な結果をもたらすことになるから，かかる目的は ← △「手段が合理性を欠くために必要かつ相当なものとはいえない」というべきである

合理性を欠き，重要なものとはいえない。 45
　(2)　よって，制約は正当化されず，甲案は，21条1項に反し，違
　　　　憲である。
第2　乙案について
1　Dの立場からは，以下の理由により，乙案は15条1項で保障さ 　　← ○立候補の自由OK
　　れる，Cの立候補の自由を侵害し，違憲である，と主張する。 50 　　← ×「C」は誤り。「世襲
　(1)　まず，立候補の自由は，選挙権と表裏の関係にあるものとし 　　　　候補者」などとすべき
　　　　て，15条1項で保障される。 　　　　である
　(2)　乙案は，世襲候補者が被世襲者と同一の都道府県内の選挙区
　　　　において立候補することを禁止する点で，上記の自由を制約す
　　　　る。 55
　(3)　そして，立候補の自由は，国民主権（前文1項，1条）の根 　　← ○権利の重要性，規制
　　　　幹をなす極めて重要な権利であり，また，乙案による制約は， 　　　　態様OK
　　　　立候補すること自体を禁じる極めて厳しい態様のものであるから，
　　　　制約の合憲性は厳格に審査されなくてはならない。
　　　　そして，乙案による制約の目的は，世襲による弊害の防止に 60 　　← △目的のみならず，手
　　　　あると考えられるが，かかる目的は抽象的であり，重要なもの 　　　　段についても審査して
　　　　とはいえない。 　　　　ほしい
　　　　よって，制約は正当化されず，乙案は違憲である。
2　これに対しても，甲案の場合と同様に，①選挙に関する事項に 　　← ○反論OK
　　ついては，広い立法裁量が認められている（47条参照），②議会 65
　　制民主主義は，公正かつ公平な選挙を不可欠の前提としているか
　　ら，制約の合憲性は緩やかな基準で審査すべき，との反論が想定
　　される。
3　そして，確かに，選挙制度については，ある程度の立法裁量が
　　認められ，また，議会制民主主義は，公正かつ公平な選挙を不可 70
　　欠の前提としているが，立候補の自由も，国民主権を実現するた
　　めの重要な権利であるから，重要な目的のため，必要かつ相当な
　　手段といえる場合でなければ，制約は正当化されないと解する。
　(1)　そして，乙案の目的も，世襲候補者が，一般の新人候補者に 　　← △ここでも，「手段と
　　　　比べて，後援会組織，選挙資金，知名度等のメリットがあるこ 75 　　　　して不合理であり，必
　　　　とにかんがみ，この点についての不平等を解消することにある 　　　　要性を欠く」と書くべ
　　　　と考えられるが，これらの点で有利になるのは世襲候補者に限 　　　　きである
　　　　られないのに，世襲候補者についてのみ立候補の制限を課すこ
　　　　とは，かえって不平等な結果をもたらすことになるから，かか
　　　　る目的は合理性を欠き，重要なものとはいえない。 80
　　　　また，世襲候補者は，自らには何の帰責性もないのに，特定
　　　　の都道府県内の小選挙区からの立候補が全面的に禁止されると
　　　　いう重大な不利益を受け，かかる制約は相当とはいえない。
　(2)　よって，制約は正当化されず，乙案は，15条1項に反し，違
　　　　憲である。 85
　　　　　　　　　　　　　　　　　　　　　　　　　　　　以上

　本問は，いわゆる世襲議員に関する立候補の自由の制限をめぐる問題である。甲案は一定の要件の下で政党の公認候補とすることを禁止し，乙案は一定の要件の下で立候補自体を禁止している。

　まず，甲案と乙案によって，どのような権利・自由が制約されるのかを明らかにする必要がある。そこでは，甲案と乙案とで，共通する問題と，それぞれに特有の問題とがある。その上で，被選挙権及び立候補の自由の憲法上の位置付けに関する判例及び主要な学説を前提として，世襲を理由とした別異の取扱いの合憲性が問題となる。そこでは，選挙権・被選挙権及び立候補の自由，そして平等に関する基礎理論の正確な理解に基づいて，D側及び法案提出側からの各主張の対立点を明確にすることが求められている。さらに，いわゆる世襲議員の功罪に関する一般的な指摘，立候補の制限と選挙に求められる公平さとの関係，立候補の制限と選挙民による選択との関係等に関する対立点を明確にする。また，甲案に関しては，とりわけ政党がその公認候補を自由に選定・決定するという政党の自律権に関し，検討することが求められよう。そして，それぞれの対立点に関して，一定の説得力のある理由を付して自己の結論を導き出すことが求められている。

優秀答案における採点実感 ▮▮▮

① 全体

　本問は４頁で２つの法案について法令違憲を論じなければならず紙幅の制限が厳しいものであったが，優秀答案はメリハリをつけて必要十分な論述がなされている。また，随所に政党の性質や民主主義との関係等について正確な理解が示されており，全体として高い評価を受けたものと考えられる。

　形式面でも，D側の主張，想定される反論，自己の見解の各立場において無理のない立論をしたうえで，対立点を明確にしつつかみ合った議論を展開しており，いわゆる主張反論型の答案の型としてお手本とすべきであろう。

② 設問

1　甲案

　優秀答案は，まず，問題となる権利を特定の候補者を公認候補として支援する自由として構成し，結社の自由の一内容として21条1項を根拠として保障されることを丁寧に論じている。一方で，制約については端的に認定しており，メリハリがついている。

　違憲審査基準の定立にあたっては，権利の重要性について政党の性質から充実した論述がなされているだけに，規制態様の強度について言及がなかった点が非常に残念である。

　また，Dの立場から手段についての言及がない点も残念である。

　想定される反論は簡潔に指摘するにとどめ，自己の見解が充実している。とりわけ，甲案によった場合の弊害と問題文中で示された世襲議員のメリットを関連させ説得的に論じられている点は，大いに参考にすべき点である。細かな言葉遣いを規範に対応させられれば，隙のない論述となろう。

2　乙案

　乙案についても，甲案と同様の枠組みで充実した検討がなされている。

　保護範囲については，判例を意識した理由づけと結論を端的に示すことができている。また，権利の重要性や立法裁量において他の憲法の条文を引用している点からは，条文を大切にする姿勢が見え好印象である。

　自己の見解においては，甲案と同様，世襲議員のメリットと関連づけた充実した論述がなされており，全体として，高評価を受けたものと考えられる。

国民健康保険や介護保険等の手続をするためには，住民登録が必要である。ただし，生活保護法は，「住所」という語を用いておらず，「居住地」あるいは「現在地」を基準として保護するか否かを決定し，かつ，これを実施する者を定めている【資料１】。

　ボランティア活動などの社会貢献活動を行う，営利を目的としない団体（NPO）である団体Aは，ホームレスの人たちなどがそのような生活から抜けだすための支援活動を行っている。団体Aは，支援活動の一環として，Y市内に２つのシェルター（総収容人数は100名）を所有している。その２つのシェルターに居住する人たちは，それぞれのシェルターを住所として住民登録を行い，生活保護受給申請や雇用保険手帳の取得，国民健康保険や介護保険等の手続をしている。

　Xは，Y市内にあるB社に正規社員として20年勤めていたが，B社が倒産し，突然職を失った。そして，失職が大きな原因となり，X夫婦は離婚した。その後，Xは，C派遣会社に登録し，紹介されたY市内にあるD社に派遣社員として勤め始め，Y市内にあるD社の寮に入居した。しかし，D社の経営状況が悪化したために，いわゆる「派遣切り」されたXは，寮からも退去させられた。職も住む所も失ってしまったXは，団体Aに支援を求めた。そして，その団体Aのシェルターに入居し，そこを住所として住民登録を行った。不定期のアルバイトをしながら，できるかぎり自立した生活をしたいと思っているXは，正規社員としての採用をめざして，正規社員募集の情報を知ると応募していたが，すべて不採用であった。その後，厳しい経済不況のなか，団体Aの支援を求める人も急増し，２つのシェルターに居住し，そこを住所として住民登録を行う人数が200名を超えるにいたった。シェルターが「飽和状態」となって息苦しさを感じたXは，シェルターに帰らなくなり，正規社員への途も得られず，アルバイトで得たお金があるときはY市内のインターネット・カフェを泊まり歩き，所持金がなくなったときにはY市内のビルの軒先で寝た。

　202＊年４月に，Y市は，住民の居住実態に関する調査を行った。調査の結果，団体Aのシェルターを住所として住民登録している人のうち，Xを含む60名には当該シェルターでの居住実態がないと判断した。Y市長は，それらの住民登録を抹消した。

　住民登録が抹消されたことを知ったXは，それによって生活上どのようなことになるのかを質問しに，市役所へ行ったところ，国民健康保険被保険者証も失効するなどの説明を受けた。Xは，胃弱という持病があるし，最近体調も思わしくなかったが，医療費が全額自己負担になったため，病院に行くに行けなくなった。住民登録を抹消され，貧困であるばかりでなく，生命や健康さえも脅かされる状況に追い詰められたXは，生活保護制度に医療扶助もあることを知り，申請日前日に宿泊していたインターネット・カフェを「居住地」として，Y市長から委任（生活保護法第19条第４項参照）を受けている福祉事務所長に生活保護の認定申請を行った。

　Y市は，財政上の問題（生活保護のための財源は，国が４分の３，都道府県や市，特別区が４分の１を負担する）もあるが，それ以上にホームレス【資料２】などが市に増えることで市のイメージが悪くなることを嫌って，インターネット・カフェやビルの軒先を「居住地」あるいは「現在地」とは認めない制度運用を行っている。そこで，Y市福祉事務所長は，Xの申請を却下した。Xは，たまたまインターネット・カフェで見ていたニュースで，自分とまったく同じ状況にある人にも生活保護を認める自治体があることを知った。その自治体は，インターネット・カフェやビルの軒先も「居住地」あるいは「現在地」と認めている。そこで，Xは，Y市福祉事務所長の却下処分に対して，自分と同じ状況にある人の生活保護を認定している自治体もあることなどを理由に，不服申立てを行った。しかし，不服申立ても，棄却された。

　そこでXは，無料法律相談に行き，生活保護について弁護士に相談した。

〔設問〕

あなたが検討を依頼された弁護士であるとして，訴訟を提起するとした場合，訴訟において
どのような憲法上の主張を行うか。その主張内容を書きなさい。なお，その際には，必要に応
じて，参考とすべき判例や自己の見解と異なる立場に言及すること。

【資料1】 生活保護法（昭和25年5月4日法律第144号）（抄録）
（この法律の目的）
第1条 この法律は，日本国憲法第25条に規定する理念に基き，国が生活に困窮するすべての
　国民に対し，その困窮の程度に応じ，必要な保護を行い，その最低限度の生活を保障すると
　ともに，その自立を助長することを目的とする。
（無差別平等）
第2条 すべて国民は，この法律の定める要件を満たす限り，この法律による保護（以下「保
　護」という。）を，無差別平等に受けることができる。
（最低生活）
第3条 この法律により保障される最低限度の生活は，健康で文化的な生活水準を維持するこ
　とができるものでなければならない。
（実施機関）
第19条 都道府県知事，市長及び社会福祉法（昭和26年法律第45号）に規定する福祉に関する
　事務所（以下「福祉事務所」という。）を管理する町村長は，次に掲げる者に対して，この
　法律の定めるところにより，保護を決定し，かつ，実施しなければならない。
　一　その管理に属する福祉事務所の所管区域内に居住地を有する要保護者
　二　居住地がないか，又は明らかでない要保護者であつて，その管理に属する福祉事務所の
　　所管区域内に現在地を有するもの
2　居住地が明らかである要保護者であつても，その者が急迫した状況にあるときは，その急
　迫した事由が止むまでは，その者に対する保護は，前項の規定にかかわらず，その者の現在
　地を所管する福祉事務所を管理する都道府県知事又は市町村長が行うものとする。
3　第30条第1項ただし書の規定により被保護者を救護施設，更生施設若しくはその他の適当
　な施設に入所させ，若しくはこれらの施設に入所を委託し，若しくは私人の家庭に養護を委
　託した場合又は第34条の2第2項の規定により被保護者に対する介護扶助（施設介護に限
　る。）を介護老人福祉施設（介護保険法第8条第24項に規定する介護老人福祉施設をいう。
　以下同じ。）に委託して行う場合においては，当該入所又は委託の継続中，その者に対して
　保護を行うべき者は，その者に係る入所又は委託前の居住地又は現在地によつて定めるもの
　とする。
4　前三項の規定により保護を行うべき者（以下「保護の実施機関」という。）は，保護の決
　定及び実施に関する事務の全部又は一部を，その管理に属する行政庁に限り，委任すること
　ができる。

【資料2】 ホームレスの自立の支援等に関する特別措置法（平成14年8月7日法律第105号）
　（抄録）
（目的）
第1条 この法律は，自立の意思がありながらホームレスとなることを余儀なくされた者が多
　数存在し，健康で文化的な生活を送ることができないでいるとともに，地域社会とのあつれ
　きが生じつつある現状にかんがみ，ホームレスの自立の支援，ホームレスとなることを防止
　するための生活上の支援等に関し，国等の果たすべき責務を明らかにするとともに，ホーム
　レスの人権に配慮し，かつ，地域社会の理解と協力を得つつ，必要な施策を講ずることによ

り，ホームレスに関する問題の解決に資することを目的とする。

（定義）

第2条　この法律において「ホームレス」とは，都市公園，河川，道路，駅舎その他の施設を故なく起居の場所とし，日常生活を営んでいる者をいう。

1　はじめに

　本問は，平成22（2010）年新司法試験の問題を改変したものである。主なテーマは生存権であるが，生存権は多くの受験生が苦手とする分野であるため，この問題を何回も繰り返し解くことで，論じ方も含めてしっかり学習してほしい。

　周知のとおり，生存権については，その法的性質をめぐって争いがある。そのため，生存権を論じるにあたっては，法的性質についての対立点を明示することが求められる。しかし，判例でプログラム規定説を採用したものはなく，学説上も抽象的権利説が圧倒的多数である。また，本問では司法事実も数多く示されている。そのため，本問で生存権の法的性質を長々と論じることは不適切である。そのため，この知識をもっていたとしても，それを答案においてどの程度論じる必要があるかは，個々の問題を十分に見たうえで，他の論点とのバランスを考えて判断することが求められる。

2　解答の方針

　本問では，Xは，生活保護を受けられなかったことに不満を感じ，弁護士に相談した。Xとしては，生活保護を受けることができなければ，生命や健康が脅かされる状況にある。そのため，Xは主に生存権を主張することになる。このように，憲法の答案作成にあたっては，原告が何を求めているのかにつき，生の主張を考えたうえで，それを憲法上の権利として捉えなおすという思考過程が必要となる。なお，問題文中に，他の自治体との比較の観点が示されており，この点を捉えて，平等の視点を論じることも求められる。平等の視点を論じるにあたっては，生存権とは別個に平等権を論じることもできようが，答案例では，平等の観点を生存権の主張のなかに組み込んで論じる構成を採用した。

　権利の選択が決まったら，原告としてはその権利に沿って違憲の主張を行うこととなるが，違憲の主張の方法としては，一般に，法令違憲と適用違憲の2つが考えられる。本問では，インターネット・カフェ（以下「ネットカフェ」という）が生活保護法19条1項1号「居住地」，および2号「現在地」として認められないことを理由に，Xは却下処分を下されているため，これらの規定の法令違憲が問題になると考えた受験生もいるかもしれない。しかし，生活保護法はXのような生活保護を必要とする者を救済するために生活保護の支給基準を規定した法であり，Xが生活保護法19条1項1号の法令違憲を主張してしまうと，生活保護を国に請求するためのよりどころとなる規定がなくなってしまう。そのため，本問では，Xは法令違憲を主張せず，もっぱらネットカフェが「居住地」，および「現在地」とは認めない制度運用が違憲であるとの主張，すなわち適用違憲を主張することになる。このように，本問では「居住地」，および「現在地」の解釈が問題となっているため，適用違憲を論じるにあたっては，生存権の趣旨を具体化した生活保護法全体の規定に照らして，これらの文言の解釈を示すことになる。

3　生存権の法的性質

　生存権の法的性質について争いがある以上，論述にあたっては，まずこの点を論じることが必要となろう。

　生存権の法的性質について，学説上，プログラム規定説，抽象的権利説および具体的権利説の各説に分かれている。プログラム規定説に立脚すれば，そもそもXの権利が認められないこととなる。しかし，判例学説上，プログラム規定説を採用するものは非常に少ない。さらに，この見解に立脚すると，そこで論述が終わってしまうため，答案戦略の観点からもこの見解をとるべきではない。したがって，プログラム規定説と異なる立場から論ずるべきである。

　また，具体的権利説は，立法の不作為の違憲確認訴訟の手続や立法府に対する影響などについて疑問が呈されている。

　そこで，自説は，判例通説とされる抽象的権利説に立つべきである。ただし，この説に立つ場合，生存権を具体化する法律がなければ，権利を主張できない。したがって，答案例のように，生活保護法と憲法25条が一体化して具体的な権利となっていることを端的に指摘する必要がある。

④ 「居住地」および「現在地」の解釈

1 自己の見解と異なる立場

　解答者は，Xから依頼を受けた弁護士の立場で，憲法上の主張を展開しなければならないため，必然的に，自己の見解と異なる立場はY市の立場となる。そこで，「居住地」および「現在地」に関するY市の解釈の正当性を主張することになる。この主張にあたっては，単に「ネットカフェは『居住地』および『現在地』に該当しない」と述べるだけでは足りない。法律解釈にあたってはそのように解釈する理由が存在するはずであるから，被告も生活保護法の趣旨やY市の状況をふまえた理由づけを示し，解釈の正当性を主張する必要がある。

　この点を論じるに際しては，Y市がこの解釈を採用している２つの理由，すなわち，財政上の問題とホームレスの増加防止が問題文中に明示されているため，まずはこの点を述べるべきである。そのほかに，Y市の主張の妥当性を基礎づける事情が考えられれば，これも示すとよいであろう。答案例では，かりに原告の解釈に従うと，生活保護を二重に受給することが可能となってしまうとの弊害をあげている。このように，まずは問題文をしっかり読んで，それぞれの主張を落とさないよう論述することが重要であり，それに加えて自分なりの考えを示すことにより，高い評価が期待できるであろう。

2 自己の見解

　Xから依頼を受けた弁護士としては，Xが有利になるように，「居住地」や「現在地」を広く解釈できるような論理を展開すればよい。これは，生活保護法の目的（１条）や各規定の文言，趣旨等を勘案して論じると，厚みのある論述になると思われる。この点は，民法等の法令の文言解釈と同様である。なお，平等の視点を生存権のなかに組み込んで論述する場合，「居住地」や「現在地」の解釈の理由づけのなかにこの視点を入れて論じるとよいであろう。生活保護法19条１項１号の「居住地」や同項２号の「現在地」については，定まった解釈が存在するわけではないため，自分なりに解釈を示すことが求められる。その際には，当然のことであるが，ネットカフェがこれらに該当するような解釈を示す必要がある。

　平等の観点からの検討にあたっては，地域による取扱いの差異と地方自治について判示した最大判昭和33年10月15日を意識した論述が望ましい。もっとも，この判例と本件では，異なる事情があるため，事情の違いに着目したうえで，それが結論にどう影響するのかを自分なりに論じることができれば，より高い評価が期待できる。

　なお，生存権に関して，憲法25条１項の「健康で文化的な最低限度の生活」の意義が一義的には定まらないことから，立法裁量が存在するということはおさえておくべき知識である。しかし，本問で問われているのは，Y市の制度運用の適否である。そのため，立法裁量を論じるのは適切でない。

【関連判例】
最大判昭和42年５月24日民集21巻５号1043頁（判例シリーズ66事件）
最大判昭和57年７月７日民集36巻７号1235頁（判例シリーズ67事件）
最大判昭和33年10月15日刑集12巻14号3305頁（百選Ⅰ32事件）

【参考文献】
試験対策講座14章１節①・②，21章２節③【２】(3)(c)。判例シリーズ66事件，67事件。条文シリーズ25条。

答案例

インターネット・カフェ（以下「ネットカフェ」という）やビルの軒先を泊まり歩いている者に「居住地」（生活保護法〔以下「法」という〕）19条1項1号）または「現在地」（同項2号）を認めなかったY市の却下処分は憲法（以下法名省略）25条1項に違反すると主張する。 ➡処分違憲の検討

1 権利の性質

(1) まず、25条1項は国家の政治的、道義的義務を規定したのみで国民の具体的権利を保障したものではない、という考えがある。この考えに立つと、同条を根拠に国家になんらかの給付を請求することはできなくなるため、そもそも上記の主張は認められない。 ➡プログラム規定説

しかし、この考えでは、生存権が憲法で保障されている意味は希薄となり、福祉国家の理念に反するため、妥当でない。

(2) 生存権は「権利」（25条1項）として定められている以上、権利性を認めるべきである。ただし、権利内容は抽象的なので抽象的権利と解するべきである。そして、本件では生活保護法により生存権は具体化されている。したがって、Xが上記の主張をなすこと自体は、許されることになる。 ➡抽象的権利説

(3) なお、法律により具体化されることを必要とせず、同条に基づき直接具体的な法的権利性を認める立場もある。しかし、立法の不作為の違憲確認訴訟の手続や立法府に対する影響などについて疑問が呈されているため、これによることは妥当でない。 ➡具体的権利説

2 「居住地」「現在地」の解釈

(1) 以下のようにY市の「居住地」「現在地」の解釈は正当である、という主張が考えられる。

まず、生活保護法の財源の25パーセントを負担するY市の財政上の問題の解消や住所のないホームレスの排除による市のイメージ向上という要請は不可欠である。また、他の自治体であればネットカフェやビルの軒先を根拠に受給でき、Y市内であってもシェルターに住んでそこを住所とすることで受給できるのであるから、Y市内ネットカフェやビルの軒先を根拠に生活保護受給を認める必要はない。さらに、ネットカフェやビルの軒先を根拠に受給を認めると、場所を移動することによる二重受給のおそれが否定できない。加えて、地方自治の本旨（92条）に照らせば、地方自治間の運用の差異は憲法が容認したものである。そこで、「居住地」や「現住地」は定住性を要求し狭く解するべきである。具体的には、「居住地」とは本来的に継続的な居住の用に供する場所をいい、「現在地」とは事実上一定期間居住が継続している場所をいうと解するべきである。 ➡規範

これを本件についてみると、ネットカフェやビルの軒先を泊まり歩いているような場合には本来的にも事実上も居住の継続が認められず、「居住地」にも「現在地」にも含まれない。 ➡あてはめ

(2) しかし、「居住地」および「現在地」を以下のように解釈すべきである。

ア まず、住居のない者の生活保護受給がきわめて重要な権利で

あること，法２条が無差別平等受給を保障していること，法19   45
条１項２号が保護の決定，実施を義務としていることからすれ
ば，財政難やイメージ悪化といった生活状況以外の事情の考慮
は法の趣旨に合わない。
　　　次に，25条の趣旨は生活困窮者に最低限度の生活を保障する
　　点にあり，それは法の目的（法１条）にも現れている。そして，   50
このような目的からすれば，生活困窮者の典型である定まった
住居を有しない者にこそ生活保護を実施するべきである。また，
文言上も法19条は住所を要求せず，「居住地」または「現在
地」で足りるとしており，これは定まった住居を有しない者に
も生活保護受給を認める趣旨であると解される。   55
　　　さらに，Ｙ市のネットカフェやビルの軒先を根拠とした生活
保護の必要性について検討するが，他の自治体への移住よりも，
住み慣れた土地に住み続けることのほうが，経済的自立へ向け
た心の支えとなる。そのうえ，Ｙ市でNPOの運営するシェルタ
ーは定員の２倍を超える者が居住する飽和状態になって生活環   60
境が悪化しており，最低限度の生活が送れる場所とは到底いえ
ない。そのため，Ｙ市内にシェルター以外で生活保護受給の根
拠となる場所が存在する必要性は高い。
　　　そのうえ，二重受給のおそれについては，法19条２項が，緊
急性があれば現在地を根拠とする生活保護を認めていることか   65
らすると，定住性を要求するという手法はとるべきではなく，
戸籍による管理での二重受給の防止や，事後的な返還請求によ
って対処すべきである。加えて，生活保護法の解釈，運用は，   ➡最大判昭和33年10月15
94条が地域ごとの差異を当然に予定している条例制定とは異な   日（百選Ｉ32事件）判
り，国の事務を便宜上地方公共団体に移管しているにすぎない   70   決との違いを指摘
ものであり，また経済的に貧しい者にとっての生活保護の必要
性は地域によって異なるものではないため，全国統一的な運用
がなされるべきである。
　　　そこで，「居住地」や「現在地」は定住性を要求せず広く解
するべきである。具体的には，「居住地」は客観的な居住事実   75   ➡規範
の継続性および期待性が備わっている場所をいい，「現在地」
は保護を必要とする状態の現に発生して所在している場所をい
うと解する。
イ　これを本件についてみると，ネットカフェは通常個室での睡   ➡あてはめ
　眠や飲食が可能であり，トイレやシャワー等も設置されていて   80
　起臥寝食が十分可能ではあるが，ネットカフェを泊まり歩いて
いるような場合は居住事実の継続性が認められず，「居住地」
があるとはいえない。しかし，ネットカフェやビルの軒先は，
経済的に貧しい者が寝泊りしている場合には，保護を必要とす
る状態が現に発生して所在している場所といえ，「現在地」に   85
含まれるといえる。
３　よって，上記却下部分のうちネットカフェやビルの軒先を「現在
　地」と認めない部分は，25条に反し違憲である。　　　　　以上

第1　14条違反の主張について

1　これにつき，地方自治体ごとに状況，財政事情など異なり，憲法は地方自治（92条）を規定しており，これにより地方自治体ごとに異なる条例の制定やその運用を認めている。したがって，地方自治体ごとに異なる制度運用を行ったとしても，不合理な差別として14条に違反するということはできないため，この点において違憲ではないとも考えられる。

2　Y市の制度運用は平等権を侵害し，憲法（以下略）14条に違反する。他の自治体では，インターネットカフェやビルの軒先であっても「居住地」あるいは「現在地」と認め，生活保護を認定している。これは，他の自治体においてXと同様インターネットカフェやビルの軒先に宿泊している者とXとの間の不合理な差別である。よって，違憲である。

第2　25条違反の主張について

1　生存権は抽象的な権利であるが，生活保護法のように立法化されればそれと一体となって具体的権利となり，25条違反を争うことができると解する。

2　生活保護は地方自治体の財政に関わることであり，地方自治体の広い裁量に委ねられている。よって，緩やかな基準で制度運用の合憲性を判定すべきであるとも考えられる。

生存権は，生活保護を受けるか否かは貧困・生命・健康に大きく関わり，生活の基盤となる事項であることから，生命健康にかかわる重要な権利である。特に，202＊年においては不況で派遣切りが横行し，生活保護を受給できるかは生命にかかわる問題として，特に重要である。そのような状況において，インターネットカフェやビルの軒先を住居とする者に対して，個別に検討することなく，一律に生活保護を認めないとする運用は，生存権に対する重大な制約となる。

したがって，それを規制する制度運用の合憲性を判定する基準は原則として厳格であるべきである。

もっとも，生活保護は地方自治体の財政事情と深く関係する事項であり，憲法25条も「健康で文化的な最低限度の生活を営む権利」として抽象的な規定ぶりをしていることから，地方自治体に広範な裁量が認められている。そこで，原則を修正し，少し緩やかな基準で審査すべきである。具体的には，目的が重要で，目的と手段が実質的関連性を有することを要する。

Y市の制度運用の目的は，財政上の問題およびインターネットカフェやビルの軒先を「居住地」等と認めることによってY市のホームレスが増加し，市のイメージが悪くなることを防止することであるが，重要とはいえない。

また，生活保護の必要性などを個別に考慮することなく，インターネットカフェやビルの軒先を住居としていることを理由として一律に「居住地」等に該当しないとすることは財政上の制約があるという目的を達成するための手段として実質的関連性を有し

5

10

15

20

25

30

35

40

← ○判例（最大判昭和33年10月15日〔百選Ⅰ32事件〕）を意識することができている

← ○憲法14条が問題になることに気づけている

← ○権利の重要性，制約の重大性を説得的に述べられている

← △本問は「生存」そのものに関わる権利であるため，立法裁量が問われているものではない

← ○審査基準の内容を示せている

← ×なぜ重要といえないのかについて，理由がない

ない。さらに，個別に検討することなく，インターネットカフェ 45
やビルの軒先を住居とする者に対して一律に認定を却下する運用
は必要最低限の手段ということはできない。
　以上より，Y市の制度運用は25条に反し，違憲である。
3　適用違憲の主張について
　仮に制度運用が合憲であっても，Xに本件制度運用を適用する 50
ことは，Xの生存権を侵害する。なぜなら，Xは，住民登録が抹
消されたことにより国民健康保険被保険者証が失効したため，持
病を持っており通院の必要があるにもかかわらず，医療費を全額
自己負担とすることが強いられ，通院することが不可能となり，
これにより，Xの生命・健康が脅かされることとなったからであ 55
る。

以上

⬅×生活保護法19条の
「居住地」「現在地」
の解釈が問題になるこ
とが示されていない

⬅×規範が定立されてい
ない

　今〔2010〕年度の論文式問題のテーマは，貧困と権利の現実的保障である。本問の権利の現実的保障を検討する際に，事案としてかぎをにぎるのは住所である。

　言わば構造的問題も一因となって，自助努力を尽くしても「健康で文化的な最低限度の生活」を維持することが困難な状況に陥っている人々の生存権保障の問題である。具体的には，生活保護法が「住所」ではなく，「居住地」「現在地」を有する者を保護の対象としているにもかかわらず，生活の本拠を有しない者からの生活保護申請を拒否した処分をめぐる憲法上の問題である。ここで問われているのは，立法裁量論の問題ではない。また，ここで問われているのは，「文化的」に「最低限度」であるか否かではなく，言わば，「生存」そのものにかかわる問題である。なお，自治体による別異の取扱いに関しては，それを合憲とした先例（最大判昭和33年10月15日）があるが，その先例と本問の事案とは異なることを踏まえて検討する必要がある。

※問いの形式の変更により，一部削除

優秀答案における採点実感 ▌▌▌

① 全体

　この答案は，理由が示されていない箇所が散見された点が残念である。

　もっとも，この答案は，生存権だけでなく，平等権も問題になることに気づいており，適切な権利選択ができている。また，制度運用の違憲性を論じており，本問が法令違憲を論じるべき問題ではないことにも気づくことができている。予備試験および司法試験の憲法の問題では，法令違憲と適用違憲のうち，いずれかのみを論じさせるような問題がたびたび出題されており，解答にあたっては注意が必要となる。

② 14条違反の主張について

　Xの主張として平等権の観点から構成している。本問のように2つの権利が問題となる事案の解答にあたっては，多くの受験生はバランスを失してしまいがちであるが，この答案はメインで主張すべきは生存権であることを見きわめ，平等権についての論述を端的かつ適切に行っている。この点は見習ってほしい。平等権の論述にあたり，出題趣旨にあげられた判例（最大判昭和33年10月15日〔百選Ⅰ32事件〕）を意識して論述することができている。この判例との事案の違いをふまえた論述ができていれば，より高い評価が望める答案になったと思われる。

③ 25条違反の主張について

　制度運用の合憲性を論じるにあたって「居住地」「現在地」の法解釈を意識した論述が求められるが，この答案ではそのことが明確に示されておらず，残念であった。

　また，時間不足だと思われるが，適用違憲を十分に論じることができなかった点も残念であった。

違憲審査権の憲法上の根拠や限界について，後記の〔設問〕にそれぞれ答えなさい。

〔設問1〕

　違憲審査権に関し，次のような見解がある。

　「憲法第81条は，最高裁判所に，いわゆる違憲審査権を認めている。ただし，この条文がなくても，一層根本的な考え方からすれば，憲法の最高法規性を規定する憲法第98条，裁判官は憲法に拘束されると規定する憲法第76条第3項，そして裁判官の憲法尊重擁護義務を規定する憲法第99条から，違憲審査権は十分に抽出され得る。」

　上記見解に列挙されている各条文に即して検討しつつ，違憲審査権をめぐる上記見解の妥当性について，あなた自身の見解を述べなさい。（配点：20点）

〔設問2〕

　内閣は，日本経済のグローバル化を推進するために農産物の市場開放を推し進め，何よりもX国との間での貿易摩擦を解消することを目的として，X国との間で農産物の貿易自由化に関する条約（以下「本条約」という。）を締結した。国会では，本条約の承認をめぐって議論が紛糾したために，事前の承認は得られなかった。国会は，これを事後に承認した。

　内閣が本条約上の義務を履行する措置を講じた結果，X国からの農産物輸入量が飛躍的に増加し，日本の食料自給率は20パーセントを下回るまでになることが予想される状況となった。ちなみに，X国の食料自給率は100パーセントを超えており，世界的に見ても60から70パーセントが平均的な数字で，先進国で20パーセントを切る国はない。

　農業を営むAは，X国から輸入が増大したものと同じ種類の農産物を生産していたが，X国と日本とでは農地の規模が異なるため大量生産ができず，価格競争力において劣るため，農業を継続することが困難な状況にある。Aは，本条約は，農業を営む者の生存権や職業選択の自由を侵害するのみならず，国民生活の安定にとって不可欠な食料自給体制を崩壊させる違憲な条約であるとして訴訟を提起した。これに対して，被告となった国から本条約は違憲審査の対象とならない旨の主張がなされ，この点が争点となった。

　本条約が違憲審査の対象となるか否か，及び本条約について憲法判断を行うべきか否かに関して，Aの主張及び想定される国の主張を簡潔に指摘し，その上でこれらの点に関するあなた自身の見解を述べなさい。（配点：30点）

① はじめに

本問は，統治分野からの出題である。2つの設問があり，配点比率も書かれていることから，時間配分に注意しながら答案を書くことを心掛けたいところである。

設問1では，問題文中に示された見解の当否について，自己の見解を述べる問題である。その際には，問題文中に示された見解がどのような見解であるのか，前提として内容を説明すると，その後の答案の流れがよくなる。

設問2では，本条約が違憲審査の対象となるか否かという点のほか，本条約について憲法判断を行うべきか否かという点について，Aの主張および想定される国の主張を簡潔に指摘し，自己の見解を述べる問題である。原告側としては，本条約が違憲審査の対象になる方向で主張を構成することになろう。他方，国側としては，本条約が違憲審査の対象とならないという方向で主張を構成することになろう。

② 設問1

本設問は，判例（最大判昭和23年7月7日）の示した見解である。この見解は，81条という明文の規定がなくとも，98条，76条第3項，99条から十分に違憲審査権が導かれうるという内容である（以下「本件見解」という）。

そこで，これら3つの規定から，違憲審査権が十分に導かれうるといえるのかについて，これらの根拠規定を詳細に分析しつつ，本件見解の当否について，検討することとなる。

1 憲法98条について

まず，98条は，1項において，「この憲法は，国の最高法規であつて，その条規に反する法律，命令，詔勅及び国務に関するその他の行為の全部又は一部は，その効力を有しない。」と定める。そして，このような規定上，どのような機関に対して，「憲法に反する」かどうかの審査権を与えるかを明らかにしていない。そのため，「憲法に反する」かどうかの判断を裁判所に委ねるものとはただちに導くことができるとはいえない。

そのため，98条は，裁判所に違憲審査権を認める根拠とはならないと解するべきであろう。

2 憲法76条第3項について

76条3項は，「すべて裁判官は，その良心に従ひ独立してその職権を行ひ，この憲法及び法律にのみ拘束される。」と規定する。この規定からすると，裁判官が，裁判官としての良心に従い，立法権や行政権からの指示や命令を受けずに，みずからの判断に基づいて裁判を行うという司法権の独立という意味を超えて，違憲審査権を裁判所に付与したことについてまでは読み取ることができない。そのため，76条3項は，裁判所に違憲審査権を認める根拠とはならないと解するべきであろう。

3 憲法99条について

99条は，「天皇又は摂政及び国務大臣，国会議員，裁判官その他の公務員は，この憲法を尊重し擁護する義務を負ふ。」と規定する。この規定から，「裁判官」は，憲法尊重擁護義務を負うことが読み取れる。しかし，「裁判官」にかぎらず，「天皇又は摂政及び国務大臣，国会議員」「その他の公務員」も，同様に憲法尊重擁護義務を負うことになる。そうだとすれば，憲法尊重擁護義務を課されることと，違憲審査権の所在が裁判所にあるということとの関連性はきわめて希薄であるというべきであり，憲法尊重擁護義務から裁判所の違憲審査権を導くことは困難である。

そのため，99条は，裁判所に違憲審査権を認める根拠とはならないと解するべきであろう。

4 以上から，本件見解は妥当ではないと解することになろう。

③ 設問2

1 Aの主張

Aは，本条約が農業を営む者の生存権や職業選択の自由を侵害するのみならず，国民生活の安定にとって不可欠な食料自給体制を崩壊させる違憲な条約であるとして訴訟を提起している。そのため，Aとしては，本条約が違憲審査の対象となることを主張していくことになる。

もっとも，条約は国際法としての性質も有するところ，違憲審査の対象となるのかが問題となる。この点については，国民主権や硬性憲法の建前から，憲法は条約に優先するというべきであろう。

　そして，条約の国内法としての側面に着目して「法律」に準ずるものとして条約も違憲審査の対象となると解することができる（憲法優位説）。

　よって，本条約は，違憲審査の対象となり，憲法判断も行われるべきであると主張することになろう。

2　国側の主張

　これに対して，国側は，本条約は違憲審査の対象とならないとの主張を行うことが想定される。

(1)　まず，国際協調主義の建前（98条2項）や98条1項および81条が条約を除外していることからすると，憲法は，条約を憲法に優先させることを前提としていると読める。そのため，条約は憲法に優位し，そもそも条約の違憲審査は行うことができない（条約優位説）。

(2)　かりに，憲法が条約に優位するとしても，裁判所の違憲審査権を規定する81条は「条約」を列挙していない。これは条約が違憲審査の対象とはならないことを前提としていると考えられる。

　また，国家間の合意を一国の裁判所のみで否定することは相当でない。

　そのため，条約は違憲審査の対象とはならない。

(3)　また，かりに条約そのものが違憲審査の対象となるとしても，本条約は，外交政策や食料政策といった主権国としてのわが国の存立にきわめて重大な関係をもつ高度の政治性を有するものであり，一見きわめて明白に違憲無効であるとも認められない。よって，統治行為論により，裁判所の司法審査権の範囲外である。そのため，本条約について憲法判断を行うべきではない。

3　自己の見解

(1)　憲法と条約の関係について

　たしかに，98条2項は国際協調主義を規定することからすれば，条約を憲法に優先するべきであるとも思える。しかし，憲法が国際協調主義を採用しているといって，ただちに条約の優位性を導くことはできず，あくまでも国内法秩序における憲法の最高法規性を規定したにすぎないというべきであろう。

　加えて，条約は，憲法より簡易な手続で成立する（61条参照）。このような条約に優位性を認めることは，条約により憲法を改廃することを可能とすることにほかならない。そのため，条約が憲法に優位するという見解は，国民の意思を軽視し，国民主権（前文1項，1条）や硬性憲法の建前（96条1項）を没却し，妥当でないというべきである。

　したがって，憲法が条約に優位すると解する。

(2)　条約が違憲審査の対象となるかについて

　次に，違憲審査においては，あくまで条約の国内法的効力が問題となるにすぎず，国際法としての条約そのものの効力は問題とならない。そのため，国家間の合意を一国の裁判所の判断だけで否定するものではない。また，裁判所に違憲審査権を認める81条には「条約」の文言は存しないが，当該条約は国内では国内法として通用することから，その国内法としての側面については「法律」に準ずるものということができる。そのため，条約は「法律」に準ずるものとして解するべきであろう。

　したがって，国側の主張は認められず，Aの主張のとおり，条約そのものは，違憲審査の対象となると解する。

(3)　統治行為論について

　統治行為とは，「直接国家統治の基本に関する高度に政治性のある国家行為」をいう（苫米地事件，最大判昭和35年6月8日）。そして，統治行為論とは，そのような統治行為については，「法律上の争訟」に含まれるとしても，司法審査が及ばないとする理論である。

　統治行為論については，肯定説および否定説があるが，多数説は肯定説に依拠している。そこで，答案においても肯定説に依拠しつつ，論じることとなろう。すなわち，高度の政治性を帯びた統治行為については，国民による直接選任を経ない裁判所が審査することはできず，その当否は主権者たる国民に対して政治的責任を負う国会・内閣の判断事項であるという内在的制約から，統治行為

については，「法律上の争訟」（裁判所法3条1項）にあたるとしても，司法審査の対象とならない。

　もっとも，砂川事件（最大判昭和34年12月16日）は，「一見極めて明白に違憲無効」と認められる場合には，統治行為であっても，違憲審査の対象となるとしている。そうだとすれば，本条約が，「一見極めて明白に違憲無効」であると認められる場合には，本条約は，例外的に違憲審査の対象となることになろう。

　そこで，本条約についてみると，本条約は，X国の貿易摩擦という外交問題を扱うものであり，高度の政治性を有する統治行為にあたる。そのため，原則として司法審査の対象とはならない。

　また，農産物市場の開放は経済のグローバル化やX国との貿易摩擦の解消のため合理性を有していることからすれば，本条約が一見きわめて明白に違憲無効であるとまではいえない。

　よって，本条約の合憲性は，司法審査の対象外であるというべきである。

【関連判例】
最大判昭和23年7月7日刑集2巻8号801頁（百選Ⅱ189事件）
最大判昭和34年12月16日刑集13巻13号3225頁（判例シリーズ80事件）
最大判昭和35年6月8日民集14巻7号1206頁（判例シリーズ95事件）

【参考文献】
試験対策講座19章1節①・③【3】(3)，23章1節①・②・④【2】。判例シリーズ80事件，95事件。条文シリーズ81条，98条，76条，99条。

答案構成用紙

答案例

第1　設問1について

1　本設問の見解（以下「本件見解」という）によれば，憲法81条
（以下法名省略）は違憲審査権を認めているが，この条文がなく
とも，98条，76条3項および99条から違憲審査権は十分に抽出さ
れうるとされる。　　　　　　　　　　　　　　　　　　　　　5

2　もっとも，本件見解が列挙する81条以外の各条文について，以
下のような問題点がある。

➡問題の所在

(1)　まず，98条1項は，憲法が最高法規であり，憲法に反する下
位法令が無効となると定めるにとどまり，その判断を裁判所に
委ねるとまでは規定していない。そのため，98条1項は，裁判　10
所に違憲審査権を認める根拠とはならない。

➡98条1項の検討

(2)　また，76条3項は，裁判官は憲法に拘束されると規定してい
るが，裁判官が裁判官としての良心に従い，立法権や行政権か
らの指示や命令を受けずに，みずからの判断に基づいて裁判を
行うという司法権の独立を規定したにすぎない。そのため，同　15
項は，裁判所に違憲審査権を認める根拠とはならない。

➡76条3項の検討

(3)　そして，99条は，裁判官に憲法尊重擁護義務を課しているが，
裁判官のみならず天皇，摂政，国務大臣，国会議員その他の公
務員にも同様に憲法尊重擁護義務を課している。そうだとすれ
ば，裁判所のみが違憲審査権を有するという結論を導くことは　20
できない。そのため，99条は，裁判所に違憲審査権を認める根
拠とはならない。

➡99条の検討

3　よって，本件見解のうち，98条，76条3項および99条から違憲
審査権は十分に抽出されうる旨の主張は妥当ではない。

➡結論

第2　設問2について　　　　　　　　　　　　　　　　　　　　25

1　Aの主張

国民主権（前文1項，1条）や硬性憲法の建前（96条1項）から
憲法は条約に優先する。そして，条約の国内法としての側面に着
目して「法律」に準ずるものとして条約も違憲審査の対象となる。
よって，本条約は，違憲審査の対象となり，憲法判断も行われ　30
るべきである。

➡憲法優位説

2　国の主張

(1)　まず，国際協調主義の建前（98条2項）や98条1項および81
条が条約を除外していることから，条約は憲法に優位し，そも
そも条約の違憲審査は行うことができない。　　　　　　　　35

➡条約優位説

(2)　かりに，憲法が条約に優位するとしても，裁判所の違憲審査
権を規定する81条は条約を列挙していないうえ，国家間の合意
を一国の裁判所のみで否定することは相当でないから，条約は
違憲審査の対象とはならない。

➡憲法優位説，条約の違
憲審査否定説

(3)　また，かりに条約そのものが違憲審査の対象となるとしても，40
本条約は，外交政策や食料政策といった主権国としてのわが国
の存立にきわめて重大な関係をもつ高度の政治性を有するもの
であり，一見きわめて明白に違憲無効であるとも認められない
から，裁判所の司法審査権の範囲外である。そのため，本条約

➡統治行為論

について憲法判断を行うべきではない。　　　　　　　　　　45

3　私自身の主張

(1)　まず，憲法と条約の関係について，国際協調主義からただち　　　　→憲法優位説
　　に条約の優位性を導くことはできず，98条1項は国内法秩序に
　　おける憲法の最高法規性を規定したにすぎない。また，98条2
　　項は，過去における国際法の無視・違反という事態を繰り返さ　　50
　　ないよう特に遵守を強調し，正規に成立した条約は原則として
　　特別の立法措置を要せず，公布によりただちに国内法としての
　　効力が認められる旨を明らかにしたにすぎない。そのため，国
　　側の主張は認められない。

　　　他方で，憲法より簡易な手続で成立する条約（61条参照）に　　55
　　優位性を認め，条約により憲法を改廃する効力を認めることは，
　　国民の意思を軽視したものである点で，国民主権や硬性憲法の
　　建前を没却し，妥当でない。

　　　したがって，憲法が条約に優位すると解する。

(2)　次に，違憲審査においては，条約の国内法的効力が問題とな　　60　　→条約の違憲審査肯定説
　　るのであり，国際法としての条約そのものの効力は問題となら
　　ず，国家間の合意を一国の裁判所の判断だけで否定するもので
　　はない。また，裁判所に違憲審査権を認める81条には条約との
　　文言は存しないが，当該条約は国内では国内法として通用する
　　ことから，その国内法としての側面については「法律」に準ず　　65
　　るものということができる。

　　　したがって，国側の主張は認められず，Aの主張のとおり，
　　条約そのものは，違憲審査の対象となると解する。

(3)　そうだとしても，本条約について，高度の政治性を有するた　　　　→問題提起
　　めに裁判所は憲法判断を回避すべきではないか。　　　　　　　　70

　　ア　政治性の高度な問題は，民主的基盤を有する内閣や国会の
　　　判断に従うべきであり，最終的には主権者たる国民の政治的
　　　批判に委ねられるべきで，裁判所はその権限の行使を抑制す
　　　べきである。そこで，わが国の存立の基礎にきわめて重大な　　　　→規範定立
　　　関係をもつ高度の政治性を有するものについては，一見きわ　　75
　　　めて明白に違憲無効であると認められないかぎり，裁判所の
　　　司法審査権の範囲外であり，憲法判断を回避すべきである。

　　イ　本条約は，日本経済のグローバル化を推進すべく，農産物　　　　→あてはめ
　　　の市場開放と特にX国との貿易摩擦の解消を目的として，農
　　　産物の貿易自由化を内容とするものである。このうちX国と　　80
　　　の貿易摩擦の解消は，外交関係に関するものでわが国の存立
　　　の基礎にきわめて重大な関係をもつ高度の政治性を有すると
　　　いえる。また，上記目的との関係で，農産物市場の開放は経
　　　済のグローバル化やX国との貿易摩擦の解消のため合理性を
　　　有しており，一見きわめて明白に違憲無効であるといえず，　　85
　　　司法審査の範囲外である。

(4)　よって，本条約について憲法判断を回避すべきである。　　　　　　→結論

　　　　　　　　　　　　　　　　　　　　　　　　　　　以上

1　設問1
(1)　憲法98条から違憲審査権が抽出され得るかについて
　　　同条1項は，憲法が「最高法規」であるとして，これに反する
　　法律等は「効力を有しない」としている。裁判所は，具体的な争
　　訟について，法を適用することによってこれを裁定する作用であ　　5
　　る司法権を有しているところ，法を適用する前提として，その法
　　規が効力を有しているか，すなわち憲法に適合しているかについ
　　ても判断する権能を有しているものと言うべきである。そして，
　　その憲法適合性の判断こそが，違憲審査であるといえる。
　　　また，我が国には憲法裁判所がないため，かかる違憲審査をす　　10
　　る権限は最高裁判所をはじめとした各裁判所に帰属しているもの
　　といえる。
　　　よって，98条から最高裁判所の違憲審査権を抽出し得る。
(2)　76条3項から抽出され得るかについて
　　　同項は，裁判官について「憲法及び法律にのみ拘束される」と　　15
　　規定している。そうだとすると，裁判官は憲法に拘束された，す
　　なわち憲法に適合した判断をしなければならないこととなる。そ
　　して，憲法は最高法規であり，法律等に優位するものであるから，
　　憲法に適合した判断をする過程において，法律等が憲法に適合す
　　るかについても判断すべきこととなる。そうだとすると，各裁判　　20
　　官に違憲審査権が認められるものといえる。
　　　よって，かかる違憲審査権を有する裁判官によって構成される
　　最高裁判所にも違憲審査権が認められるといえるから，同項から
　　最高裁判所の違憲審査権を抽出し得る。
(3)　99条から抽出し得るかについて　　25
　　　同条は，裁判官について憲法尊重擁護義務を課している。仮に，
　　裁判官が合憲性に疑いのある法令についての合憲性判断を回避す
　　るのであれば，それはかかる義務違反を構成するものである。ま
　　た，違憲審査権を認めないとすれば，専断的な国家権力による支
　　配を排斥し，権力を法で拘束することにより国民の権利・自由を　　30
　　擁護しようとする法の支配がないがしろにされかねない。
　　　よって，同条から最高裁判所の違憲審査権を抽出し得る。
2　設問2
(1)　Aの主張
　ア　まず，条約それ自体は法律に準じるものであるから，違憲審　　35
　　　査の対象となるものであり，本条約も違憲審査の対象となる。
　イ　また，本条約は生存権（25条）や職業選択の自由（22条1
　　　項）を侵害するものであるから，その合憲性を判断すべきであ
　　　る。また，食料自給率は基本的人権の保障の前提となる国民生
　　　活と密接不可分の関係を有するものであるから，かかる点につ　　40
　　　いても憲法判断をすべきである。
(2)　国の反論及び私見
　ア(ア)　まず，国から，条約は憲法に優位するものであるから，違
　　　憲審査の対象とならないと反論することが考えられる。

←△問題文の見解につき，端的に説明しておいたほうがよい
←○項目立てOK

←△「憲法98条（以下法名省略）」のほうが望ましい
←○条文の文言を引用ができている

←○各条文を丁寧に検討できている

←○本条約が違憲審査の対象となるべきことを指摘できている

←○国の反論を適切にあげられている

(イ) たしかに，国際協調主義（98条2項）の下，条約について 45
はこれを誠実に遵守すべきこととなる。

　　しかし，条約が憲法に優位することとなると，条約によっ
て憲法を実質的に変えることとなり，硬性憲法の建前（97条，
98条1項）に反することとなる。また，98条1項の列挙事由
は例示列挙であるといえるから，同項に条約が挙げられてい 50
なくとも，法律に準ずるものとして十分違憲審査の対象にな
るものといえる。

　　そこで，条約は対内的には憲法に劣位し，違憲審査の対象
になるものと解する。

(ウ) したがって，条約である本条約も違憲審査の対象となる。 55

イ(ア) 次に，国から，本条約はグローバル化を推進するために農
産物の市場を開放すること，X国との間の貿易摩擦を解消す
ることを目的とするものであり，直接国家統治の基本にかか
わる高度に政治性を有する行為であるから，司法権の限界を
超え，裁判所は憲法判断をすることができないと反論するこ 60
とが考えられる。

(イ) たしかに，高度に政治性を有する行為について司法権を行
使することは，三権分立制度の下で存在する司法権の内在的
制約に抵触するおそれがあるとともに，裁判所が政治的な事
柄に対する判断を示すことによって混乱を生じさせるおそれ 65
もある。

　　しかし，民主制の過程において回復が困難な権利について
制約を加えるものについて憲法判断ができないとすると，法
の支配を十全化することができない。

　　そこで，そのようなものについては憲法判断をするべきで 70
あると解する。

　　これを本条約についてみる。

　　まず，食料自給率との関係については，民主制の過程でそ
の政策を変更させることは十分に可能である上，憲法上の権
利に直結しない，政策の妥当性に関するものであるから，こ 75
の点につき憲法判断をすべきではない。次に，生存権との関
係については，そもそも本条約によって生存権侵害について
の問題が生じないのであるから，この点につき憲法判断は不
要である。次に，職業選択の自由との関係については，一定
程度の範囲では民主制の過程で回復を図ることができるもの 80
である。

ウ　したがって，職業選択の自由との関係でのみ憲法判断をすべ
きと考える。

以上

⬅○反対説の論拠OK

⬅△正しくは96条1項で
ある

⬅○統治行為論について，
的確に指摘できている

⬅○統治行為論の理由づ
けについてOK

⬅△砂川事件判決を意識
して論じることができ
れば，なおよかった

⬅△結論を分ける必要性
は乏しい

　本年は，憲法上の基本的論点である，裁判所の違憲審査権の憲法上の根拠及び限界に関する問題である。

　設問1は，裁判所の違憲審査権の憲法上の根拠に関する問題である。日本国憲法は，アメリカ合衆国憲法とは異なり，裁判所の違憲審査権に関する明文の規定として第81条を置いている。もっとも，昭和23年最高裁判決（最大判昭和23年7月7日刑集2巻8号801頁）は，アメリカのマーベリー対マディソン判決（1803年）を引きつつ，第81条の規定がなくとも，日本国憲法の他の規定から裁判所の違憲審査権が導かれると判示した。設問1は，この判示を題材として，憲法の条文解釈として，裁判所の違憲審査権の根拠に関する論述を求めるものである。条文解釈は，法曹が有すべき基礎的能力として当然に求められるものである。設問1では，その問題文にも明記されているとおり，条文から離れた観念的・抽象的な議論ではなく，具体的な条文の文言及びその解釈を踏まえた論述が求められる。

　次に，判例は，司法権に関する第76条があって，その上での第81条であると位置付けていることからすると，司法権の限界が違憲審査権の限界でもあることになる。設問2は，憲法と条約の関係という基本的問題を題材として，その限界を問う事例問題である。設問2では，その問題文にも明記されているとおり，本条約がそもそも違憲審査の対象となるか否か，対象となるとして本条約について憲法判断を行うべきか否かに関して，判例及び学説に関する基本的な知識を踏まえて検討することが求められる。すなわち，判例及び多数の学説が肯定するいわゆる統治行為論を含め，憲法と条約の関係や本条約に対する違憲審査の可否等につき，一般的理論の論拠及びその射程範囲，その上での事案の内容に応じた具体的検討についての論述が求められる。

優秀答案における採点実感

① 全体

　この答案は，統治分野からの出題であるにもかかわらず，設問1，設問2ともに十分な分量を書くことができている。統治分野から出題されても，慌てることなく，冷静に問題文を分析しつつ，しっかりと答案構成をしたうえで答案を作成してほしい。

② 設問1

　この答案では，冒頭で問題文中の見解の内容を端的に示すことができておらず，残念である。しかし，その後，本件見解の示した根拠規定について，3つに項目立てて自分なりの見解を適切に指摘することができており，この点で高く評価されたものと考えられる。また，各根拠規定についての自説の内容も的確であり，統治分野からの出題であるにもかかわらず，十分な論述がなされているといえる。

③ 設問2

　この答案では，条約と憲法の関係と司法権の限界について，それぞれ論じることができており，この点において高く評価されたものと考えられる。そのうえで，国側の反論についても，的確に想定することができており，かつ，国側の反論の論拠についてまで言及がなされており，優秀である。

　また，統治行為論の定義，趣旨についても十分に論証することができている。もっとも，砂川事件についてまで意識することができていない。この点を意識することができていれば，更に高い評価を得られたはずである。

　あてはめにおいても，自分なりの見解を示すことができているが，職業選択の自由と生存権とで，司法審査が及ぶかどうかについて分けることについては，もう少し検討すべき点があるように思われる。

20＊＊年＊＊月に，衆議院議員総選挙が行われる。その際に，日本国憲法第79条第2項ないし第4項及び最高裁判所裁判官国民審査法（以下「国民審査法」という。同法については，資料1参照）に基づき，最高裁判所裁判官の国民審査も行われる。国民審査法第15条によれば，審査人は，罷免を可とする裁判官については，投票用紙の当該裁判官に対する記載欄に自ら×の記号を記載し，罷免を可としない裁判官については，投票用紙の当該裁判官に対する記載欄に何らの記載もしないで，投票しなければならないとされている。

　国民審査法第53条及び同条に基づき規定された最高裁判所裁判官国民審査法施行令第26条（資料2参照）によれば，審査公報に掲載されるのは，審査に付される裁判官の氏名，生年月日及び経歴並びに最高裁判所において関与した主要な裁判その他審査に関し参考となるべき事項である。

　今回の国民審査で審査権を有するAは，審査公報に挙げられていた主要な裁判について，その判決文にまで当たって審査の対象となる各裁判官の見解を調べ，さらに，各裁判官の経歴等も調べた。その結果，各裁判官に対するAの評価は，最高裁判所裁判官として適格と判断した裁判官，不適格と判断した裁判官，そして適格・不適格いずれとも判断できなかった裁判官に分かれた。Aは，不適格と判断した裁判官に対する記載欄には×の記号を記載し，適格・不適格いずれとも判断できなかった裁判官に対する記載欄には何も記載せずに投票した。Aは，適格と判断した裁判官に対する記載欄には○の記号を記載したかったが，国民審査法第15条の規定によって何も記載しないで投票せざるを得なかった。

　Aは，最高裁判所裁判官に対する国民審査制度を設けた憲法の趣旨に照らし，現行の制度には幾つかの問題があると考えた。Aは，現行の国民審査法を合憲とする1952年の最高裁判所大法廷判決を知っていたが，国民審査法第36条に基づく訴訟を提起して，上記最高裁判所判例の変更の必要性も憲法上の主張の一つとして主張しつつ，現行の国民審査制度の是正を図りたいと思った。

　以上のことを前提として，以下の各設問に答えなさい。

〔設問1〕

　あなたがAの訴訟代理人になった場合，国民審査法第36条に基づく訴訟において，訴訟代理人としてあなたが行う憲法上の主張を述べなさい。

〔設問2〕

　設問1における憲法上の主張に関するあなた自身の見解を，被告側の反論を想定しつつ，述べなさい。

【資料1】　最高裁判所裁判官国民審査法（昭和22年11月20日法律第136号）（抄録）
第1条　最高裁判所の裁判官（以下「裁判官」という。）の任命に関する国民の審査（以下「審査」という。）については，この法律の定めるところによる。
第4条　衆議院議員の選挙権を有する者は，審査権を有する。
第15条　審査人は，投票所において，罷免を可とする裁判官については，投票用紙の当該裁判官に対する記載欄に自ら×の記号を記載し，罷免を可としない裁判官については，投票用紙の当該裁判官に対する記載欄に何等の記載をしないで，これを投票箱に入れなければならない。
2　投票用紙には，審査人の氏名を記載することができない。
第30条　審査会は，中央選挙管理会の指定した場所で，これを開く。
2　審査長は，審査権を有する者の中から中央選挙管理会の選任した者を以て，これに充てる。

3　審査長は，審査会に関する事務を担任する。

4　審査長は，第8条の選挙人名簿に登録された者の中から審査立会人3人を選任しなければならない。

5　審査長は，すべての審査分会長から前条の報告を受けた日又はその翌日に審査会を開き，審査立会人立会の上，その報告を調査しなければならない。

第33条　第30条第5項の規定による調査を終えたときは，審査長は，直ちに罷免を可とされた裁判官の氏名並びに罷免を可とする投票の数及び罷免を可としない投票の数その他審査の次第を中央選挙管理会に報告しなければならない。

2　中央選挙管理会は，前項の報告を受けたときは，直ちに罷免を可とされた裁判官にその旨を告知し，同時に罷免を可とされた裁判官の氏名を官報で告示し，かつ，総務大臣を通じ内閣総理大臣に通知しなければならない。

第36条　審査の効力に関し異議があるときは，審査人又は罷免を可とされた裁判官は，中央選挙管理会を被告として第33条第2項の規定による告示のあつた日から30日内に東京高等裁判所に訴えを提起することができる。

第53条　都道府県の選挙管理委員会は，政令の定めるところにより，審査に付される裁判官の氏名，経歴その他審査に関し参考となるべき事項を掲載した審査公報を発行しなければならない。

【資料2】最高裁判所裁判官国民審査法施行令（昭和23年5月25日政令第122号）（抄録）※出題当時の法令

第26条　審査公報には，審査に付される裁判官の氏名，生年月日及び経歴並びに最高裁判所において関与した主要な裁判その他審査に関し参考となるべき事項を掲載するものとする。

① はじめに

本問は，統治分野に関する問題である。問題文中で，現行の国民審査制に憲法上「幾つかの問題がある」との指摘があることから，答案作成上も複数の憲法上の問題点を抽出して論じることが求められる。また，「最高裁判所判例の変更の必要性も憲法上の主張の一つとして主張しつつ」との指摘があることから，この指摘を適切に盛り込んだかたちで論述をする必要がある。

② 設問1

1 国民審査法15条1項について

問題文をみると，Aは，「適格と判断した裁判官に対する記載欄には○の記号を記載したかったが，国民審査法第15条の規定によって何も記載しないで投票せざるを得なかった。」との記載がある。ここから，1つ目の憲法上の問題点として，国民審査法15条1項が，最高裁判所裁判官として適格と判断した裁判官について○の記載を認めない点，および白紙票を罷免を可としない票とする点が，国民審査制について定める憲法79条2項に反しないかという問題を抽出することができる。そして，この問題を論じるにあたっては，問題文にも言及のある，現行の国民審査法を合憲とする最高裁裁判官国民審査法事件（最大判昭和27年2月20日）をふまえて，国民審査制の法的性質に言及しつつ論述することが求められる。この判例は，国民審査制の法的性質をリコール制（解職制）と位置づけたうえで，現行の国民審査法を合憲とした著名な判例である。もっとも，一般的な受験生がこの法的性質について原告，被告，私見の三者間の対立軸を意識しておさえていることはあまり想定できない。したがって，この問題点については，やや難易度の高い現場思考的な問題といえるであろう。

原告であるAとしては，上述の判例どおりに国民審査制の法的性質をリコール制（解職制）とするとみずからに有利な主張を説得的に論じることがやや難しくなる。そこで，原告としては，裁判官の任命に関して国民の民主的コントロールを及ぼすという国民審査制の制度趣旨や79条2項の文言に着目して，国民審査制の法的性質を内閣の任命行為に対する事後審査と位置づけることが考えられる。法的性質をこのように位置づけることができれば，より積極的に裁判官の適格性についての意見を表明することを求める原告の主張の説得性を高めることができる。かりに，このように法的性質を導くことができない場合でも，優秀答案のように国民審査制の制度趣旨を強調するなどして，原告の主張を基礎づける工夫が必要となろう。

また，上記のように本問では「最高裁判所判例の変更の必要性も憲法上の主張の一つとして主張しつつ」との指摘があることから，最高裁裁判官国民審査法事件の判例変更の必要性についても触れる必要がある。このような問題について，あらかじめ論述の仕方を準備していた受験生はそう多くはないだろう。まず指摘する必要があるのは，一般論としていかなる場合に判例変更が必要となるかという点である。ここで，想起したいのは過去に判例変更がなされた事例である。具体的には，最大決平成7年7月5日（民集49巻7号1789頁）を変更して，民法900条4号ただし書前段が憲法14条1項に反し，違憲であるとの判断を示した最大決平成25年9月4日などの判例である。そこでは，「これらの事柄は時代と共に変遷するものでもあるから，その定めの合理性については，個人の尊厳と法の下の平等を定める憲法に照らして不断に検討され，吟味されなければならない」と指摘されている。このように，最高裁は判例変更を行うに際して，判例がだされた当時と比較して社会状況がどのように変化しているかという点を考慮していることがわかる。したがって，このような事例から一般論として判例変更が必要な場合として，時代の推移に伴う社会状況の変化により，当時の判例の考えが妥当しなくなっている場合をあげることができる。答案例でも，このような場合に判例変更が必要であるとの見解に立った。そして，一般論としていかなる場合に判例変更が必要となるかという点を明らかにしたうえで，本件における判例変更の必要性を検討する必要がある。答案例では，最高裁裁判官国民審査法事件の当時から，インターネットの普及による，国民の司法へのアクセス向上という社会状況の変化を指摘したうえで，本件においては判例変更が必要であると論述している。ここで，注意しておきたいのは，判例変更の必要性を検討するにあたって，変更に

伴い法的安定性が害されないかという点に配慮することである。

　なお，本問では，原告の主張の枠組みとして，統治の問題に人権の要素を絡めることも可能ではある。具体的には，国民審査法15条1項が，最高裁判所裁判官として適格と判断した裁判官について○の記載を認めない点，および白紙票を罷免を可としない票とする点が，原告の思想・良心の自由（憲法19条）や表現の自由（21条）を侵害しないか，という点である。もっとも，受験生の大多数は，この問題を統治の問題として処理することが推測されるため，そのように処理することが無難である。

2　国民審査法53条，最高裁判所裁判官国民審査法施行令26条について

　次に，問題文をみると，国民審査法53条および53条に基づき規定された最高裁判所裁判官国民審査法施行令26条（現23条）により求められる審査公報の掲載事項が指摘されている。そして，Aはこの掲載事項に含まれない主要な裁判についての各裁判官の見解をみずから調べたことが示されている。このような問題文の事情から，2つ目の憲法上の問題点として，上記施行令26条（現23条）の規定する審査公報の掲載事項は不十分であり，憲法79条2項に反するのではないかという問題点を抽出したい。そして，この問題についても，原告としては，国民審査制の趣旨から，79条2項が国民が裁判官の適格性を容易に判断できる程度の記載がある資料の提供を要求しているとの規範を導き，上記法令が79条2項に反するとの論述ができるとよいと思われる。

③　設問2

1　国民審査法15条1項について

(1)　被告側の反論

　被告側の反論は端的にすませる必要がある。特に，あなた自身の見解を被告側の反論に寄せて論述する場合，あなた自身の見解で論述が重複することを防ぐために，被告の反論をキーセンテンスだけ指摘するにとどめるなどの工夫が必要となろう。

　被告側としては，国民審査制の法的性質をリコール制と解釈し，罷免の可否を決するうえで国民審査法15条1項はむしろ合理的であるとの論述をすることが考えられる。また，判例変更の必要性についても，私見で厚く論述するために端的に指摘するにとどめるとよいであろう。

(2)　私見

　私見でも，国民審査制の法的性質を検討したうえで，国民審査法15条1項が憲法79条2項に反するか否かを論じる必要がある。その際には，原告または被告の主張をそのままなぞるような論述となるのを防ぐために，答案例のように国会の裁量論をもちだすなどして，独自の見解を織り交ぜつつ論述できるとよいであろう。

　また，判例変更の必要性については，裁判所の担う少数者の人権保護という役割にかんがみて，多数決原理に服させるべきではないとの立場によれば，否定することも可能である。

2　国民審査法53条，最高裁判所裁判官国民審査法施行令26条について

(1)　被告側の反論

　被告側としては，国民審査制の法的性質がリコール制であることに照らせば，その罷免の可否を決するうえで，両条項は必要十分な掲載事項を定めていると論述すればよいと思われる。

(2)　私見

　私見でも，国民審査制の制度趣旨に照らして，審査公報にどの程度の記載が要求されるか，自己のよって立つ見解を明らかにする必要がある。その際は，論理矛盾したあてはめをしないように注意する必要がある。

【関連判例】

最大判昭和27年2月20日民集6巻2号122頁（判例シリーズ88事件）

最大決平成25年9月4日民集67巻6号1320頁（百選Ⅰ27事件）

【参考文献】

試験対策講座19章3節①【2】。判例シリーズ88事件。条文シリーズ79条。

答案構成用紙

第1　設問1について
1　国民審査法（以下「法」という）15条1項は，最高裁判所裁判
　　官として適格と判断した裁判官について○の記載をすることを認
　　めない点，および白紙票を罷免を可としない票とする点で，憲法
　　79条2項（以下「憲法」法名省略）に反する。　　　　　　　　　5

➡️問題の所在

　(1)　この点について，国民審査制の趣旨は，裁判官の任命につい
　　　て国民のコントロールを及ぼす点にある。そして，79条2項は，
　　　「任命後初めて行はれる衆議院議員総選挙の際国民の審査に
　　　付」す旨定める。また，任命後間もない時期の審査では，最高
　　　裁判所裁判官としての実績に関する資料も不足しているから，　10
　　　国民審査は，内閣の任命行為に対する事後審査としての法的性
　　　質をもつと考えるべきである。このことからすれば，国民が適
　　　格性について積極的に意見を表示することを認めるべきである。

➡️国民審査制の法的性質

➡️国民審査制の法的性質
　からの帰結
➡️本件における判例変更
　の必要性

　　　さらに，1952年から半世紀以上が経過した現在においては，
　　　国民は，インターネットをとおして裁判官に関する情報を知る　15
　　　ことができ，合理的な判断ができるようになったといえる。そ
　　　うだとすれば，国民審査においてもそのような情報に基づく多
　　　様な判断を表明する機会は確保されるべきであり，1952年の最
　　　高裁判決の判断は，その後の時代環境に対応しえなくなってお
　　　り，判例変更されるべきである。そこで，憲法は，多様な判断　20
　　　の表明を保障するために，×のみならず，罷免不可は○，棄権
　　　は無記入という記載方法によりなすことを求めていると考える。

➡️規範定立

　(2)　これを本件についてみると，法15条1項は，上記のような記
　　　載方法による取扱いをしていないので，法15条1項は79条2項
　　　に反する。　　　　　　　　　　　　　　　　　　　　　　　25

➡️あてはめ
➡️結論

2　また，法53条および法53条に基づき規定された最高裁判所裁判
　　官国民審査法施行令26条（以下「令」という）によるのでは記載
　　として不十分であり，両条項は79条2項に反する。

➡️問題の所在

　(1)　この点について，上記の国民審査の趣旨からすれば，79条2
　　　項は，単に国民審査の実施を求めているのみでなく，国民が裁　30
　　　判官の任命を容易に判断できる程度の記載がある資料の提供を
　　　要求していると考える。

➡️規範定立

　(2)　これを本件についてみると，国民的関心を集めた事件におけ
　　　る個別的な意見は，適格性判断において重要といえ，その判断
　　　を容易にするための資料として，その提供をすることが必要で　35
　　　あるが，両条項はそれを求めていない。

➡️あてはめ

　(3)　したがって，法53条および令26条は79条2項に反する。

➡️結論

第2　設問2について
1　法15条1項について
　(1)　想定される被告側の反論　　　　　　　　　　　　　　　　40
　　　国民審査制の法的性質は，79条3項の文言から，リコール制
　　　であり，審査人たる国民は，積極的に罷免を可とする者とそう
　　　でない者に分かれるので，審査における記載事項は×かそれ以
　　　外かで分けるのがむしろ合理的である。また，司法への民意の

➡️国民審査制の法的性質

反映は過度に重視すべきでないので，判例変更の必要もない。　45　　➡本件における判例変更の必要性
　　　よって，法15条１項は79条２項に反しない。
⑵　私見
　ア　そもそも，国民審査は，最高裁判所の地位と機能の重要性　　　　➡国民審査制の法的性質
　　　（77条１項，80条１項，81条参照）にかんがみ，主権者であ
　　　り，公務員の選定罷免権を有する国民に対し，最高裁判所の　50
　　　裁判官につき，これを罷免する機会を与えることによって，
　　　最高裁判所の裁判官を国民による民主的統制のもとにおこう
　　　とするものである。そして，79条３項は，「投票者の多数が
　　　裁判官の罷免を可とするときは，その裁判官は，罷免され
　　　る。」と定めており，この文言からしてリコール制を定めた　55
　　　ものといえる。
　　　　たしかに，このことから論理必然的に法15条１項の方法が
　　　導かれるわけではなく，原告主張のような方法によることも
　　　可能ではある。しかし，79条４項が，「審査に関する事項は，　　　➡国会の裁量
　　　法律でこれを定める。」として，国会に一定の裁量を認めて　60
　　　いることからすると，罷免の可否を判断できる現行の方法が，
　　　ただちに79条２項に反するとまではいえない。
　イ　また，1952年当時と変わらず，少数派の人権保護を目的と　　　　➡本件における判例変更の必要性
　　　する司法権において，多数決原理を過度に重視すべきではな
　　　いし，上記判決が時代環境に十分対応しえず，判例変更が必　65
　　　要になったとはいえない。
　ウ　よって，法15条１項は79条２項に反しない。
２　法53条，令26条について
⑴　想定される被告側の反論
　　　国民審査制の法的性質がリコール制であることにかんがみれ　70
　　ば，両条項による記載で罷免の可否を十分に判断することがで
　　きるといえ，79条２項の要求をみたす。
⑵　私見
　ア　この点について，一般に国民は裁判になじみが薄く，裁判　　　　➡規範定立
　　　官に対して国民による民主的統制を及ぼすためには，情報提　75
　　　供が必要である。そうだとすれば，国民審査制を定める79条
　　　２項は審査公報の公布を求めており，そして，国民審査制の
　　　趣旨から，国民による審査が適切に行われる程度の記載が求
　　　められているといえる。
　　　　もっとも，審査公報が，適格性判断のための唯一の資料で　80
　　　ないことからすると，審査対象となる裁判官に関する詳細な
　　　記載は要求されないと考えられる。
　イ　これを本件についてみると，「裁判官の氏名，……関与し　　　　➡あてはめ
　　　た主要な裁判」の記載により，裁判所のホームページ等でそ
　　　の裁判官の裁判における意見等を見ることができ，適格性判　85
　　　断のために十分な資料を得ることができるので，審査が適切
　　　に行われる程度の記載がされているといえる。
　ウ　よって，法53条，令26条は79条２項に反しない。　　　以上　　➡結論

第1　設問1について

1　最高裁判所裁判官の国民審査において投票する権利は，公務員を選定・罷免する国民固有の権利として，憲法15条1項により保障される。

　　よって，国民であるAにも，上記権利が憲法15条1項により保障される。 5

⇦△本問では不要

2　憲法79条2項は，最高裁判所裁判官の国民審査について，「任命は……審査に付し」と規定していることから，国民審査は，裁判官の任命行為を完了させる性質を有している。

　　そうすると，罷免を可とする裁判官には×を，罷免を可としない裁判官には積極的に○を付すべきである。 10

　　しかし，国民審査法15条1項は，罷免を可としない裁判官について何も記載しないで投票しなければならないとしている。

　　よって，国民審査法15条1項は，憲法15条1項，79条2項に反する。 15

⇦△国民審査制度の法的性質OKだが，現在は主張されていない説であるため，これをAに主張させるのはナンセンスである

⇦○条文OK

⇦△憲法79条2項に反するとすればよい

3　仮に，国民審査が任命行為を完了させるものではなく，解職制（リコール制）であるとしても，国民審査制度を活性化させ，司法に対する民主的統制を強化すべく，罷免を可とする裁判官には×を，罷免を可としない裁判官には○を付すべきである。

　　よって，国民審査法15条1項は，憲法15条1項，79条3項に反する。 20

⇦○反対説への配慮OK

4　国民審査法53条及び施行令26条は，裁判官の氏名，生年月日，経歴，主要な裁判について，審査公報に掲載されるとするが，国民が裁判官の適格性を判断する材料として不十分であり，主要な裁判についての各裁判官の見解を要約，詳細な経歴についても掲載すべきである。 25

　　よって，国民審査法53条及び施行令26条は，憲法15条1項，79条2項，同3項に反する。

⇦×判例変更の必要性を主張できていない
⇦△理由を書くべきである

第2　設問2について

1　被告側の反論としては，憲法79条3項は「罷免される」と規定していることから，国民審査は，任命行為を完了させるものではなく，リコール制であること，リコール制であるとすれば，罷免を可とする裁判官に×を記載すれば目的は達成できるので，国民審査法15条1項は，憲法15条1項，79条2項，同3項に違反しないこと，裁判官の適格性を判断する資料として，国民審査法53条及び施行令26条規定の情報で十分であり，同条は，憲法15条1項，79条2項，同3項に反しないことを主張することが想定される。 30 35

⇦○反論のポイントOK

2　私見について

(1)　憲法79条2項，同3項の規定を併せて読めば，最高裁判所裁判官の国民審査について，リコール制であると考えるのが，文理上自然である。 40

　　よって，国民審査は，リコール制であると考える。

　　そうすると，罷免を可とする裁判官に×を記載すれば足りるとも思える。

⇦○判例を意識しつつ，被告側の反論に配慮した論述ができている

(2)　しかし，裁判官に普段なじみが薄く，裁判官の独立（憲法76　45
　条3項）の下，裁判官について日常得られる情報も限られる中，
　国民が裁判官の適格性を判断するのは困難であり，国民審査制
　度は形がい化している。国費の無駄使いとの批判もあるが，国
　民審査制度は，司法に対する数少ない民主的統制手段の一つで
　あるので，積極的に改善して活用すべきである。　　　　　　　50
　　そこで，裁判官の適格性について国民がよりよく判断しうる
　よう，主要な裁判についての裁判官の見解の要約，及び，詳細
　な経歴についても，審査公報に付すべきであり，その上で，罷
　免を可としない裁判官について○の記載を許すべきである。
　　よって，国民審査法15条1項，53条及び施行令26条は憲法15　55
　条1項，79条2項，同3項に反する。

　　　　　　　　　　　　　　　　　　　　　　　　　　　　以上

◀△被告側の反論とかみ
　合っていない印象を受
　ける

　本問は，最高裁判所裁判官国民審査制をめぐる問題である。1952年の最高裁判決は，国民審査制を「実質において所謂解職の制度」と捉え，記載欄に何らの記載がされていないものを，積極的に罷免を可とする意思を持たないものとして取り扱うことを当然とした。国民審査制を法の定める統治機構の構造上どのように位置付けるかに配慮しつつ，当該判決の判断をめぐる問題点に関して「考える力」を見ようとする問題である。さらに，本問では，この問題点を考える上で，当該判例を変更する必要性についても検討することを求めている。憲法判例の変更はどのような場合に認められるのか，また，本問は判例変更が認められる場合といえるかなどについて検討することが求められている。

優秀答案における採点実感 ▐▐▐

① 全体

　全体として，本答案は適切に問題点を把握して論述ができている。本問は，受験生になじみの薄い統治分野からの出題であること，および問題文の誘導が明示的になされていないことから，正しく問題の所在を示すだけでも，他の受験生に差をつけることができたと思われる。また，統治分野の前提知識に関して誤りのない正確な論述がなされており，この分野に関する深い理解がうかがえる。予備試験においては，本問を含めて統治分野からの出題がすでに2度もなされていることから，今後の出題も十分に予想される。したがって，受験生には統治分野の出題に備えて，基本的事項の理解，定着を徹底してほしい。

② 設問1

　この答案は，本問の憲法上の主要な問題点である，罷免の記載方法（国民審査法15条1項）および審査広報の掲載事項（国民審査法36条・最高裁判所裁判官国民審査法施行令26条）に気づいたうえで，これを明確に区別して論じている点で高く評価できる。また，罷免の記載方法の問題点については，国民審査制の法的性質と関連づけて論じることができており，出題趣旨に沿った論述ができている。

　もっとも，本問では問題文中で「最高裁判例の変更の必要性も憲法上の主張の一つとして主張しつつ……」との誘導がなされていることから，この問題点についても指摘が必要なところ，この答案は判例変更の必要性についての記述をまったく欠いており，その点は残念であった。しかし，このような問題点の指摘はきわめて高度な現場思考が求められるため，この記載の有無が合否を分けたとは必ずしもいえないだろう。判例変更の必要性についての論述の仕方については，答案例および思考過程を参照してほしい。

③ 設問2

　設問2では，被告側の反論を非常に端的に示すことができている。特に近時の憲法の問題では被告側の反論はあなた自身の見解を詳細に論じるために明確な対立軸を設定するという点に重点がおかれていることが多いため，この答案のように対立軸を端的に指摘する技術はぜひ見習ってほしい。

　もっとも，この答案は時間不足のためか，私見の部分で上記の憲法上の問題点を区別せずにまとめて論じてしまっているため，被告側の反論で設定した対立軸とややかみ合わない印象を受ける点が残念である。原告，被告，私見の対立を明確にし，これが的確にかみ合うように論述できれば，更に高い評価が得られたであろう。

論点・論証一覧

［人権の享有主体］
○法人の人権
第９問

法人にも人権保障が及ぶかが問題となる。

> この点について，法人も自然人と同様，１個の社会的実体として活動しているから，権利の性質上可能なかぎり，人権保障が及ぶと解する。

○外国人の人権
第１問，第21問

憲法は「国民の」と定めているところ，外国人にも人権保障が及ぶかが問題となる。

> この点について，人権の前国家的性格（11条，97条参照）や，憲法が国際協調主義をとっている（前文３段，98条２項）ことから，権利の性質上日本国民のみを対象としていると解されるものを除き，外国人にも人権保障が及ぶと解する。

［基本的人権の限界］
○私人間効力⑴
第３問

憲法の人権規定は私人間にどのように適用されるかが問題となる。

> この点について，現代社会においては，社会的権力による人権侵害から人権を保護する必要性があり，かつ，憲法は公法・私法を包括した全法秩序の基本原則である。
> そうだとすれば，憲法の人権規定は私人間にもなんらかのかたちで適用されるべきである。
> もっとも，人権規定の直接適用を認めると，市民社会の原則である私的自治が広く害されるおそれがある。
> そこで，私法の一般条項を媒介にして，憲法の人権規定は間接的に適用されると解する（間接適用説，三菱樹脂事件に同旨）。

○私人間効力⑵
第３問

私的団体の行為が構成員の信教の自由を侵害するか否かの判断基準が問題となる。

> この点について，私的団体の行為が構成員の信教の自由を侵害するか否かは，比較衡量によって決すべきである。
> 具体的には，①団体の性質，②構成員に要請される協力義務の性質，および③構成員の被る不利益等を総合的に考慮して判断すべきと解する。

［包括的基本権と法の下の平等］
○プライバシー権
第４問

プライバシー権が保障される憲法上の根拠が問題となる。

> この点について，13条後段の幸福追求権は，個人の人格的生存に不可欠な利益を内容とする権利の総称をいうと解する。
> そして，情報化の進んだ現代においては，自己に関する情報が自己の関与しないところで用いられると，人格的自律が害される。
> そうだとすると，プライバシー権は，自己に関する情報をコントロールする権利として，個人の人格的生存に不可欠な利益といえる。

したがって，プライバシー権は，13条後段を根拠として保障されると解する。

○法の下の平等 第5問，第19問
　「法の下」の「平等」の意義が問題となる。

　　この点について，「法の下」とは，法適用の平等を意味すると解する見解がある（法適用平等説）。
　　しかし，法の適用が平等であったとしても，法内容が不平等であるならば，14条1項は空文化してしまう。
　　そこで，「法の下」とは，法適用の平等のみならず，法内容の平等をも意味すると解する（法内容平等説）。
　　そして，個々人には，おのずから事実上の差異があることからすれば，「平等」とは，相対的平等を意味し，同一条件・同一事情のもとでは平等的取扱いを要求するものにとどまるものと解する。
　　そこで，事柄の性質上，区別取扱いが合理的区別であると認められる場合にかぎり，「法の下」の「平等」に違反せず，合憲となるものと解する。

［精神的自由1──内心の自由］
○宗教団体 第7問
　「宗教団体」（20条1項後段），「宗教上の組織若しくは団体」（89条前段）の意義が問題となる。

　　この点について，なんらかの宗教的色彩をもつ行為を行う団体がすべて宗教団体であるとすると，仲間・同僚の親睦団体などもすべて宗教団体ということになり，不都合である。
　　そうだとすれば，「宗教団体」，「宗教上の組織若しくは団体」の意義は，狭く解するべきである。
　　そこで，「宗教団体」，「宗教上の組織若しくは団体」の意義は，特定の宗教の信仰，礼拝，普及等の宗教的活動を行うことを本来の目的とする組織または団体をさすものと解する（判例に同旨）。

○政教分離 第7問
　「宗教的活動」（20条3項）の意義が問題となる。

　　この点について，政教分離の原則の趣旨は，国家の非宗教性および宗教的中立性を確保する点にある。
　　そうだとすれば，国家と宗教との完全な分離を実現することが理想である。
　　もっとも，福祉国家理念（25条以下）のもと，国などは，他の団体と同様に，宗教団体に対しても，平等の社会的給付を行わなければならない場合も否定できない。
　　また，元来，政教分離規定は，国家と宗教との分離を制度として保障することにより，間接的に信教の自由（20条1項前段，2項）の保障を確保しようとするものにすぎない（制度的保障説）。
　　そうだとすれば，現実の国家制度として，国家と宗教との完全な分離を実現することは実際上不可能であるから，国家と宗教の分離にもおのずから一定の限界がある。
　　そこで，「宗教的活動」とは，①当該行為の目的が宗教的意義をもち，②その効果が宗教に対する援助，助長，促進または圧迫，干渉等になるような行為をいうと解する（津地鎮祭事件に同旨）。

［精神的自由2──表現の自由］
○報道・取材の自由 第9問，第23問
　報道・取材の自由は憲法上保障されるか。

　　まず，報道の自由は，国民の知る権利に奉仕するものとして重要な意義をもつから，「表現の自由」（21条1項）の保障に含まれると解する（判例に同旨）。
　　さらに，報道は取材・編集・発表という一連の行為により成立するものであり，取材は報道にとっ

て不可欠の前提をなすから，取材の自由も報道の自由の一環として 21 条 1 項により保障されると解する。

○報道・取材の自由と公正の裁判の実現 第 9 問
検察事務官によるビデオテープの原本の差押えは一定の制約として許されるか。

> たしかに，報道の自由等は，国民の知る権利に奉仕するものとして重要な意義をもつといえる。
> しかし，一方で，国家の基本的要請である公正な刑事裁判（37 条 1 項）を実現するためには，適正迅速な捜査が不可欠の前提である。
> そうだとすれば，報道の自由および取材の自由と適正迅速な捜査との間では，その優劣を容易に決することはできず，個別的衡量を行う必要がある。
> そこで，①捜査の対象である犯罪の性質，内容，軽重等および差し押さえるべき取材結果の証拠としての価値，ひいては適正迅速な捜査を遂げる必要性と，②取材結果を証拠として押収されることによって報道機関の報道の自由が妨げられる程度および将来の取材の自由が受ける影響，③その他諸般の事情を比較衡量することによって判断するべきである（判例に同旨）。

○知る自由 第 11 問
文章等の閲覧の自由は憲法上保障されるか。

> まず，情報の送り手と受け手の分離・固定化が顕著になった現代社会では，表現の自由を受け手の側から再構成した権利として，知る自由を保障する必要がある。そこで，知る自由は 21 条 1 項により保障されると考える。
> そして，閲覧者の文書等閲覧の自由も知る自由の一種であるから，同項によって保障される。

○人格権・プライバシー権と表現の自由 第 10 問
どのような場合に，人格権に基づく侵害行為の差止めが認められるかが問題となる。

> たしかに，人格権は，個人の人格的価値に関わる利益を保護するものであり，いったん傷つけられると容易に回復しがたいという性格を有する権利である。
> しかし，他方，表現の自由は，個人が言論活動を通じて自己の人格を発展させるという自己実現の価値と，言論活動によって国民が政治的意思決定に関与するという自己統治の価値から，優越的地位を有する権利である。
> そうだとすれば，人格権と表現の自由との間では，容易にその優劣を決することはできない。
> そこで，侵害行為の対象となった人物の社会的地位や侵害行為の性質に留意しつつ，予想される侵害行為によって受ける被害者側の不利益と侵害行為を差し止めることによって受ける侵害者側の不利益とを比較衡量して決すべきである。
> そして，侵害行為が明らかに予想され，その侵害行為によって被害者が重大な損失を受けるおそれがあり，かつ，その回復を事後に図るのが不可能ないし著しく困難になると認めるときは，侵害行為の差止めが認められると解する（判例に同旨）。

○検閲の禁止 第 11 問
「検閲」（21 条 2 項前段）の意義が問題となる。

> この点について，検閲禁止の絶対性を貫徹するために，「検閲」とは，行政権が主体となって，思想内容等の表現物を対象とし，その全部または一部の発表の禁止を目的として，対象とされる一定の表現物につき網羅的一般的に，発表前にその内容を審査したうえ，不適当と認めるものの発表を禁止することをいうと考える。

［経済的自由権］
○営業の自由
第12問

営業の自由は憲法上保障されるか。

> この点について，職業選択の自由（22条1項）の内容として，選択した職業を遂行する自由も保障しないと，その実効性を確保しえない。
> そこで，営業の自由は，22条1項により保障されると解する。

○財産権「保障」の意味
第13問，第27問

財産権（29条1項）の意義が問題となる。

> 「財産権」とは，個人の現に有する具体的な財産上の権利をいう（森林法共有林分割制限事件に同旨）。

○補償の要否
第13問，第27問

どのような場合に私有財産が「公共のために用ひ」られたとして補償の対象となるか，補償の要否の判断基準が問題となる。

> この点について，29条1項は私有財産制を保障しているから，補償は一部の者のみに課される犠牲という不平等な負担を是正するものである。また，29条1項は個人の具体的な財産権を保障しているから，補償は財産権の本質的内容の侵害を填補するものである。
> そこで，特別の犠牲とみるかは，①侵害行為の対象が一般人か特定人か，②侵害行為が財産権の本質的内容を侵害するほど強度のものか否かとがあわせて考慮されなければならないと解する。

○法律で補償規定を欠く場合の処理
第13問，第27問

法律で補償規定を欠く場合において，29条3項を直接の根拠として補償請求しうるか。

> この点について，29条3項は私有財産を公共のために用いた場合の救済規定である。また，損失補償の額については，生存権（25条）の場合と異なり裁判上確定できる。
> したがって，29条3項を直接の根拠として補償請求しうると解する（河川附近地制限令事件に同旨）。

［参政権］
○選挙権
第15問

いかなる場合に立法不作為は国民の選挙権を侵害し違憲となるか。

> この点について，憲法は国民主権の原理に基づき，「国民固有の権利」（15条1項）として選挙権を保障しており，その趣旨を全うするために，国民に対して投票の機会を平等に保障している。
> このような趣旨にかんがみると，選挙権またはその行使を制限することは原則として許されず，国が選挙権の行使を可能にするための所要の措置をとらないという不作為によって国民の選挙権の行使が制限されている場合には，やむをえないと認められる事由がなければならない。具体的には，そのような制限をすることなしには選挙の公正を確保しつつ選挙権の行使を認めることが事実上不可能または著しく困難であると認められるときでないかぎり，やむをえない事由があるとはいえず，この事由がない場合，立法不作為は立法裁量を逸脱するものとして，国民の選挙権を侵害し，違憲となると解する。

[社会権]
○生存権 第14問, 第29問
25条の裁判規範性が問題となる。

> たしかに，25条が政策的指針を定める純粋プログラム規定であるとすれば，25条の裁判規範性は認められない。
> しかし，25条1項は，社会国家の理念に基づき，国民に対して法的「権利」を保障している。
> そこで，25条の裁判規範性を肯定すべきと解する。

○教育を受ける権利 第8問
教育内容を決定する権能の所在をいかに解するかが問題となる。

> この点について，26条1項の背後には，国民各自が独立の人格として成長するために必要な学習をする権利（学習権）を有すること，特にみずから学習することのできない子どもは教育を自己に施すことを大人一般に対し要求する権利を有するとの観念が存在していると考えられる。
> そうだとすれば，教育内容決定権の所在についても，この学習権の保障を充足するような解釈をするのが妥当である。
> このような観点から考えると，直接子どもに接する教師等の国民の側に一定の範囲で教育内容決定権を認めるべきではあるが，それ以外の領域においては，国が適切な教育政策を実施しうるものとして，①子どもが自由かつ独立の人格として成長することを妨げるものでなく，②必要かつ相当と認められる範囲において教育内容決定権を有すると解する。

[国会]
○措置法 第16問
措置法は「立法」（41条後段）にあたらず，違憲ではないか。

> この点について，同語反復を排除するため，「立法」とは，実質的意味の立法と解する。
> そして，41条後段の趣旨は，直接の民主的基盤を有する国会に立法権を独占させて，国民の自由・平等・安全を保障しようとした点にある。
> このような趣旨にかんがみ，実質的意味の立法とは，広く捉え，一般的・抽象的な法規範をいうと解する。
> そうすると，措置法は，法律の一般性・抽象性に反し，「立法」にあたらないとも思える。
> もっとも，ある特定の事例に関して既成の法律を適用したのでは行政目的を達成できないなど，新たな立法が求められる場合も否定できない。
> そもそも，法律の一般性・抽象性が要求される目的は，公権力がある特定人を差別することを禁じ，最小限の自由・平等・安全を保障する点にある。
> そうだとすれば，措置法によっても，市民的平等性が保持され，公権力の恣意性が排除されていれば，上記目的に反しない。
> そこで，当該措置法が，①平等原則に抵触せず，かつ，②権力分立原理の核心を侵し，議会・政府の憲法上の関係を決定的に破壊するものでないかぎり，「立法」にあたり，憲法に反するものではないと解する。

○国政調査権(1) 第16問
国政調査権（62条）の性質および範囲が問題となる。

> この点について，権力分立（41条，65条，76条1項）のもと，「国権の最高機関」（41条前段）とは，国民を代表し国政の中心に位置する重要な機関であるという点に着目して国会に付した政治的美称にすぎないと解する。

そこで，国政調査権の性質は，議院の諸権能を実効的に行使するために認められた補助的権能と解する。
　もっとも，国会の権能は，立法的機能を中心に，きわめて広範な事項に及んでいる。
　そこで，国政調査権の範囲は，国政に関連のない純粋に私的な事項を除き，国政のほぼ全般にわたると考える。

○国政調査権(2)　　　　　　　　　　　　　　　　　　　　　　　　　　　　第16問
裁判所で審理中の事件の事実について，国政調査権を行使することは司法権の独立を侵害しないか。

　この点について，司法権の独立とは，裁判官が法上，他の国家機関の指揮・命令に服することのみならず，他の国家機関から事実上重大な影響を受けることも禁ずることを意味すると解される。
　そこで，現に裁判が進行中の事件について裁判官の訴訟指揮などを調査したり，裁判の内容の当否を批判する調査をしたりすることは司法権の独立を侵害すると解する。
　もっとも，裁判所で審理中の事実について，議院が裁判所と異なる目的から，裁判と並行して調査することは司法権の独立を侵害しないと考える。

[司法権]
○司法権の範囲　　　　　　　　　　　　　　　　　　　　　　　　　第17問，第20問
司法権（76条1項）の範囲をいかに解すべきか。

　司法権とは，具体的な争訟について，法を適用し，宣言することによって，これを裁定する国家の作用をいう。
　この具体的な争訟とは，「法律上の争訟」（裁判所法3条1項）のことをいう。具体的には，①当事者間の具体的な権利義務または法律関係の存否に関する紛争であって，かつ，②それが法律を適用することにより終局的に解決することができるものをいうと解する。

○部分社会の法理　　　　　　　　　　　　　　　　　　　　　　　第17問，第20問
政党の内部的自律権に属する行為について，裁判所は司法権を行使できるか。

　この点について，政党は21条1項の結社の自由によってその結成や運営の自由が保障されている自主的な団体である。
　また，政党は国民が国家の意思形成過程に関与するための媒介をなし，議会制民主主義を支える重要な役割を担っている。
　そうだとすれば，政党には，結社の自由の尊重の観点から，より高度の自主性と自律性を与えて自主的に組織運営をなしうる自由を保障すべきである。
　そこで，政党の内部的自律権に属する行為については，一般市民法秩序と直接関連しない事項は司法審査の対象とはならないことはもとより，一般市民法秩序と直接関連する事項についても，当該政党の自律的に定めた規範が公序良俗に反するなどの特段の事情がないかぎり，当該規範に基づき，政党がこのような規範を有していないときには条理に基づき，適正な手続にのっとって処分がなされたかということのみが，司法審査の対象となるものと解する。

○統治行為　　　　　　　　　　　　　　　　　　　　　　　　　　第17問，第30問
統治行為について，裁判所は司法権を行使できるか。

　この点について，直接国家統治の基本に関する高度に政治性のある国家行為（統治行為）は，三権分立原理のもと，主権者たる国民に対して政治的責任を負う国会や内閣の判断，最終的には国民の政治判断に委ねられている。

そこで，裁判所は，統治行為すなわち高度の政治性のある国家行為については，司法権の本質に内在する制約として，司法権を行使しえないと解する。

[地方自治]
○条例制定権(1)
第18問
条例が「法律の範囲内」（94条）にあるか否かの判断基準が問題となる。

この点について，条例制定権が認められた趣旨は，住民自治および団体自治という「地方自治の本旨」（92条）を実現する点にある。
そうだとすれば，国の政策を妨げない範囲において，自治事務を地方の実情に応じて処理することが，条例制定権の趣旨に沿うといえる。
そこで，「法律の範囲内」にあるか否かは，両者の対象事項と規定文言を対比するのみではなく，それぞれの趣旨・目的・内容および効果を比較し，両者の間に矛盾抵触があるかどうかによって，判断するべきと解する（徳島市公安条例事件に同旨）。

○条例制定権(2)
第18問
条例違反に対する制裁として罰則を設けることは31条に反しないか，条例に罰則を委任している地方自治法14条3項の合憲性と関連して問題となる。

この点について，判例は，法律の授権が相当な程度に具体的であり，限定されていれば足りるとし，地方自治法14条3項による委任は合憲とする。
しかし，条例が命令と異なり，地方議会という民主的基盤の上に立って制定されるものであり，実質的には法律と差異がない以上，相当な程度の具体的な委任も必要か疑問であり，支持しえない。
そもそも，条例制定権が認められた趣旨は，住民自治および団体自治という「地方自治の本旨」（92条）を実現する点にある。
そして，刑罰権は，地方自治の本旨を実現するうえで必要な権能である。
そうだとすれば，94条が「法律の範囲内」で認めた条例制定権は，その実行性を担保するための罰則規定権を当然に含み，31条の原則の例外をなすものである。
したがって，条例違反に対する制裁として罰則を設けることは31条に反しないと解する。
なお，地方自治法14条3項は，罰則の範囲を法律によって示したものであると解する。

[違憲審査制と憲法訴訟]
○立法不作為の違憲性
第15問
立法不作為の違憲性を主張することは認められるか。

この点について，立法不作為が違憲審査（81条）の対象となるかが問題となるも，立法不作為も観念的にはその違憲・合憲の判断が可能であるから，違憲審査の対象となりうると解される。したがって，司法的救済方法により立法不作為の違憲性を主張することは可能である。

○立法不作為と国家賠償請求訴訟
第15問
立法不作為が「違法」（国家賠償法1条1項）といえるための要件が問題となる。

この点について，国会議員の立法不作為が国家賠償法1条1項の適用上違法となるか否かは，国会議員の立法過程における行動が個別の国民に対して負う職務上の注意義務に違背したかどうかの問題であって，当該立法不作為の違憲性の問題とは区別されるべきである。
そのため，立法不作為が違憲であるからといって，国会議員の立法不作為がただちに違法の評価を受けるものではないと解する。

もっとも，①国民に憲法上保障されている権利行使の機会を確保するために所要の立法措置をとることが必要不可欠であり，②それが明白であるにもかかわらず，③国会が正当な理由なく長期にわたってこれを怠る場合には，当該立法不作為は国家賠償法上違法の評価を受けるものと解する。

♠**伊藤　真**（いとう　まこと）

　1958年東京で生まれる。1981年，大学在学中に1年半の受験勉強で司法試験に短期合格。同時に，司法試験受験指導を開始する。1982年，東京大学法学部卒業，司法研修所入所。1984年に弁護士登録。弁護士としての活動とともに，受験指導を続け，法律の体系や全体構造を重視した学習方法を構築する。短期合格者の輩出数，全国ナンバー1の実績を不動のものとする。

　1995年，憲法の理念をできるだけ多くの人々に伝えたいとの思いのもとに，15年間培った受験指導のキャリアを生かし，伊藤メソッドの司法試験塾をスタートする。現在は，予備試験を含む司法試験や法科大学院入試のみならず，法律科目のある資格試験や公務員をめざす人たちの受験指導のため，毎日白熱した講義を行いつつ，「一人一票実現国民会議」および「安保法制違憲訴訟の会」の発起人となり，社会的問題にも積極的に取り組んでいる。

　「伊藤真試験対策講座〔全15巻〕」（弘文堂刊）は，伊藤メソッドを駆使した本格的テキストとして受験生のみならず多くの読者に愛用されている。他に，「伊藤真ファーストトラックシリーズ〔全7巻〕」「伊藤真の判例シリーズ〔全7巻〕」「伊藤真新ステップアップシリーズ〔全6巻〕」「伊藤真実務法律基礎講座」など読者のニーズにあわせたシリーズを刊行中である。
（一人一票実現国民会議　URL：https://www2.ippyo.org/）

伊藤塾
〒150-0031　東京都渋谷区桜丘町17-5　03(3780)1717
https://www.itojuku.co.jp

憲法［第2版］【伊藤塾試験対策問題集：予備試験論文⑨】

2017(平成29)年12月30日　初　版1刷発行
2021(令和3)年12月30日　第2版1刷発行
2024(令和6)年5月30日　同　2刷発行

監修者　伊藤　真

発行者　鯉渕友南

発行所　株式会社　弘文堂　　101-0062　東京都千代田区神田駿河台1の7
　　　　　　　　　　　　　　TEL　03(3294)4801　　振替 00120-6-53909
　　　　　　　　　　　　　　https://www.koubundou.co.jp

装　丁　笠井亞子
印　刷　三美印刷
製　本　井上製本所

ISBN978-4-335-30430-9

伊藤塾試験対策問題集

●予備試験論文

伊藤塾が満を持して予備試験受験生に贈る予備試験対策問題集！
過去問と伊藤塾オリジナル問題を使って、合格への最短コースを示します。
合格者の「思考過程」、答案作成のノウハウ、復習用の「答案構成」や「論証」など工夫満載。出題必須論点を網羅し、この1冊で論文対策は完成。

1	刑事実務基礎[第2版]	3200円	6	民法[第2版]	2800円
2	民事実務基礎[第2版]	3200円	7	商法[第2版]	2800円
3	民事訴訟法[第2版]	2800円	8	行政法[第2版]	2900円
4	刑事訴訟法[第2版]	2800円	9	憲法[第2版]	2800円
5	刑法[第2版]	2800円			

●短答

短答式試験合格に必須の基本的知識がこの1冊で体系的に修得できる！
伊藤塾オリジナル問題から厳選した正答率の高い良問を繰り返し解き、完璧にマスターすれば、全範囲の正確で確実な知識が身につく短答問題集です。

1	憲法	2800円	4	商法	3000円
2	民法	3000円	5	民事訴訟法	3300円
3	刑法	2900円			

新 伊藤塾試験対策問題集

●論文

合格答案作成ビギナーにもわかりやすい記述試験対策問題集！
テキストや基本書で得た知識を、どのように答案に表現すればよいかを伝授します。
法的三段論法のテクニックが自然に身につく、最新の法改正に完全対応の新シリーズ。
「伊藤塾試験対策講座」の実践篇として、効率よく底力をつけるための論文問題集です。

1	民法	2800円	5	刑事訴訟法	2800円
2	商法	2700円	6	憲法	3000円
3	民事訴訟法	2900円	7	刑法	3000円
4	行政法	2800円			

弘文堂

＊価格（税別）は2024年5月現在